JN060579

デジタル社会の子どもの育ちを支える

保育内容 健康

田口喜久恵 編著 Kikue Taguchi

北大路書房

はじめに：本書の問題意識と編集意図

　2019 年の児童虐待件数，いじめ件数，暴力件数，体力・運動能力等の子どもの育ちに関する調査結果は過去最悪のものであった。調査対象児の低年齢化も進行し，子どもの育ちの変調が続き，子どもの命を育むことが困難な社会となっている。この状況は思想家 J.J. ルソーの著した『エミール』において，18 世紀産業革命を迎えた社会で大人の価値観に縛られて暮らす子どもの存在を「本来の子どもの姿ではない」と警鐘を鳴らした状況と類似している。誕生直後から子どもの育ちに着目したルソーは，子どもの本性をその自然性にあるとし，自然主義教育を提唱した。その考えはペスタロッチ，フレーベルに受け継がれているのは周知のとおりである。

　本書は，戦後以来 50 年以上も続く子どもの育ちの変調についての問題意識をもち，その対策と解決策を求めることを主眼に編集作業をおこなった。

　子ども本来の心身の健全育成を目指して，3 部構成で編成している。子育ての混迷期にあって，子どもの育ちの原点を明らかにする作業は必須であり，第 I 部は，まず地球に生きる生物として，ヒト本来の子育ての在り方を人類進化の観点から探っていく。霊長類のなかでも二足直立歩行と脳の巨大化という生態的特徴をもつヒトは，生殖においてもヒト特有な現象をもつことで今日に至っている。解決策を探る上で二つ目に重要なことは，子どもの心身に生じた育ちの変調は，どのような社会変化によって，どのような変調が生じたのかを分析することである。子どもの心身の変調の事実を把握することで，真の理解を深めていく。三つ目は，21 世紀社会は人工的空間が広がり，子どもたちはデジタル環境に生きていかねばならない。これから進む AI（ロボット）社会に備えて，デジタル社会は子どもにどのような影響をもたらすかについて考えていく。四つ目は現在進む教育改革のなかに，子どもの心身の健全育成（回復）を目指す方針が内在している。今回は大学入試改革も実施される大きな教育改革である。その教育改革の基本方針として，2000 年ノーベル賞を受賞したヘックマン教授（シカゴ大学）の提唱する，幼少期に非認知能力を育成することが示されている。ヘックマン教授の 40 年以上の追跡研究によって，非認知能力育成は生涯の幸福（well-being）につながる確立が高いことが実証された。子どもの心身の健全育成を目指す我々にとって見逃すことはできない。生涯の幸福に「健康」が入ることはいうまでもない。その意味で，ヘックマン教授の，認知能力ではなく幼少期の非認知能力育成を導いた介入実験研究の意図や背景を詳細にみていく。

「保育内容　健康」の教科書になぜ非認知能力重視の視点をいれるのかというと，AIロボットの対極にある「人間らしい子ども」を育てるために，子ども本来の心身の健全育成を図ることは基本であり，それは「保育内容健康」の本筋といえるからである。また，新保育所保育指針では新たに乳児の保育に重点がおかれている。誕生後からの身体発達（寝返り，ハイハイ等）は赤ちゃんの「興味・関心・意欲」に基づく探索行動と一体であり，非認知能力の萌芽ととらえることができる。また「挑戦，粘り強さ，協調」といった非認知能力は優れて乳幼児から仲間との運動遊びを通じて養われる能力であろう。すなわち幼少期の非認知能力育成は「保育内容健康」と強い関連性がみられるのである。

第Ⅱ部は理論編として，人間らしい子どもの発育発達の理解として，新知見を交え展開していく。近年の脳科学の進歩（ミラーニューロン発見等）や，骨格筋活動の知見（生命活動との関与）に基づき，発育発達期における身体活動（運動，作業，労働）の重要性を明確に示していく。

第Ⅲ部は第Ⅰ，Ⅱ部に基づいて，人間としての本来の子どもの育ちをとり戻すための対策・支援について展開していく。

今回の教育改革は第4次産業革命（AI）といわれる「予測困難な社会」到来に備えた「人材育成」が主眼とされている。幼少期の非認知能力育成のためには，非認知能力豊かな保育者の養成が不可欠であろう。本書は全編そのことを意識して書かれている。戦後50年以上子どもの変調が続くなか，これまで教育の主眼とされた認知能力（学力等）育成から非認知能力育成の方向が示されたことは，子ども本来の発育発達を取り戻す作業に繋ることを示していくことも本書の目的である。そのことが保育・教育にとって意義深いと考える。

本書の執筆は，多様で，個性的な子どもの存在を念頭に，生活世界で生きる子どもの変化・事象を具体的に例示し，読者がイメージしやすく，意味が理解できることを意図して書かれている。抽象的表現では真の子どもの姿を描くことは難しい。そのため執筆者の感性・感受性も交えた記述内容となっている。それによって，子どものリアルな姿（笑い声，はしゃぐ声）が想像できることを願っている。

また，本書は子どもの発育発達を細分化し分析的に記すのではなく，総体としてホリスティックに捉えることを意図している。また先に述べた，ルソーの子どもの本性を求めた自然教育の理念は全編を通じて引用している。

読者には，我々ヒトはどのような生態的特徴（生物的存在）をもっているかを理解したうえで，現在の社会環境を広い視野と高い視点で分析し，今後子どもの育つ

環境をどのように準備し，どのように支援していけばいいかを考えるきっかけとしてほしい。

　これ以上，もの言わぬ子どもたちを苦しめ，困らせることなく，子どもたちが健やかに育つことを願ってやまない。

2021 年 2 月　　編者　田口　喜久恵

目　次

第Ⅰ部

ヒト本来の育ちの理解と
子どもを取り巻くデジタル環境と
21世紀の非認知能力育成

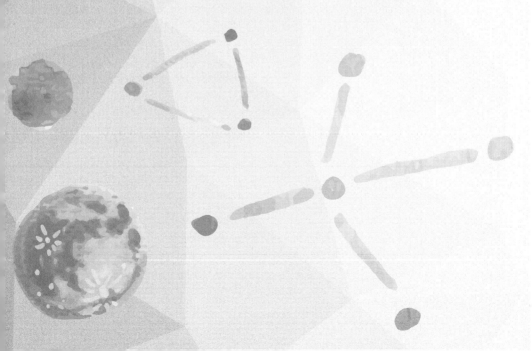

第*1*章

人類進化から考えるヒト本来の育ちの理解

1節 ホモ・サピエンスの生態的特徴

　ヒトは地球上の生き物であり，哺乳類の霊長類に位置づく。しかしその生態，行動，生活様式は著しく他の霊長類と異なる。ヒトの子の発育発達の本来を確認するためはヒトの進化の過程を再考してみよう。

1. 二足直立歩行と脳の巨大化

　現地球に生活する我々現生人類（ホモ・サピエンス）はおよそ20万年前のアフリカで誕生し，世界中に広がって行った。そのホモ・サピエンスであるヒトは霊長類の中でも特異な存在である。

　我々ヒトの化石は約700万年前のアフリカのチャドで（サヘラントロプス・チャデンシス）で発見され，初期人類の化石から脳重量は約360ccで頭骨と背骨の位置から既に直立二足歩行が可能だったことが明らかにされている。しかし依然として樹上生活も行っていたと思われる足の形跡（親指と他の4本の指が離れており，足の指を使って巧みに樹上生活を送っていた）も残されていた。樹上生活を完全に離れ，生活を草原に移したのは約400〜300万年前のアウストラロピテク・アファレンシス（猿人）といわれ，脳重量は約400ccで，この間の脳重量はわずかにしか増加していない。その後出現した約200万年前のホモ・ハビルス（原人）では約700ccまで増加し，この時代になると石器が発見されており，石を割って石器を作るという道具を創造していた。石器の製造には2つの前足である腕手を操作することが必要で，空いた前足を使って道具造りを行っていた。

　ホモ・ハビルス（器用なヒト）になっての脳重量の増大と手腕の巧みな使用は他

の霊長類を大きく分かつヒトの特徴といえる。他の哺乳動物は4足で重力を均等に分かちながら移動し，霊長類として同じ仲間のチンパンジー，ボノボ，ゴリラ，オラウータンも前足でエサを口に運ぶことはあっても，移動手段を後足の2足だけで行うことは通常見られない。

(1) 自由になった前足（腕手）を使っての創造力の獲得

猿人から原人に進化する過程で，二足直立歩行により前足が自由となり，その自由となった手・腕を使って生き抜くため（食料を得る，子孫を残す，群れを護ること）の試行錯誤と工夫を何万回と繰り返してきたことを物語っている（図1-1）。空いた前足が物を持って抱えて移動するのに都合がよいことは容易に想像できる。食料を運び，幼子を抱いて移動したであろう（二足直立歩行はエネルギー効率から長い距離を歩くことに適している）。

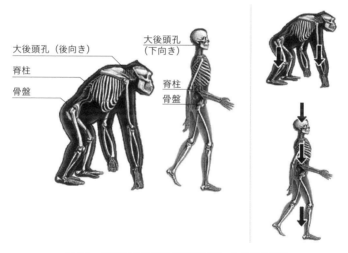

大後頭孔（後向き）
脊柱
骨盤

大後頭孔
（下向き）

脊柱
骨盤

図1-1　直立による支える機能を持った骨盤の形状
（ゴリラとヒトの歩行姿勢の違い）

次の100万年前のホモ・エレクトスになると脳重量は1000ccまで増加し，精工な石器が残されている（石器の進化）。

その頃にはヒトの手の特徴である，拇指対抗性の確立と太い親指，すなわち「強い握力と精密な作業」を可能とする power grip と precision grip を獲得していったことが想像できる（図1-2）。

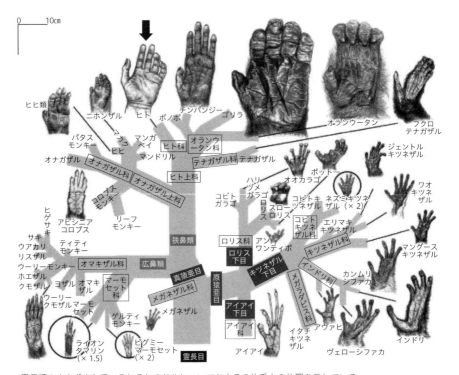

0　　　10cm

霊長類のさまざまな手：それぞれのサルについておよその体系上の位置を示している。

図 1-2　拇指対抗性を獲得したヒトの手（島．2003 を一部改変）

　ホモ・ハビルスは「器用な人」と名付けられた（タッターソル，2014）。さらなる脳重量の増加がみられ，また最古の火おこしの証拠（形跡）は 79 万年前に，人類は自然発火などで発生した山火事などで，火の威力を利用し始める。山火事跡からは昆虫，動物，実や，などあらゆる生き物の焼けた死骸を見つけることができ，豊富な食料獲得だけでなく，安全（衛生的）な上，豊富な味覚の発展にも寄与したに違いない。

　このホモ・エレクトスの脳重量の増大に，火の使用による「料理仮説」が唱えられている（生物人類学，Wrangham, 2009 ／依田，2010）。さらに進化を続けた人類はその後，ホモ・サピエンスとなり，脳重量は 1450cc の重さに成長し，現在に至っている。その間に，脳は直立二足歩行の初期人類と比較すると 4 倍にまで進化した。

2.　ヒトの発育発達の特異性

（1）生理的早産——他の哺乳動物に比べ著しく未熟な状態

　新生児は身長約 50cm，体重約 3000g，脳重量 350 〜 400cc で誕生する。ヒトの新生児の誕生の状態は，他の哺乳動物や霊長類の動物に比べ，著しく未熟な状態で生まれる。この状態をアドルフ・ポルトマン（Portmann, A.）は「生理的早産」であると説明した。ポルトマンは生物人類学者として，哺乳動物や霊長類の仲間である類人猿のチンパンジー，ボノボ，オラウータン，ゴリラとヒトの新生児の誕生時の形態，状態を就巣性（巣立たないもの）と離巣性（巣立つもの）に分類し細かく分析している。例えば，新生児の体重と脳重量を表 1-1 のように比較対照している。

表 1-1　ヒトと類人猿の生態的比較（Portmann, 1951 ／高木，1961 より改変）

類人猿種とヒト	妊娠期間(日)	成体の体重(kg)	成体脳重量(g)	新生児体重(g)	新生児脳重量(g)
ゴリラ	250 〜 295	100	430	1,500	約 130
チンパンジー	253（230※）	40 〜 75	400	1,890	約 130
オラウータン	275	75	400	1,500	約 130
ヒト人間	280	60 〜 70	1450	3,200	360 〜 386（400※）

※現在に適合する数値に改変

　誕生時と成体の体重と脳重量を比較すると，ヒトの成体体重は類人猿の中で最も少ないが脳重量は 3 倍以上と最も重く，新生児の体重および脳重量ともにヒトの赤ちゃんが最も重くなっている。類人猿に比べて華奢な身体のヒトが最も重い新生児を生み，しかも，ヒトの新生児の脳重量は類人猿の成体にほぼ匹敵する重さをもっている。ポルトマンはヒトの特徴が脳の大きさにあることを説明し，新生児の体重が重いことについては，脳の重さに合わせて身体の方が同調していることによる（Portmann, 1951 ／高木，1977, p.57），と説明している。

　進化の過程で直立二足歩行という移動手段を獲得したヒトが，次に成し得たことは脳の巨大化であった。そのことがホモ・サピエンスの生態的特徴であり，その成体の特異的な能力に達することが新生児の発育発達の目標であるとしている。

　このような特異性をもつヒトの新生児の「運動と行動」について，ポルトマンは他の哺乳動物や類人猿のもつ離巣性（巣立つもの）の特徴と比較し，彼らは感覚器官をもって「巣立つもの」として誕生し，①その姿は親を縮小した姿であり，②運動や行動は親に大変よく似ており，③その種特有のコミュニケーション手段の要素

を備えている，と 3 つの機能（要素）をあげている。一方ヒトの新生児はこの 3 つ
の機能はいずれも達しておらず，哺乳動物の新生児が誕生時に保持している機能を
満たすとするなら，ヒトの直立二足歩行と初歩のコミュニケーション（言語），初歩
的な手腕の機能を満たしている必要がある。すなわち親のもとまで立って歩いて行
き，「お乳がほしい」と要求し，「お乳を飲む行動」が可能という生き延びるために
必須な生理的要求を遂行できる機能を保持する必要があるはずである。しかしヒト
の新生児は誕生後ほぼ 1 年もかけて，「他の哺乳動物が生まれたときに実現している
発育状態にやっとたどり着く」。そのためにはヒトの妊娠期間は約 1 年延ばされて約
21 か月になるはずである。これがポルトマンの主張した「生理的早産」の根拠なの
である。

(2) ポルトマンの主張した「生理的早産」の意味

　ポルトマンの哺乳動物，特に類人猿との比較対照研究はヒトの生物学的特異性を
明らかにし，子育ての本質を物語っている。人間は生き物として自然的存在である。
しかし直立二足歩行と脳の巨大化という生態的特徴は「生殖」や「子育て」におい
て，他の哺乳動物と著しい違いを生じている。

3.　生命の本質（定義・原則）

(1) 3 原則：細胞構造，自己保存，子孫の保存：生物がもつ共通のシステム

　地球の歴史は 46 億年前，生命の誕生は 38 億年前といわれる。1953 年にクリッ
ク（Crick, F.）とワトソン（Watson, J.）によって DNA の構造が解明されて以来，生
命科学は 20 世紀に飛躍的に発展し，現在も生命の本質的（科学的）解釈が進めら
れている。2004 年にはヒトの遺伝子が約 22287 個，チンパンジーとの違いは
1.23 ％であることが解明された。

　そして遺伝の本体である DNA の解析が進んだ結果，「地球上の生き物はすべて同
一の遺伝情報システムを共有している」「現存するすべての生物は細胞内の DNA を
通して子孫に遺伝情報を伝達している」ことが明らかとなった。それまでアリスト
テレス（BC384 ～ 322）の唱える，人間を最上に置く生物学上の説明原理（自然の
階段により人間は「万物の霊長」として長い間生物界の支配的概念として存在し，高
等動物，下等動物など生物を序列的に捉えられていた。しかし，全生物種（バクテ
リアから植物，動物）は DNA の配列と数（ゲノム）によって決定されていること
が判明した。すなわち地球上の生物は序列的に存在するのではなく，生物であれば，
①「自己と外界の境界＝細胞構造をもつ」，②「エネルギー（と物質の）代謝」＝自

己保存，③「自己複製」＝子孫の保存の機能をもつという命の本質が明らかにされた。言い換えれば，人間は個体として存在し，生き延びるために代謝を行い，子孫を残すために生殖を行い，確実に子孫を残すことでここまで生き延びてきたということになる。

　生命の3原則に従うなら，人間も細胞構成体であり，自己保存と子孫保存の機能を遂行するものなのである。すなわちヒトは地球上に棲む「生き物」なのである。

2節　ヒトの生殖の特異性

1.　ハンディーとなったヒトの生殖

（1）二足直立歩行と脳の巨大化によって生殖はハンディーをもつことになった

　DNA（デイオキシリボ核酸）は4種類の塩基（A：アデン，T：チミン，C：シトシン，G：グアニン）が二重らせん構造によって構成されており，すべての細胞の核に46本の染色体として収納されている。生殖とはそれぞれの種が有する遺伝情報が伝達されることで，種の生命は連綿と継続されてきた。我々有性生殖を行う哺乳類は2つの性のそれぞれ半分の遺伝情報を受精により組み替え，1個体のまったく新たな生命が誕生するという生殖システムによって進化を続けてきたのである。

（2）ヒトの特異な出産：流産に難産

　二足直立歩行と脳の巨大化は果たして，生物としての基本原理である「生殖」にとってどんな影響をもたらしたであろうか？

　ポルトマンは類人猿の中で，最も華奢なヒトが他の類人猿より3倍以上の脳重量をもち，新生児の脳は類人猿の成体の重さに匹敵するほど重いと説明し，大きな脳を持ちながら類人猿に比べて未熟な様子を生理的早産と呼んでヒトの新生児の特徴を説明した。哺乳動物は四足で重力を均等に配分して，安定的に移動できる。楽で安定的な出産を望むなら，骨盤孔を大きくすることであろう。しかし直立二足歩行は骨盤で上体を支え重力に抗して移動しなければならず，骨盤孔を大きくすれば上体を支えることが難しくなり，二足直立歩行は不可能となる。最も華奢なヒトの妊婦は最も頭の大きい新生児を生むという分娩が困難な難産を選択しながら進化したのである。類人猿や哺乳動物とヒトの出産を比較すると理解できるであろう（図1-3参照）。

　出産だけではない，妊婦は腹部を前面にさらし，長い距離を歩かなければならない。妊婦は流産の危険にさらされたであろうし，長距離の移動は胎児にも危険と負

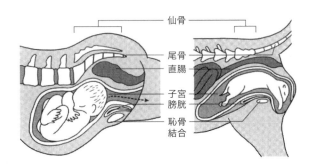

図 1-3　ヒトと犬の出産（奈良，2012）

担を強いることになったであろう。直立したため骨盤は上体を支える機能を必要としたため，出産を楽にする骨盤孔を大きくすることはできなかった（進化の淘汰圧）。そのためヒトの出産は難産という宿命を背負うこととなり，難産は妊婦の死亡とともに，新生児の死亡という危険を伴った。さらにポルトマンの指摘した生理的早産により未熟な状態で誕生する新生児は強力な保護なしには生き延びることはできなかった。

　以上のように妊婦にも新生児にも危険を強いるという生殖のハンディー★をヒトはどのようにして克服し，現在地球上に繁栄する種を維持してきたのであろうか。

　　【注釈】生殖のハンディー：先進国の妊婦の死亡は減ったものの，これまで多産多子を繰り
　　返してきたヒトの妊婦は多くの死亡を繰り返してきた。乳児死亡率も同様である。人間の生
　　殖のハンディーは明治以降の統計にも顕著に現れている。

2.　共生の社会システムによる子孫の維持

　アメリカの人類学者ケレン・ローゼンバーグ（Rosenberg, K.）は，人類は難産の出現によって助け合う共生という社会システムを創り上げてきた。そして難産という生殖のハンディーは女性だけでなく男性を含めたすべての人類が背負ってきた宿命である，と生物の原則である「生殖」の観点から，ヒトの進化の道のりを説明している。

　繁殖の成功は種の存続にかかっている，難産という最大のハンディーを背負ったヒトは共生することで，難産を切り抜け，共同して出産を介助し，共同で子育てを援助することで子孫を残し，種を維持に成功し，今日に至っているのである。そし

てこの共生という社会システムは地球上のあらゆる民族に共通するシステムなのである（ローゼンバーグ＆トリーバスン，2002;ドゥ・ヴァール，2014;スティックス，2014）。

3．ヒトの育ちの特異性

(1) ヒトは単独で「子育て」をした歴史はない：子は一人では育たない

　ヒトは難産ゆえに，確実に子孫を残すことが困難であった。そのために，人々は共同で出産を介助し，共同で未熟な子を保護し，母体を支え，子の育ちを援助し支援してきた。それでもヒトの繁殖が確実になるには多産多死の時代を経て近代に入ってからである。

　二足直立歩行と脳の巨大化という生殖にとって著しいハンディーを背負ったホモ・サピエンスとは進化の過程で共生（協力して助け合う）という強力な社会システムを築き上げてきた。先のローゼンバーグは世界の300の文化圏の出産を調査し，どの文化圏においてもお産に介助の存在することを確認している。

　ヒトは長い歴史の中で，単独で出産し単独で子育てをした歴史をもっていないのである。

　言い換えれば，妊婦は他者の介助と支援のもとに出産し，子は一人で育つのではなく，他者の大勢の人に囲まれて育つ歴史しか経験していないのである。オオカミに育てられた子の事例があるように，だれかが傍にいて，支えられて初めて生き延びることができるのがヒトである。それは他の哺乳動物の子が親や仲間とはぐれたら命が保障されないのと同じ宿命であろう（ヒトは見放されたら生きていけない。仲間がいればどんな境遇にあっても生きながらえる可能性が高くなる）。

(2) 長い養育期間と長い学習期間

　ポルトマンは哺乳動物や類人猿の発育発達（成長）を比較研究（比較発達史）している。類人猿とヒトの生物的成長を比較し，チンパンジーは7, 8年で成体になるがヒトはおよそ倍の14, 15年かかり，さらに文化的，社会的成長を加味すれば20年近くの時間を要する。ヒトは大きな脳を持つことによって，特異な成長戦略を採り，それも多くの援助・支援のもとで可能であったのである（表1-2 参照）。

表 1-2　ヒトの生態的特徴からみた子育ての原則

二足直立歩行と脳の発達を目的に進むヒトの発育発達

● 重力に抗した二足直立歩行の完成は乳幼児にとって大事業である
- ヒトの二足直立歩行は，身体トップに重い脳があるため，哺乳動物と違って重心は高くなり，四足ではなく二足で地球の重力に耐え移動しなければならない。独歩に1年以上かかるのはそのためであり，支援・援助され運動発達段階を経て完成にむかっていく。

● 脳を発達させることは乳幼時期の発育発達の大事業である
- 子孫を残すという生物の原則から，ヒトの二足直立歩行と脳の巨大化は生殖にとってハンディー（高い妊産婦死亡率と乳児死亡率）をもたらし，〈生理的早産〉といわれる著しい未熟な児を生まざるを得なかった。新生児は成人の1/4（25%）の脳重量しかない。
- 確実に子孫を残し，難産に苦しむ妊婦を介助し，未熟な児を協力して保護・支援するという共生社会を築いた。（保護・支援がなければ子孫を維持することは不可能）

● 共生社会のなかで共同して子育てを行い，妊婦が単独で子育てした歴史を持っていない

● 強力な保護なしには育たない→強力な支援と介助により出産と子育てが可能となる（ヒトは孤という歴史をもっていない：共同保育，共同学習のなかで育ってきた）

● 孤独は人間性を喪失させる

第2章

身体不活動（デジタル）社会に生きる
―子どもの育ちの異変の理解（今の社会に通じるルソーの警鐘）

　1764年 J. J. ルソーの著した『エミール』は「子ども発見」の書といわれ，その後のペスタロッチ，フレーベルという近代保育・教育学を導く手本となったたことは周知の通りである。ルソーは18世紀のヨーロッパ社会において，大人の価値観に縛られた子どもの存在に警鐘を鳴らし，大人とは異なる子どものあるべき姿を提示した。

　翻って，わが国において子どもの「育ちの問題」が叫ばれはじめたのは，今から40年ほど前の，昭和53（1978）年のことであり，NHK特集で放映された『警告！子どものからだは蝕まれている』によって広く紹介され，当時の社会に子どもの育ちの異変がセンセーショナルな衝撃をもって伝えられたことに始まる。それはルソーが18世紀，ヨーロッパの急激な産業革命の進歩により社会変動（フランス革命等）が起き，機械化，工業化の進展により自然性を失う一途になってしまった子どもの育ちについて，自然性を取り戻す作業「自然に帰れ」と唱えた警鐘と酷似するものがある。

　この章では，予測困難な社会の到来に備え，ヒト本来の子どもの姿を人類進化の観点から理解するとともに，40年以上続く子どもの育ちの異変とはどういったことで，なぜ異変は続いているのかについて，戦後の社会環境の変化と子どもの異変とを重ねながら考察し，特に本章ではなぜそうなったのかを，それ以前の子どもの暮らしと比較することにより探っていきたい。

1節 子どものからだの変調の歴史

1. 1通の母親からの投書から始まった「育ちの異変」のサイン

　1978年6月 NHK に「最近の子どものからだはどうもおかしい」という43歳の母

親から，1 通の投書が寄せられた。「私たちの子ども時代に比べ，体格などは格段に向上したのに，ひ弱で，すぐ息切れし，疲労を訴える。肩こり，腰痛，手足のしびれの他，たわいのない原因で骨折する……」という内容であった。この投書に NHK のプロデューサーはいちはやく注目し，「子どものからだプロジェクト」を立ち上げ，放映に先立ち，子どものからだの研究者である体育学者の正木建雄に協力を依頼した。正木らは全国の 1000 校の小・中・高校の管理者，養護教諭に「子どものからだのおかしさ（異変）」に関するアンケート調査を実施し，その結果をもとに 1978 年 10 月に NHK 特集『警告！　子どものからだは蝕まれている』が放映された。

　1978 年に実態調査が行われた小学生の「からだのおかしさ」の結果は以下のようであった。

●小学生「からだのおかしさワースト 10」
　1. 朝からあくび，2. 背中ぐにゃ，3. アレルギー，4. 腹のでっぱり，5. 朝礼でバタン，6. 背すじがおかしい，7. 転んで手がでない，8. 授業中目がトロン，9. 懸垂ゼロ，10. ボールが目に当たる
●小学生「最近目立つからだのおかしさワースト 10」
　1. 背中ぐにゃ，2. 朝からあくび，3. アレルギー，4. 背すじがおかしい，5. 朝礼でバタン，6. 雑巾がしぼれない，7. 転んで手がでない，8. 何でもないとき骨折，9. 腹のデッパリ，10. 懸垂 0

　この調査結果は投書した主婦の予想通りであったし，このような子どものからだの異変に，社会の人々の驚きと反響は著しいものがあった。
　翌 1979 年，NHK「子どものからだプロジェクトチーム」と正木健雄，東京芸術大学教授の野口三千三らは，子どもの育ちに関心を示した保育・教育関係者，運動科学研究者，小児科医，教育学者，霊長類学者ら 12 名ともに，調査結果をもとにその原因究明と対策について論じた『子どものからだは蝕まれている』（1979 年）を刊行した。その中で識者らの分析による，子どもの育ちの異変は「筋力低下」や「大脳機能低下」による身体諸機能（防衛能力）の低下が原因で，それは高度経済社会によってもたらされたものであると指摘された。
　都市化，核家族化，工業化，機械化による産業構造の変化，車社会の到来（モータリゼーション），3 種の神器といわれた電化製品（冷蔵庫，洗濯機，掃除機）の急

速な普及，なかでもテレビ放送が1955（昭和30）年に始まり，急速な普及により家庭生活に大きな変化をもたらし，子どもの生活リズムや心身の発達に異変をきたしていると指摘された。そしてこの子どもの育ちの異変は老化現象そのものに似ており，「人類の危機」であると指摘していた。

2.　40年以上続いている育ちの異変

　1978年に調査された「子どものからだのおかしさ」は，その後「子どものからだと心・連絡協議会」に継続され，1979年から保育園，幼稚園も対象に加え，5年おきに継続調査され，最新は8回目の2015年の調査であった。そのときの保育園と幼稚園の最新の調査結果は，以下のようであった。

● 2015年，保育園「最近増えている子どものからだのおかしさ，ワースト10」
1. アレルギー，2. 背中ぐにゃ，3. 皮膚がカサカサ，4. 保育中じっとしていない，5. すぐ「疲れた」という，6. 噛まずに飲み込む，7. 夜眠れない，8. 自閉傾向，9. 床にすぐ寝転がる，10. 転んで手が出ない，つまずいてよく転ぶ
● 2015年，幼稚園「最近増えている子どものからだのおかしさ，ワースト10」
1. アレルギー，2. 背中ぐにゃ，3. すぐ「疲れた」という，4. オムツがとれない，5. 自閉傾向，6. 保育中じっとしていない，7. 発育が気になる，8. 床にすぐ寝転がる，9. 体が硬い，10. つまずいてよく転ぶ

　この調査を実施した「子どものからだと心・連絡協議会」によると，おかしさの内容は多様化し，さらに深刻化していると分析している。確かに40年前の結果と比べ，小学生と同様な項目が多く見られ，幼児の育ちの異変が現れていると解釈される。最新の調査で特徴的なのは保育所，幼稚園とも「自閉傾向」が出ていることであると報告している。表情が乏しい，反応が少ない，友だちと交わろうとしないなど，特有の表出を指しているのではないかと思われる。そしてすぐ疲れた，背中ぐにゃ，夜眠れない，うまく呑み込めない，すぐ寝転がる，からだが硬い，などはまさに身体不活動化による筋力低下が招いた現象で，幼児であってもまさに老化現象に相当する現象といえる。当時子どもが老化しているといわれた意味が理解できる。いずれも子どもの発達からみて，子どもの健全発達，健康形成が危ぶまれる内容で，問題の深刻さがうかがわれる。

3.　公的機関（文部科学省）からの子どもの育ちの問題意識

　2005（平成 17）年，NHK 特集放映の約 30 年後の中央教育審議会幼児教育部の答申には「従来に比べて子どもの育ちが何かおかしい」という問題意識から「子どもを取り巻く環境の変化を踏まえた今後の幼児教育の方向性」が示され，①地域や家庭の教育力の低下，②子どもの生活空間に自然や広場の減少，④ TV ゲームやインターネット等の子どもの室内遊びが増えたことについて，子どもを取り巻く環境の変化と捉え，それにより以下のようなこと等を招いていると指摘している。

　①基本的生活習慣の欠如
　②コミュニケーション能力の不足
　③運動（身体）能力の低下
　④自制心や規範意識の不足
　⑤意欲・関心の低下

2011（平成 23）年 8 月に日本学術会議が，子どもが思いっきり体を動かして遊ぶ機会は減少の一途をたどっているとして，「子どもを元気にする運動・スポーツの適正実施のための基本指針」を提言した。この提言は，都市化による子どもの遊び場の減少や少子化による遊び仲間の減少，交通事故や誘惑等の犯罪の多発，塾や習い事による生活時間の変化，そして生活全般の利便性の向上により，子どもが思いっきり体を動かして遊ぶ環境が減少していることの危惧からの提言である。ここでも 2005 年の中央教育審議会の答申と同じように，以下のような点が指摘されていた。

　①運動能力の低下（図 2-1 参照）による怪我や事故の増加
　②小児肥満や姿勢異常の増加による小児生活習慣病の増加，視力低下
　③気力の低下に伴う積極性の欠如や人間関係の希薄化

　すなわち子どもを取り巻く社会環境の悪化による，子どもの育ちへの悪影響を指摘したものであった。

　2012（平成 24）年 4 月，続いて文部科学省は子どもの運動遊びの実態調査をもとに「幼児期運動指針」を作成し，全国の保育所・幼稚園に配布した。運動遊びを指針として示したのは近代教育始まって以来，初めての事態である。

2 節　社会環境の変化からみる年代別の子どもの育ちの現象

　1978 年に母親から指摘されるまでもなく，それ以前から子どもの育ちの問題は，

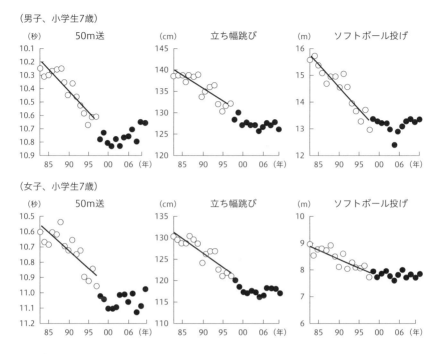

(男子、小学生7歳)

子どもの体力・運動能力は，1985年から低下し続け，現在は下げ止まり状態にある。特に，体力・運動能力が7歳の時点で低下していることは，この現象が幼児期またはそれ以前に生じていることを示す。

図2-1　1983年から2009年の小学生（7歳）の運動能力の変化

脊柱側弯症，喘息，土踏まずの不形成，若者の三無主義，登校拒否の生徒の出現など指摘されていた。

　体育白書1977（昭和52）年発行「青少年の健康と体力」によると，過去10年間に体格や運動能力は全般的に向上しているが，12歳，15歳の男女とも，背筋力，懸垂，立位体前屈は低下傾向を示していた。その調査結果について藤本（1979）は，「背筋力の弱体化は腹筋の弱体でそれは体幹筋肉の弱体を引き起こし，突発性側弯症の増加の原因になっている可能性があり，骨折事故の増加は体幹筋肉の弱体化と柔軟性の低下が原因ではないか」と説明している。

　その他，具体的事例として，転んで手をついて腕の骨折，体育の時間腕立て伏せをしていて腕骨折，ケンカをして殴った方の手が骨折したとか，日常生活では，「ナ

イフで鉛筆が削れない，リンゴの皮が剥けない，箸が上手に使えない」，足ゆびの動きが悪いなどが報告されていた（「体育科教育」特集 1980 年）

　子どもの身体能力の弱体傾向について川合（1980）は「生物的機能の衰退，生物体としての人間そのものが危機的状態に追い込まれるような生活に，子どもたちは追い込まれている（身体活動の欠如）と警告し，生物的機能を回復させうるような生活に向けて子どもたちを指導しなければならない」ことを指摘している。

　そしてこのような子どもの変調（異変）は 1960 年代に入ってから気づき始めたと述べている。

　1960 年とは戦後 15 年が経過し，高度経済成長期に入った時期で，子どもを取り囲む社会環境，家庭環境が大きく変化し始める時期である。

　そこで，子どもの変調について，社会環境の変化との関連を理解するために戦後 1950 年代以降，10 年ごとの子どもの心身に起こった変調と，経済発展，技術革新等，社会の変化と子どもの遊びや生活の変化をピックアップし，子どもの育ちの異変の経過と内容と社会環境の影響について考えてみたい。

1.　1950 年以降，10 年ごとの子どもと社会環境の変化

(1) 1950 〜 1959 年（昭和 25 〜 34 年）

　自然の中で，集団遊び，仲間遊びをし，ガキ大将の居た時期である。子どもの居場所があり，遊びはまだ野外中心であった。

　子どもの心身の状況は戦後の復興期にあたり，栄養失調やノミ，シラミなどによる皮膚疾患，小児麻痺が流行っていた。教育状況は貧困による長期欠席は小中生徒で 29 万 8 千人も存在していた。都市と農村の相違はあるものの，戦後復興は着実に進み，経済・産業活動は活発となり，1956（昭和 31）年の経済白書には「もはや戦後ではない」とあり，高度経済成長の始まりの時期（1958 年〜）に入る。1953（昭和 28）年にはテレビ放送が始まり，家庭には電化製品（テレビ，電気冷蔵庫，電気洗濯機）が導入され，近代的生活環境が準備されはじめた。しかしこの時代のテレビは街頭テレビや，テレビのある近所の家に集まり鑑賞する「隣家で一台テレビ」の時代で，共にテレビを楽しんだ時期である。テレビ放映時間も限られ，この時期は自然の野原や，空き地や路地などで群がって遊び，漫画本も貸本屋で家の手伝いをしながら，兄弟姉妹の面倒を見ながら遊びに興じていた。

(2) 1960 〜 1969 年（昭和 35 〜 44 年）

　高度経済成長がはじまり，大量消費社会の幕開け，子どもの体格，体力・運動能

力は向上し，外遊びもまだ活発で，スポーツテストの成績は1980年代昭和60年がピークといわれる。

　しかし1960年代後半に至ると，都会では子どもと親の時間的・空間的乖離がはじまる「鍵っ子」の時代であり，子どもは「テレビに釘づけ」になり始めた。

　高度経済成長真っ只中の時代で，テレビは各家庭に普及し，子ども向けのテレビアニメ（鉄腕アトム，オバケのQ太郎）や子ども向けドラマ（月光仮面，赤胴鈴之助）も始まり，子ども向けのお菓子「ポッキー」「ポテトチップス」も発売され，大量消費社会が到来した。しかし，高度経済成長による工業生産活動は大気汚染をもたらし，喘息や気管支炎の健康障害や筋力低下による脊柱側弯症などの健康問題が発生した。家庭へテレビが普及し，白黒からカラーテレビ時代となり，子どもたちが「テレビに釘づけ」を招くことになる。1964年に東京オリンピックが開催され，夢の超特急といわれた新幹線が走り始めた。活発な経済活動により，産業構造も第1次産業は衰退し（表2-1参照），鉄工業，石油・化学工業，自動車，電機などをはじめ，工業生産における機械化と電化は急激に進み，そのため都市部に人口が集中し，都市化は急速に進展し，アパートや団地の建設も進み，「団地住まい」は市民の憧れともなっていた。親たちは労働・仕事に勤しみ，団地生活で子どもは「鍵っ子」と

表 2-1　産業別就業人口および割合の推移　(資料) 総務省統計局『国税調査報告』

年次	総数（1,000人）	割合（%）		
		第1次産業	第2次産業	第3次産業
1920	27,261	53.8	20.5	23.7
1930	29,620	49.7	20.3	29.8
1940	32,483	44.3	26.0	29.0
1950	36,025	48.5	21.8	29.6
1955	39,590	41.1	23.4	35.5
1960	44,042	32.7	29.1	38.2
1965	47,960	24.7	31.5	43.7
1970	52,593	19.3	34.0	46.6
1975	53,141	13.8	34.1	51.8
1980	55,811	10.9	33.6	55.4
1985	58,357	9.3	33.1	57.3
1990	61,682	7.1	33.3	59.0
1995	64,142	6.0	31.6	61.8
2000	62,978	5.0	29.5	64.3

呼ばれ，前述したように親と子どもの時間・空間的乖離が発生する源となった。テレビが子守りをし，子どもはカロリーの高い甘いお菓子に囲まれ，学校から帰ると，だれもいない部屋でテレビを見ながら親の帰りを待った。この光景，この状態に親も社会も，だれも疑問をもたなかった。しかしこの頃から，経済的豊かさに邁進する社会の流れと，物の豊かさに引き付けられ，子どもの育ちに大切な，愛情や，傍で見守られているという絆は徐々に失われ，さらに仲間と思いっきり身体を動かして，遊び戯れる自然環境が失われて始めていた。子どもの心が置き去りにされ始める時代になっていった。日本の伝統的暮らしや文化が崩れはじめる時期とも重なる。

(3) 1970 ～ 1979 年（昭和 45 ～ 54 年）

　全国的に家庭への電化普及，大量消費社会の到来，モータリゼーションが始まり，ゲーム元年，高校生の不登校はじまる，スイッチ文化となる。

　子どもの体格は向上しているが，体力テストの項目では背筋力，柔軟性の低下が表れてくる。転んでも手がでない，リンゴの皮も剥けない等，身体能力（生活技法）の低下が目立つようになるとともに，子どもの肥満も問題となる。子ども，若者の問題行動，非行や暴走族など少年非行が健在化していく時期である。東京オリンピック開催により，猛烈に社会インフラの整備は進み，モータリゼーションの進展（図2-2 参照）によって，かつて子どもの遊び場だった道は舗装され，道路は自動車によって占領され，人々の交流の場ではなく，危険な場所となり，子どもは道から追いやられていった。大量消費社会にあって，ファーストフードやファミリーレストラントが展開を始め，宅配便や銀行の ATM もはじまるとともに，社会の利便性は高まり「スイッチ文化」が浸透していく。テレビ番組はエンターテイメント性が高まり，テレビゲーム元年（1977 年）といわれ大人のテレビゲーム（インベーダーゲーム）が始まり，子どもを消費者として位置づける経済活動が高まる。社会生活は電化が隅々まで進み，子どもの群れる場所も公園など人工的空間が広がり，子どもの居場所であった，駄菓子屋，貸本屋は減少し，原っぱ文化などの伝統的文化は消え始めていく。子どもを取り巻く環境が激しく変化する中，子どもの自然性の発揮が抑制され，行き場のなくなったエネルギーは内面に抑圧されていく。やがて心身の異変は蓄積し，高校生の不登校が出始め，「無意識，無感動，無関心」の三無主義といわれる心理的不安状態が広がる。子どもにとってのエネルギー発散場所が制限され，室内で過ごすことが余儀なくされ，無気力化が進む。

　そして，1973（昭和 58）年 10 月に NHK 特集で『警告！！　子どものからだは蝕まれている』が放送された。

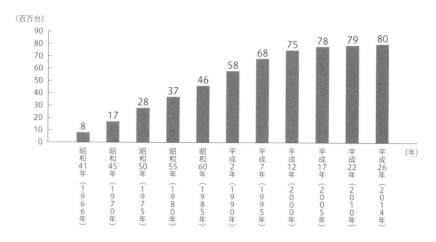

図 2-2　昭和 41 年〜平成 26 年まで自動車保有台数の年次

(4) 1980 〜 1989 年（昭和 55 〜 64 年，平成元年）

　小学生までゲームが浸透（携帯用ゲーム機）し，PC の登場，デジタルカメラ，高度情報化社会到来，体力運動能力低下がはじまる。

　この時期は，高度経済成長に続くバブル景気（経済）の時期で GDP は世界第 2 位となる。コンピューターが登場し，デジタルカメラも発売され，デジタル時代の高度情報社会が到来する（コンピューターは 1987 年に S-820 が日立製作所から，1988年に VP-2000 が富士通から，1989 年には SX-3 が日本電気から発表された）。

　業務用ゲーム機が発売され，市中にゲームセンター（ゲーセン）が設置され，若者，中高生が入り浸りはじめる。子ども用携帯用ゲーム機（任天堂ゲームボーイ）が発売され（1984 年），ゲームに熱中する中高校生から小学生，幼児へとゲームは深く子どもたちの生活に浸透していく。交通網の整備は進み，東北新幹線，青函トンネル，瀬戸大橋が開通し，モータリゼーションの進展は著しく，車の保有台数は1970 年代と比べ 2 倍以上と飛躍的に増加している。子どもの体力・運動能力は 1980年をピークにすべての項目において低下が始まる。「朝からあくび」「背中ぐにゃ」「低体温」の子どもが増加し，自律神経機能の低下による不定愁訴症状が顕著になっている。子どもの生活は人工的環境が増えるにつれて，室内遊びに集中する傾向が強く，戸外で日の光を浴びての遊びが減少して，喘息などのアレルギー疾患やアトピー性皮膚炎の発症が増加する。70 年代から増加していた非行現象は暴力現象へと

拡大し校内暴力，家庭内暴力が発生しはじめる。中学校の卒業式に私服警官が立ち
入る事態も発生している。器物損壊など，対物から対人への暴力へと発展し全国的
に広がって行く。一方でいじめによる小学生の自殺事件が発生し（1987 年），少年
10 人によるホームレス襲撃事件や，少年数名による女子高校生コンクリート殺人事
件等凄惨な少年事件が発生する。この時期，自己の趣味興味のみに没頭する人々を
「オタク」と呼び特徴づけた。アニメビデオマニアの人物が幼児を誘拐・殺人事件な
ど幼児を巻き込む，これまでに見られない陰湿・凄惨な事件が発生している。学校
教育の混迷期を迎える。不登校 2 万人となる。

(5) 1990 ～ 1999 年（平成 2 ～ 11 年）

　携帯電話，インターネット普及，情報ネット社会到来，あらゆる項目で体力・運
動能力が低下する。攻撃的，キレる子，自己中（ちゅう），校内・家庭内暴力頻発，
保健室登校増。

　この時期はバブルといわれた好景気（1988 ～ 1992 年）からバブル経済がはじけ，
長い平成不況に入り，社会経済は長い混迷の時期となる。就職氷河期といわれ，フ
リーターの数は 150 万人に上る。しかし高度情報化社会は進展していき，携帯電話
が発売され，固定電話からパーソナルな携帯電話が急速に普及するとともに，パソ
コン（PC）の普及とともに 1995 年の windouws95 の登場は急速にインターネットの
普及を後押しした。1991 年パイオニアが市販モデルで世界最初の GPS 式カーナビを
発売する。

　ネット社会・デジタル社会の到来は，若者，子どもたちへ様々な影響を誘発し，あ
らゆる項目で運動能力は低下し，まっすぐに走れない，両足着地ができない，三角
形の頂点が結べない，動きのぎこちない子どもなど明らかにこれまでには見られな
かった身体的変化が表れる。またキレる，逆ギレのようにいきなり，感情の統制（コ
ントロール）が利かなくなることなど，「攻撃性の強い」自己中心的な若者，子ども
が顕著になる。いじめ問題が学校教育現場で多発し，平行して児童虐待が増加し，摂
食障害，不登校児は急増し 9 万 4 千人（1997 年）となり，保健室登校 1 万人超など
顕在化し，子どもの心身の不健全性が深く広く浸透していく。14 歳少年の連続殺人
（酒鬼薔薇）は社会に大きな衝撃を与えた。このような状況に対して，文科省は「い
じめ問題」の解決に向け，様々な提言を行い（1994，1995 年），学校現場にスクー
ルカウンセラーが設置されるなど「若者の劣化」や「教育の荒廃」が叫ばれる。オ
レオレ詐欺が現れる。

(6) 2000 ～ 2009 年（平成 12 ～ 21 年）

　保健室登校は常態化し，保育園，幼稚園では「少し気になる子」といわれる乳幼児が増加する。すなわち，反応性の低い子，表情の少ない子，攻撃性の強い子，骨折の多発，視力の低下は続き，体力・運動能力の低下も続く。発達障害が顕在化し，特別支援教育がはじまり，虐待増加により「児童虐待防止法」が成立（2000 年）する。少年犯罪の凶悪化に対して「改正少年法」が成立。様々な学校教育における児童・生徒の問題行動に対して「21 世紀の教育再生プラン」等が策定される。詰め込み型の偏差値教育が見直され，ゆとり教育，週休 2 日制が始まり，学校を開放し地域との交流を深めるなど，2000 年以降の教育改革が相次ぐ。児童・生徒にゆとりある生活を保障することで問題行動の解決を目指した。しかしこの学校開放政策が 1 つの事件で後退することになる。2001 年 6 月小学校に包丁（刀）をもった男が乱入し，教員・児童らに切りつけ，児童 8 人が殺傷され，教師を含む 15 人が重軽傷を負った事件が発生した。この事件以降，不審者侵入に対する警戒を強め，学校の門は閉ざされ，学校開放とは逆行する方向に進んでいった。この傾向は保育所，幼稚園に「さすまた」が設置され，園長，保育者は不審者対応の訓練をするまでとなった。熱中症が多発し，水筒持参での登校始まる。オレオレ詐欺は悪質化し高齢者をターゲットに被害が増加する。ネット社会に突入し，ネットいじめ，出会い系サイトを通じたネット誘拐，ネット殺人などネット社会とデジタルのもつ virtual reality の影響は深く，若者の行動様式を変容させ，子どもに向けた犯罪は先鋭化していく。この不審者学校侵入の事件はその後も続発し，学校閉鎖は現在も続いている。

(7) 2010 ～ 2019 年（平成 22 ～令和元年）

　PC とデジタルカメラ等多機能をあわせもつ「スマートホン」が発売され，SNS が急速に広まり，AI 社会到来の準備がはじまる（図 2-3 参照）。

　携帯電話と PC 機能，カメラ・動画機能をもった「スマートホン」が発売されるや，急激に社会に浸透する。人工頭脳（Airtificial Intelligence）を搭載したロボットが工場から通常生活現場に進出しはじめる AI 社会の到来。今やカーナビは地球規模サイズになり，ネット社会は拡大の一途をたどっている。

　スマートホンが深く浸透するに至って，若者に瞬く間に広がり，多様な通信アプリが開発され SNS（Line，Twitter，Facebook など），により個人情報の発信が容易となる。個人的で匿名性を帯び自己中心的にネットに接続し，ネットを通じた誘惑，監禁，殺人等，直接犯罪に巻き込まれる事件が多発する。いじめは常態化し，いじめによる自殺も後をたたない。2019 年には教師間のいじめが発覚し，教育現場にも陰

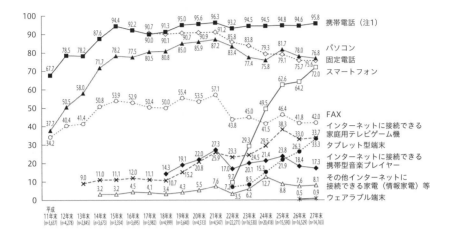

(注) 1.「携帯電話」には PHS を含み，平成 21 年末から平成 24 年末までは携帯情報端末（PDA）も含めて調
査し，平成 22 年末以降はスマートフォンを内数として含めている。
　　 2. 経年比較のため，この図表のみ無回答を含む形で集計。

図 2-3　情報通信機器の保有状況の推移（世帯）

湿ないじめの存在が明らかになった。学校統計で発表された各種統計では，2000 ～
2010 年代までの子どもの体力・運動能力はこれまで下げ止まっていたが再び低下
し，過去最低を記録した。虐待は増え続け，2019 年児童虐待禁止法が改正され「親
による体罰禁止」が新たに加わった。暴力数発生件数は低年齢化し発生率は過去最
高となり，小学生の視力低下も過去最悪となった。現在のメディア接触状況は将来
的に子どもの視覚機能の低下が予想され，「強度近視」が懸念されている。2019 年
6 月，WHO はゲームに依存して正常な生活活動が不能になっていく状況を「ゲーム
障害」として国際疾病分類に登録した。世界的に幼少期からのゲーム依存が高まっ
ていることへの警鐘である。

2.　子どもの育ちの異変は続いていた

　1950 年以降，10 年おきの時代ごとに子どもの育ちに関する様々な異変をピック
アップしてみた。その結果わかったこととして，子どもの育ちの異変は止まってい
なかった。50 年前，識者らが指摘した子どもの育ちへの警鐘は修正されず。そのま
ま 50 年後の現在も通用する状況にあるといえる。

(1) 日本保育学会の設立 60 周年記念「戦後子どもの生活と保育」調査

　日本保育学会は戦後 60 年の子どもの保育研究を総括するため「子どもの生活の実態調査」（小川, 2009）を行った。その意図は，子どもの「生活」が危機を迎えているという認識と「現在，わが国は子育て問題に悩んでいる」という共通認識があることを踏まえて実施されたものである。小川は「保育のニーズ」に対応した諸策が講じられてきたが，それは父母の保育ニーズであって，本来の保育ニーズとは「子どもの生命を護り，子どもの健全な発達を保障することである」といい，子ども本来の健全な育ちのための保育ニーズに応えるのが，大人の役割であるとしている。社会変革が進む中で，言葉によるコミュニケーションが中心となり，ノン・バーバル（非言語的）な身体関係性の重要性に関心を向ける余裕を失ってしまったと述べている。ノン・バーバルな関係性とは，子どもへ向ける「まなざしであり，笑顔であり，スキンシップであり，何も言わなくても傍にいるという寄り添いである。（ペスタロッチはこれを居間における母親の養育的タクトであり，それから教育的タクトへ進むという，生活陶冶（育ち・教育）の原点であるとした）。

　この保育学会の調査の中でも，戦後の社会変化として核家族化，少子化が進み，それにより生活習慣が乱れ，子どもの運動遊び，睡眠，食生活（孤食，偏食，食マナー）の乱れが顕在化しているとして，保育者へのアンケート調査を実施した。子どもの心身の状態に関する質問項目には，「月曜日の朝からイライラ，ボーッとしている」「あくびをする子どもがいる」「すぐ疲れたという」「子どもが転んだときに怪我をしやすい」「3 歳児前半の時期にオムツをしている」があげられており，先の「子どものからだ連絡会」の調査項目と同様であることがわかる。

　その他にも「チョー，マジ，ウザイ，キモイと若者言葉を発する」「子どもが汚れるのを嫌がる」が掲げられており，その理由として「砂遊びや泥遊びの経験がないから」があることに注目される。遊びという子どもの中心課題が見失われ，「汚れてはきたない」という外観が優先されているためであろう。

　この調査からも戦後の子どもを取り巻く社会環境の変化が子どもの育ちの異変を招いていることが総括されている。

(2) 生活リズムの変化と子どもの育ち

　戦後 70 年を振り返って子どもの生活リズムが早くなったと指摘するのは明石（2019）である。明石のいう「子どもの生活リズム」とは，15 年ごとの変化をいい，以下の 3 つのパターンに象徴されるとしている。

①昭和 35 年頃まで「季節単位の生活リズム」，第 1 次産業が中心の頃，生活リズムは季節による行事（田植え，稲刈り，お祭り等）が中心で，学校も地域の行事に合わせ，子どもたちの放課後は十分用意されていた。

②昭和 35 〜 50 年頃から「月単位の生活リズム」，第 2 次産業が中心となり，月賦販売（月給による）や家電という言葉が主流となり，子どもの余暇はテレビと週刊まんがとなる。

③昭和 50 年〜平成時代（1980 年代〜）「週単位の生活リズム」第 3 次産業（サービス業，通信，流通）の従事者が半数を超えるようになる。テレビ，マンガに加え電子ゲームが遊びの中心で，生活リズムのテンポが速くなるに従って，子どもの抱える問題が噴出しはじめる。校内暴力，いじめ問題，不登校などが大きな社会問題となっている。

　確かに，第 2 の月単位の生活リズムでは，親の月ごとの現金収入（給料）に合わせた暮らしが主流であったであろう。そして第 3 の時代では，子どもは週単位の曜日ごとのお稽古事や塾などの日程に沿って暮らしている。明石は，現在はますます生活のテンポは早くなり，より細切れの生活状態になっていると指摘する。保育園，幼稚園，小学校においても子どもたちは細切れの課題に追われているようにも感じる。ルソーの指摘する大人の生活，大人の価値観に縛られているといえないだろうか。

　2019 年の現在，子どもの育ちの状況はさらに悪化している。虐待やいじめ，暴力の件数は過去最高であり，運動能力は過去最低となった。

　戦後の経済発展とそれに伴う消費活動により生活は豊かに便利になった。機械化，工業化，自動化，デジタル化によって利便性は数段向上した。自動化，デジタル化による，スイッチ，ボタン文化に携帯電話が普及し，スマートホンが浸透した現在は親指文化と称されるくらい，人々は人差し指と親指だけを器用に動かし生活している。裏返せば生活活動における身体活動は減少の一途という環境に生きている。あらゆるものに利便性が高まった。さらに AI が登場し，音声認識技術や顔認証技術の開発は指さえ使用しないですむ環境を整え始めている。

　また，デジタル化の流れは子どもの遊びを変質させた。当初は大人のゲームとして開発され浸透していったが，携帯用ゲーム機，ゲームボーイの発売以降（1984 年），電子ゲームの接触年齢は低年齢化し，兄，姉の手の動きを見習い，兄，姉が歓喜する姿に 2 歳児であってもゲームに集中し，指先だけを動かして室内にこもり，外に出なくなった。大人たちは人が見守っていなくても子どもが育つ，と勘違いしていた。子どもたちが静かにしていれば親たちは自分のことに集中できる。人間の自然性を剥奪されることに鈍感になり，人工的環境に安住できると勘違いしていた。人間は地球に依存し，自然に育まれた（進化），生き物の一種であり，人類 700 万年間

は自然とともに子孫を残し生き延びてきた歴史である。

　子どもの外遊びが減少していった第1の経緯（きっかけ）は，昭和30年代のテレビの登場だった。それに経済的発展が追い打ちをかけ，親たちが仕事に駆り立てられている間，オモチャや物に囲まれ電子レンジで温められた，レトルト食品で一人空腹を満たす，「鍵っ子」といわれる子どもの孤立化がはじまった。第2の経緯は電子ゲームの発売である。携帯用電子ゲームは年少者にも浸透した。外で群れて遊ぶ子どもの遊びの原型が失われていき，バーチャル空間で競う，勝敗や，ポイント獲得，成功・失敗の単純な指先だけの遊びに注意を奪われている。身体を動かさずに脳はどこを活性化させるというのであろうか。

　第3の経緯はスマートホンの発売である。デジタル機器が24時間，人の傍らに置かれ，デジタル機器に埋もれて生活する環境が訪れた。大人たちがスマートホンを片時も離せない生活となっているのが今の状況である。親たちは子どもを置き去りにしてスマートホンに集中している。子どもはそれを見ているのである。

　子どもの育ちの変調は，子どもを取り巻く社会の環境におおいに関係していることが理解されるであろう。

　深谷（1983, p.36）は，子どもの遊びをフィールドワーク調査し，子どもの遊びの変質を「群れ」から「孤独」へ，「活動型」から「静止型」へ，「自発」から「受け身」へと変わったと述べている。孤独になれば，活動欲が低下し，静かにしているその心は「沈静」状態となっていることを評している。子どもの脳も沈静化している状態であろう。子どもは「生きる力」を失っている，この姿は子どもの本来の姿ではなくなってきた。少なくとも，笑顔と溌剌さ，生き生きと仲間とともに活動的であった昭和30年代以前の子どもの様子とは違っている。

　大人が最先端の生産活動に邁進する中，利便性は高くなり，大量消費社会の物に溢れ，豊かになったかのような幻想を抱いた。しかし，子どもたちは大人たちから隅っこに追いやられ，孤独感と，人工的環境の中，テレビも含めたバーチャルな環境に浸ることでバーチャルな充実感が子どもの心を埋めている。真の絆はリアリティーそのものの人間という身体によって得ることができる。ヒトの生きていた自然の中で，身体を活発に活動させることで得られる真の充実感，それが子どもの生きる充実感（生命の躍動感）であるはずである。子どもの心が空虚に押しやられていたら，子どもの心は行き場を失うであろう。子どもは他者を攻撃することで発散させるであろう。中央教育審議会や学術会議で示された子どもの育ちの状況は，大人社会が責任をもって，子どもに真に健全な発育発達を保障できる環境とは何かを

考え，準備しなければならないことを示していると考えるべきであろう。

3 節 写真から見る明治〜昭和 30 年代までの子どもたちの暮らし：子どもの健全な育ちとは

　子どもを取り巻く社会の変化と子どもの育ちの変調をみてきたが，子どもの異変が顕著になるのは 1960 年以降からである。日本が高度経済成長に入り，大人たちがエコノミックアミマルとして猛烈な仕事ぶりを発揮する以前，第 1 次産業が中心であった昭和 30 年代までの子どもの暮らしはどのようであったのか。現在横たわる育ちの異変が指摘される以前の子どもの暮らしを写真で追ってみることで，写真に映し出された子どもの表情，遊びの様子から当時の子どもの状況を探ってみたい。

1.　写真でたどる明治から昭和 30 年代までの子どもの暮らし

　以下の写真は昭和の子どもを取り巻く環境を写したものである。

撮影：土門拳
協力：公益財団法人土門拳記念館

　この写真から何を感じるであろうか。

2.　明治期の子どもの暮らしの事例：お手伝いと遊び

　明治 25 年生まれの男児と明治 26 年生まれの女児の実際の手伝いと遊びを中心に暮らしは次のようであった（藤本 , 1991）。

●男児の例：明治25（1892）年生まれ

稼業：みかん農家

学校：尋常小学校→高等小学校→県立中学校

服装：着物，ワラゾウリ

・遊び：メンコ，独楽（貝を石で削ったり，叩いたりコマ状にしたものまだ鉄芯は入ってなかった），ボール（手作り：くず綿を固め糸くずで巻く：テニス，キャッチボール），竹とんぼ，竹馬，輪回し，縄跳び，凧揚げ，水鉄砲

・魚取り，鳥いくさ（戦）遊び，木登り，山登り，打ち込み（クギ打ち）

　仲間の数：14，15人（隣近所），ケンカ

・手伝い：みかん農家

　　　・毎日3時間

　　　・みかん山の下刈り，木を植える，虫とり

　　　・薪づくり，水くみ（バケツ），ぞうり，わらじ作り

●女児の例：明治26（1893）年生まれ

家業：木綿作り，畑で綿作り（紡績から出た細い糸を合わせよりをかけていろいろな太さの糸に仕上げる）

・遊び：ままごと遊び（外でゴザを敷いて），鞠つき，花いちもんめ，お手玉

　かくれんぼ，石蹴り，おはじき，縄跳び（一人）

・お手伝い：水くみ，台所仕事，畑，田んぼの手伝い，洗濯の手伝い

・8，9歳頃から子守り（子守奉公），子守り同士，7，8人が集まって，遊ぶ

・12，3歳で機織り

・17歳で女中奉公（家事見習）

3.　過去の子どものたちの暮らしと遊び

　過去の子どもたちは大人に囲まれ稼業の手伝いをしながら暮らし，年長年少，男女児問わず集って，群れて遊んでいた。自然の田・畑，原野，海，川，道，路地が遊び空間であった。そして，家以外の子どもの居場所が存在しており，子どもたちは主に自然物や家にある残り物を道具（オモチャ）として手造りしていた。特徴的なのは明治から昭和30年代まで一貫して，年長児は男女問わず，年少児を負ぶって子守りをしながら遊んでいた（前頁写真）。

　そこから子どもが豊かであった子どもの日々の暮らしの様子を，以下のようにまとめることができる。

> ①子どもは稼業を手伝う中で様々に社会の仕組みと生き方を学んだ（手伝い，労働，見習い）
> ②大人に囲まれ，見守られ貧しい中にも充実感が窺われた（幸福感）（大人の見守り）
> ③外遊びが多く，真剣に遊びに集中していた（自然の中仲間との遊び）
> ④子どもたちの集う居場所があった（仲間）
> ⑤子どもの遊びには突き抜ける解放感と喜びが溢れていた（開放的，幸福感）

　第 1 次産業が中心であった時代，大人たちは必死に暮らしを立てるために，身を粉にして働いていた。そしてそれを見ていた子どもたちは，人生の苦しさ，辛さを身をもって感じ，大人の働く姿から暮らしを立てる困難さを目の当たりにしていた。だから子どもたちは進んで大人の仕事を手伝い，子ども同士で身を寄せ合い，互いに庇い，いたわり合いながら，暮らしていた。貧しくとも，ボロを着てても，大人たちに囲まれ，友に囲まれ，強い絆を感じ，自然の中で思いっきり身体を発散することができた。子どもの心は充実していたのであろう。だからあの「笑顔」が溢れていたのである。

4. 昭和 30 年代以前にあった子どもの暮らしの要素

　上記の①〜⑤の要素から子どもを取り巻く環境を抽出すると，子どもは，①人に囲まれ，②自然の中で，③身体活動的（遊び＋手伝い）があった，ということができる。昭和の子どもの様子を写し取ったどの写真にも「真剣さ」と「心からの笑い・歓び」が溢れていた。

4 節　現代の子どもの暮らしと遊びの特徴

　1970 年代以降，今日の社会環境の変化の中，子どもの育つ環境を以下のようにまとめることができる。

> ①アナログ社会（第 1 次産業）→機械化から→デジタル社会（第 3 次産業→第 4 次産業革命へ），情報・ネット社会（バーチャル環境）
> ②身体不活動でも生活可能な状況
> 　からだを動かして移動・生産・家事に従事していた生活から，スイッチ文化，親指文化という，からだを動かさなくても生活できる社会環境に変質した。

③自然環境から人工的空間広がる
④大人と子どもの時間的・空間的乖離広がる
⑤個別的・孤立的・生活拡大
⑥大量消費社会（欲望の肥大化）

　その後，さらに時代が進み2000年代に入ると，子どもたちが身体を動かして遊ぶような場面はほぼ見られなくなり，例えば公園で子どもたちが集っている場面を見かけたとしても，そこでは，それぞれゲーム機の画面を見つめる様子がみられるだけで，活動的な様子は窺えなかったりする。身体的交流も見られず，子ども同士集っていても活動する躍動感や，溌剌さ，明るさ解放感はみられない。

　昭和40年以降の子どもの遊びは，以下のようにまとめることができる。

①遊び文化の商品化と遊びの消費文化
②遊びの創造と伝承のサイクルの崩壊
③自然空間の減少から人工的空間の増大
④子どもの孤立化と虚構（virtual）の肥大化
⑤群れ遊び，異年齢，男女間の遊び縮小→消費的遊び（欲望の肥大化）

5節　社会は子どもに何をもたらそうとしているのか

　戦後60年（昭和35年以降）の歴史は子どもにとって何だったのであろうか。子どもの自然性を剥奪し，人工的環境に押し込んでいった歴史である。都市化，少子化は子どもの周りから，大切な人々が消えていく歴史でもあった。見守る人がいなければ子どもはたまらなく不安となる，叫んで泣きわめいても受け止めてくれる大人がいなければ，子どもは竦んで怖くて，不安でたまらない。スーパーで大勢の人に囲まれても，自分を気づかってくれ，声をかけてくれる人がいないのである。子どもは不安に陥る。食べ物も豊富で，お菓子にも不足せず，オモチャもお金を出せばすぐ手に入る。便利で豊かと称した社会は子どもの心の充実と安心とを奪っていったように思える。そしてそのことを大人たちは気づかなかった。自分に注ぎかけてくれる眼差しと，自分に語りかけてくれる「生身の声」と，「励ましの言葉」があってはじめて，勇気がわいてくるのである。

　自然の，鳥のさえずりや，せせらぎの流れの音に安らぎを感じ，水をかけ合って笑い転げ，はしゃいで転び合い，大声を出して叫び合い，身体を押し合い，へし合いしながら力比べをし，時にはぶつかってケンカになったり，そういう自然の中で，仲間の中で人間は育っていく。ルソー（Rousseau ／今野，1996）は，自然が主席の教師と称し（p.69），自然の中で「子どもは思うままに跳びはね，駆けまわり，大声を上げなければならない，彼らのあらゆる運動は強くなろうとする体の構造からうまれてくる」（p.116）のであるからと，自然の中で思いっきり体を動かすことは発達する子どもの本性（自然）であると自然の中での遊びを推奨した。ルソーは大人の価値観で抑圧される子どもや，縛り付けられる子どもの姿は「自然に反した習慣」（p.35）であると厳しく糾弾していた。

6 節　社会と保育・教育が準備しなければならない環境：子どもの 育ちを回復させる 3 つの要素

　平成 29 年に教育改革が行われ，30 年度から保育所，幼稚園から実施されている。文科省は 21 世紀第 4 次産業革命といわれる AI 社会の到来，予測困難な社会の到来に備えて，偏差値や IQ，学力等測定可能な認知能力だけではない，非認知能力すなわち答えのない課題に対しても果敢に挑戦し，あきらめずに粘り強く取り組み，皆と協力して物事を推進できる社会情緒能力の育成を目指した教育改革を示した。

　子どもの育ちの異変は続いている。さらにこれまで懸念されていた子どもの体力・運動能力すなわち身体能力は過去最低の水準まで落ち込んだ。人としての身体能力の低下は最新の諸科学（脳科学，運動科学他）の研究によっても，様々な識者の提言によっても，人間総体の力の低下を招くことが明らかとなっている。室内にいて，戸外で仲間と活動しない環境が，子どもの心身の健全な発育発達にとってどれほどリスクの高い環境であるか理解しなければならない。子ども時代にこの 3 要素の環境を準備することが社会と保育・教育の主たる目的になるであろう。デジタル社会のはらむ危険性，孤立と分断と閉鎖性は，子どもの人間的育ちの悪化の最大の要因となっていくであろう。

【人間としての育ちのポイント】

人の育ちの環境要素
①子どもは人に囲まれなければ人間として育たない
②自然の息吹の中での身体活動が健全な発育発達を促す
③人に囲まれ，生活の中での身体活動が人間諸発達の原動力である。

COLUMN① ‥‥‥‥

身体知とは

　「身体知」は，本書で展開する，21世紀の保育・教育のキーワードとなる概念である。デカルトの心身二元論が根底であった戦後の社会では，見落とされがちであった新しい概念であるため，「身体知」に言及した論述をあげておく。

●小泉英明『育つ・学ぶ・癒す　脳図鑑』　工作舎　2001年
　「身体知という考え」(p.114)
　17世紀，フランスの哲学者デカルトは身体は機械が動作するのと同じ原理で動くが，意識はそれと違う心的過程をもつと考える心身二元論を提唱した。しかし心身二元論は現代科学では採用されず，意識は脳がもつ高次な脳機能の処理様式であるという考えで，心身一元論がとられる。
●無藤　隆『認知と文化2　協同するからだとことば』　金子書房　1997年
　「身体知の獲得としての保育」(p.163)
　心理学的な解釈として，幼児教育で強調される「環境を通しての保育」を考えるとき，子どもが対象とする人や物に主体的に関わる中で，子どもの何が発達したのか，発達過程を検証する際，身体と対象物の動的な関わりとしての「動き」として見直す。対象に対してどのような「動き」が生じたかについて，能力とか知識といったものに還元することができないとすれば，人・物に対する関わる動きの変化（発達）を「身体知」として捉えようとする考え。
●内田　樹・三砂ちづる『身体知』　バジリコ　2006年
　「身体知：身体が教えてくれること」
　身体の深いレベルにある感応力，ある種の集中的訓練を通じてはじめて発現されるような能力(p.33)。
　身体的経験を通して心身の総合的能力を高めていくことができる(p.32)。
　サッカー選手，野球選手など「身体感受性」といってもいい。身体感受性とは，身体内側で起こっている出来事に対する感度をいう。あるいは接触した瞬間に相手の身体の内側で起きている出来事に対する感度（気配，殺気，雰囲気）。それを身体感受性という。
　1日中ゲームをしていると「身体感受性」は回復できないくらい損なわれている(p.34)。

●『ジャパンナレッジ』

「身体知：AI＆ロボティクス」

　身体が知っている，身体でわかっているという種類の知識，あるいは身体をうまく動かすための能力を身体知と呼ぶ。例えば優れたスポーツ選手や音楽家が（身体で）もっている知識がそうである。この知識は一般には記号化されておらず，また意識の上にものぼっていないために，従来の人工知能では扱いにくい対象とされてきた。最近になって改めて注目されて研究が盛んになってきた。

●本書での「身体知」とは

「生活世界は身体知で営まれている」

　デカルト的理性至上主義（コギト・エルゴ・ムス）で考えると，意識に上がらないものは学問（研究）の対象とならない。しかし脳科学の知見では，大脳辺縁系，延髄や自律神経を支配する視床下部，あるいは心筋をふくめ内臓の筋肉（呼吸，循環，消化，排泄等々）などの生命活動は無意識のうちに遂行されている。睡眠中は意識しないが生命活動は維持されている。

　例えば幼児の歩行発達において，はじめは注意深く，バランスをとりながら転倒しないようにゆっくりと歩く。しかし，様々な環境での歩行の経験を積むごとにその情報は身体知として蓄積され，注意を払わなくても自然に歩行できるようになる。車の運転も同様である。初めは，1つひとつの動きに緊張しながら，意識的に操作を行う。車の操作技術，道路の状況，車の込み具合，天候の把握など，練習を繰り返すごとに身体知として蓄積され，その後は意識しなくても一瞬のうちに状況を把握し，運転の操作は可能となる。このように日々の生活は多くの経験から様々に蓄積された身体知によって支えられていることがわかる。身体が得る情報は膨大でそのことを総じて「身体知」という。

第3章
デジタル社会は子どもにとってどのような社会か
——デジタル社会に生きる子どもの育ちの理解

1節 はじめに

　21世紀の社会，デジタル社会とは，どういった社会なのであろうか。

　戦後，科学技術の進歩とともに，産業構造は変化し，現在は高度情報化社会が進み，第4次産業革命といわれる AI（artificial intelljence：人工知能）と人間が同居する社会が到来しつつある。文部科学省は21世紀の社会は「予測困難な時代」といい，到来する第4次産業革命社会に対応できる人材の育成を目指した新しい教育改革をスタートさせている。

　第2章で子どもを取り巻く社会環境の変化と子どもの育ちの異変について，社会構造の変化はそのまま子どもの育ちの異変につながったことを述べてきた。また第1章のヒトの生態的特徴について記したように，ヒトの生物的存在意義を見落としたままでは，本来の人間の子育ての姿を見失うことになる。地球で進化した生物的存在の意味を確認しながら，デジタル社会で何が問題なのかを探っていきたい。

　産業構造の変化の中で，機械化，工業化，電化，自動化，電子化と現在はデジタル時代となっている。IT化は我々の生活に大きな変化をもたらし，隅々まで利便性の高い，快適で暮らしやすい生活へと変化した。この変化は第2章で考察した身体を労しなくてもスイッチ1つで生活が可能な，身体不活動（脱身体化）社会を生み出した。今日進む第4次産業革命とはまさしく「デジタル」社会であり，デジタル社会以前を「アナログ」社会とすると，この両者の違いは子どもの発育発達にとって著しい違いがある。

　この章では，現在，未来に招来するデジタル社会とはどういった特徴があり，それが子育てにどのような影響があるかを検討し，三次元のアナログ社会で進化した，

人間の子を人間らしく育てるために，どのような環境を準備しなければならないかを探っていく。

2節　デジタルとアナログの違い

　デジタル（digital）とアナログ（analog）の違いについて広辞苑等の辞書でみてみると，「デジタルとは，ある量またはデータを有限桁の数字列で（例えば二進法）で表現すること。デジタル信号とは0または1のような有限個の信号の組み合わせで表現される信号をいう」とある。

　デジタルとはデータ量を数字によってとびとびに分断して表示する方法で，一方，アナログはデータ量を連続で量として取り扱い，デジタルに対する連続的な変化を表す言葉で，「類似」「相似」といった意味のanalogy（アナロジー）に由来する。

　デジタルが段階的なデータを取り扱うため，分断されて「バラバラ」であることに対し，アナログは「並べると似ている，関連がある」という意味をもち，「連続性していること」がポイントである。自然界に存在する長さや重さなどの値は連続しているためアナログ量という。

　デジタル時計とアナログ時計とを比較すると，デジタル時計は時間という流れ，連続するデータを分断し，結果のみを段階的に表示する。一方アナログ時計は時間の経過を長針と短針の角度で示し，針の移動で時間の刻みを表示している。

　それぞれの利点をあげると以下のようになる。

・デジタルの利点：デジタルは物事を分断，細分化，単純化，簡略化し結果のみを表示するため，わかりやすく，正確で素早く判断可能である。
・アナログの利点：再現性があり，全体の流れがわかり，情報量が多く，直感的に捉えやすい。そのため行程，過程，事象の意味が理解しやすい。

このような特徴をもつ両者について一般的に以下のような意味でも使われる。

「デジタル」＝自動＝ハイテク
「アナログ」＝手動＝ローテク

3 節　デジタル社会の意味するもの

1.　デジタル社会はバーチャルな「仮想」の現象であり匿名性を助長し，リアリティー（事実，実態）をつかむことが難しい

　デジタルを利用する場合，単独で，早く，簡潔で，わかりやすい反面，アナログ情報にある，全体や経過については表示しないため，経過や背景が不明であった。デジタル社会は「バーチャル」とも捉えられる。仮想（虚の世界）であるため，リアリティーのある実態感（事実，現実感）を捉えることは難しい。例えば一般人にとって機械やモーターは解体すれば構造が理解でき，組み立て工程や作業の過程も，こうすれば，こうなるという理解がしやすい。しかし，数字と記号で表示されたデジタル機器は，分解しても，解体しても意味や行程を理解することは難しい。

　デジタルの結果のみで判断する傾向は，経過や背景が不明なため，ネット被害を生みやすく，詐欺やサイバー攻撃など，安易に信じてしまえばまたたく間にトラブルが生じることがある。このような事象は現在社会問題として様々に提示されているところである。

　デジタルとアナログの違いは，日常身の回りに多く存在する。少々長くなるが，意味の違いを理解するために事例をあげてみる。

　例えば，手紙のやり取りの過程をみてみよう。まず紙や筆を用意し，字を書くという作業があり，封筒に入れ，切手を貼り，郵便ポストに入れる。郵便職員によって回収された郵便物は各宛名地区に振り分けられ，郵便トラックや，電車で運ばれ，各地区に再収集される。そのあと，宛名に記された各番地に向かって配達職員が届けてまわる。

　手紙を書き相手に届けるという，この一連の過程は，PC やスマートホンでは，機器の電源を入れ，人差し指と親指のタッチだけでメールを作成し，送信をタップすれば相手に送られる。その手間の簡略と時間の短縮には驚くべき違いがある。

　銀行預貯金の出し入れの場合もわかりやすい。ATM カードを持ち，暗証番号さえわかれば，窓口で手続をしなくても，だれでも現金が引き出せる。手紙のやり取りは，郵便事故や，災害が発生した場合を除き，通常では信頼性が高い。今や，ネットバンキングは銀行に出向かなくても，銀行口座を登録すれば PC やスマートホンで預金の出し入れが瞬時に可能である。しかし，PC やスマートホンではセキュリティーをチェックし，信頼性を確認しないと，個人のみならず，企業，社会等は莫

大な損失を受けることもある。その被害は，気がつかないうちに進行している。

　生きるための基本的な食について，お米の生産過程をみてみよう。お米を田んぼ
で作る作業過程は「米」という字を分解すると「八」「十」「八」となる，八十八も
の作業過程があって，初めて「ご飯」として食すことができるという意味でもある。
田植えのためには，田んぼの土作り，苗を育て，稲が成長すれば，稲刈り，稲の乾
燥，脱穀，精米してようやく米の完成である。それだけではなく，大切な水の管理
や，雑草を除去する炎天下の草取り作業があり，八十八もの作業過程＝手間を経て
ようやく「米」として食すことができるのである。

　このような生産過程を実体験した場合と，スーパーなどで出来上がりのお米を買
う場合を比較すると，作業によって得ることのできる知恵と情報量，身体活動量は
格段に違いがある。

　生きるための生産過程が，機械化，電子化によって省力化され，子どもの暮らし
の中から消えていった。つい70年前には想像もつかなかった社会が到来し，だれも
が利便性を享受できる世の中となった。簡単で，楽で，きれいで，素早くできると
いう社会（時代）である。しかし子どもの育ち，教育として考えるとどうであろう
か。子どもは，お魚は切り身のまま海で泳いでいると想像し，お米はスーパーに買
いに行けばすぐ食べられるという，リアリティー感は薄れ，安易な錯覚に陥りやす
くなる。生きるために脈々と続いてきた生産過程が子どもの暮らしから消えていき，
子どもは意味のわからぬまま生活しているのである。

　バーチャルな世界では，スイッチを入れボタンを押せば簡単に希望のもの（こと）
を手に入れることが可能である。日々生活の中でこの作業を繰り返していると，子
どもは，人間としての身体感や生きることの実態感覚（充実感や困難）が薄れてい
くのではなかろうかという危惧が生じる。

　デジタルに溢れた社会は数字と記号によって結果のみ表示され，過程や背景は不
明で，現実にはないバーチャル「仮想」な世界が簡単に表示できる。

　子どもの存在，「いのち」はリアリティーそのものである。リアリティー溢れた子
どもの存在を受け入れなければならない。バーチャルが浸透していくデジタル社会
での子育ての難しさはアナログ的な「いのち」を受け入れ，扱うことが困難になり
はしないかということである。

2.　意味がわからない，生活常識がわからなくなった子どもたち： 実態感をどうしてつかめばいいのか？

　前項で，バーチャル社会は実態感の薄れる社会であり，生きてくための生産過程を体験することは難しくなっており，「生きている・いく」という実態感が薄れていくのではなかろうかという危惧を述べた。

　子どもたちは「意味がわからなくなっている」という子どもの知的状況を検証した研究が行われた。

　子どもたちの知的構造がロボットと同様になったと警鐘を鳴らしているのが，「ロボットは東大に入れるか」（2011 年）プロジェクトリーダーの新井紀子（数学者）である。このプロジェクトは AI 到来社会にあって，真の AI の姿を世に知らせるという目的で，100 人の研究者を結集して始められた大規模プロジェクトである。最終的には東大ロボットは東大に入ることは不可能であるという結論が導かれた（松崎ら，2016）。重要なのはプロジェクトの検証経過によって示された「AI のできること」と「AI の苦手」なことを明示したことにある。それによると AI の特徴は以下であることが示された。

・AI は将棋や囲碁，チェスのようにルールが明確で，手段，手順が決められている枠組みでの中では人間以上に力を発揮することがある。
・基本的に人間によってプログラム化された AI は，入力に応じて「計算」し，「結果」を表示しているにすぎない。AI がしていることは計算である。
・AI は結果の意味や価値を理解することはないし，反省することもない。
・限定された枠組みの中でしか計算処理できないので，応用がきかなく，柔軟性がない。
・感性，感情が理解できないので，多様な場面（人間）に対応できるコミュニケーションができない。
・個別的で多様性に富む事柄，想像力，創造力の必要な仕事（生活世界の諸事，常識）はできない。
・万個教えられて，1 つしかできない，「一を聞いて十を知る」という人間の想像力，洞察力，推察力はない。

　新井らは，以上のような AI の特徴を示し，数学の文章問題，国語の読解問題，英作文など，意味を解し，人間の常識を持ち合わせていなければ正解できない問題には AI は力を発揮することができないことを明らかにした。その上で，中高生の読解

力を調査したのである。その結果，3人に1人が中学卒業程度の国語の教科書が読解できていないことが明らかなった。新井は今の子どもたちは，ロボットと同じように，表象的，断片的知識の記憶力に関することはできても，その背景を推察，想像し意味を理解する読解力および常識が不足しており「デジタル的」思考構造になっていると述べている。

　新井はこのことを重く受け止め，AIと同じなら，AIに仕事を奪われるだけでなく，とうていAIには追いつけないと主張し，将来AIに仕事を奪われないためには，AIが苦手な「意味がわかる」「常識を身に付ける」「人間らしい感性，想像力，省察力」を身に付けることが不可欠であることを主張したのである。

　新井の提示した，「意味がわかる」教育，常識を身に付ける教育というのは，デジタルとアナログの違いそのものであった。「意味のわかる」人材育成とは，過程や背景，全体の流れが理解できるアナログ的環境がいかに重要であるかを物語っている。

4節　デジタル社会で準備しなければならないアナログ環境： AIに替わることができない子育て

　子育てという最も保守的で生物的な行為は，過程を省略し，楽に，素早くスイッチを押せばできるデジタル的行為とは全く対極的なものである。

　産み育むという人間的行為は，手間がかかり，発達過程を注意し，愛情をもって見守り，保護しなければ成しえない。「生理的早産」ゆえの「未熟」な赤ちゃんは本来強い依存性をもつ存在として誕生するからである。

　強い依存性があるため，誕生した赤ちゃんは母親と有機的につながっている。子どもの五感は母乳の匂いを嗅ぎ分け，母親の声に反応し，母親の皮膚の柔らかさに包まれれば安心して眠りにつく。母親の顔を見ただけで泣き止み，母親の柔らかな皮膚に包まれ母乳を飲めば落ち着きを取り戻し，情緒も安定してくる。

　これはAIに替わることができない，人間の子育ての原点である。リアリティーのある人の自然性は最も生得的なものである。人の子どもはバーチャル環境で育てることはできないであろう。スイッチとボタンで簡単に人間の子どもは育たないことを自覚しなければならない。アナログ的な「人と自然」環境の存在が子どもの育つ環境に不可欠であるのはこのためである。

5節 子育てがバーチャル世界で可能か：バーチャル世界（虚）の中では，子どもは孤立的環境に陥る危険性がある

　デジタル社会の子育ては，知らず知らずのうちに，分断的思考を帯び，自己中心的な態度や短絡的思考に陥りやすく，気がつけば孤立化に向かう危険性をはらんでいる。放っておけば，何もしないでおけば，子育てが孤立的で，不安定な環境に陥りやすくなる。

　親がスマートホンに集中すれば，子どもとの会話や子育てによる身体接触が少なくなり，電子機器に囲まれていて便利で効率性が良く，快適でありそうだが，実は子どもにとっては，だれも関わってくれない環境に陥る危険性がある。子どもは人に見守ってもらえぬ不安を感じ，それは情緒の安定を欠くことになる。置き去りにされ，孤独で不安になった子どもはどうすればいいのであろうか。最も人の育ちに必要な，愛着関係がつくれず，生涯で最も発育発達しなければならない時期に，身体刺激や人との交流刺激，応答的な環境，自然の刺激等，人間に育つための基盤がゆらぐことになる。そうなれば人間としての身体能力や脳発達も未認熟となってしまう危険性がある。大人がバーチャルな世界に没頭するあまり，子どもの存在が薄くなり，人間として育つ足場がゆらぐことになりかねないのである。

6節 アナログな自然環境の中で人間の育ちは達成される：アナログ環境が子どもの育ちに不可欠な理由

　第1章で明らかにしたように，ヒトの発育発達は三次元の世界で獲得されたもので，その目的は高度な身体能力（二足直立歩行）と脳の巨大化を達成することに集約される。ヒトの進化の歴史は，アナログ環境で進化してきた歴史であり，近年のようなデジタル環境で成長した経験はないのである。

　そのため，未熟で誕生し，最も依存的で長い期間を人々に支えられて，はじめて成長できる人の赤ちゃん（子ども）には，十分なアナログ環境を準備する必要がある。ヒトとしての遺産を受け継いでいくなら，身体諸能力と脳の成長を達成する思春期（14, 15歳）まで十分なアナログ環境を確保することが重要であろう。すなわち，人に囲まれた，自然の中で仲間と遊ぶことのできる環境が必須なことは，第2章で，過去の子どもの暮らしから抽出された子育ての要素（環境）であった。

　写真の中で，子どもは常に大人たちに囲まれていた。高価なオモチャや，電子ゲームがなくとも，生き生き，はつらつと目を輝かせ，身体いっぱい遊びきって逞しい心身を獲得していた。このようなアナログ環境は，発育発達する子どもたちにとって，十分な身体刺激があり，活動欲求が満たされ，人々に囲まれ，不安のない「生きる力」に溢れるものであった。

　デジタル社会は否応なく訪れ，我々の生活に浸透してくることは間違いない。そのとき，子どもの育つ環境をどう準備するかを考えておかねばならないであろう。人間として進化した遺産を引き継いでいくなら，ロボットではない，本物の人間に囲まれ，人工ではない自然の息吹の中で，身体を思いっきり動かして遊ぶことのできる環境を準備することは大人社会の務めでなくてはならないであろう。

●デジタル社会の子育ての注意点
・デジタル社会は簡単（スイッチ，ボタンを押すだけ）で，早く，正確，きれいで結果のみ表示するが，経過や背景が不明なため，バーチャル世界（仮想）に陥りやすく，匿名性の高い社会である。
・アナログは再現性があり，全体の流れがわかり，情報量が多く，直感的に捉えやすい。そのため経過，過程，事象の意味が理解しやすい。
・AIは将棋や囲碁，チェスのようにルールが明確で，手段，手順が決められている枠組みでの中では人間以上に正確に・速く，力を発揮することがある。
・AIは結果の意味や価値を理解することはできないし，反省することもない。
・AI到来社会に必要な保育・教育は「意味がわかる」「常識を身に付ける」「人間らしい感性，想像力，省察力」の育成を必要とする。
・ヒトの進化の歴史からみれば，近年のようなデジタル環境で子育てした経験はない。
・デジタルでバーチャル世界（仮想）溢れる社会では，手間暇かかり，常に発達過程を注視しなければならない子育ては，困難性が伴うものである。
・乳幼児の絆，アタッチメントはバーチャルな世界では実現できない。
・未熟で誕生し，最も依存的で長い期間を人々に支えられて，はじめて成長できる人の育ちには，十分なアナログ環境を準備する必要がある。
・子育て環境にはリアリティー（身体で感受し，過程・背景を理解し，全体の流れをつかみ，類推し，想像する世界）が必要である。

第 4 章

非認知能力を育む乳幼児期の発育発達の理解
——新保育・教育改革で求められる非認知能力育成の理解

　2018（平成 29）年 3 月新 3 法は告示され，新しい乳幼児保育・教育がスタートした。この改訂はそれまでと大きく異なり，第 4 次産業革命といわれる「予測困難な時代」に対応できる人材育成を目指したものである。この背景にあったのは，2000年ノーベル経済学賞を受賞したヘックマン（Heckman, J. J.）教授の 40 年以上にわたる，恵まれない子どもへの介入実験の追跡研究である。その目的は，貧富の格差が広がる一方のアメリカ社会にあって，公生で平等な分配を実現できる教育はどのようなものであるかを，恵まれない子どもと親への介入実験を行うことで，子どもたちの将来にどのような影響があるかを統計的に追跡調査した縦断的研究であった。

　追跡調査の結果，幼少期に認知能力ではなく，非認知能力を育成することが将来個人の人生の幸福（well-being）を達成する確率が高く，社会の安定につながることを検証したものであった。なかでも個人の幸福として「健康」をあげていることに注目される。

　「幼少期に非認知能力を育成する」という命題はまさしく，保育所，幼稚園の保育・教育の課題そのものであり，それによって人生の幸福（成功）を実現する確立が高くなることを実証したヘックマン教授の介入実験は，乳幼児の保育・教育の意義の高さを訴えるものとして捉えなければならない。

　これまで第 2 章で述べたように，わが国の子どもの育ちの変調は今も続いており，非認知能力の育成はその解決策としても，展望が拓かれる可能性がある。子ども本来の発達を取り戻し，生き生きとした子どもの姿を回復するためには，保育者自身が現在の子どもの育ちのおかしさに気づき人間の子どもとしての本来の姿を理解し，非認知能力に溢れた保育者になることこそ大切である。

　その意味でも，ヘックマン教授の「幼少期の非認知能力」育成について，研究の

背景や意味を理解することで，今後21世紀の社会における保育・教育への意義・役割について考えてみたい。ここでは，子どもの発育発達の様相は，個別的で多様であり，実学としての保育・教育を理解するという視点から，非認知能力について概念化，抽象化を検討するのではなく，生活世界に現れる子どもの多様な発達的様相（現象）に焦点をあて記述していくこととする。

　本章は欧米各国の教育改革に参考にされたヘックマン教授の40年以上にわたる2つの介入実験の研究概略を紹介し，2015年の経済協力開発機構（OECD: Organization for Economic Co-operation and Development）による非認知能力に関する調査報告書（OECD, 2015），国立教育政策研究所による平成27年度プロジェクト研究報告書（遠藤，2017）を中心に，非認知能力育成について，それが保育・教育にとってどのような意義や意味があるのか，幼少期の非認知能力育成が子どもの健全育成とどのように関連するのかについて理解を深めていく。

1節　ヘックマン教授の40年間の追跡研究

1.　ヘックマン教授の研究目的

　アメリカ社会における公平性と効率性を同時に達成できる教育とはどのようなものかについて，恵まれない子どもたちへ介入実験することで，その後の生活にどのような変化が現れるのかを，追跡調査した研究である。ヘックマン教授の問題意識は，恵まれない環境に育った子どもは技術（労働スキル）をもたない大人に成長し，そのため生涯賃金が低く，病気に罹る率や10代の妊娠や犯罪など個人的・社会的問題のリスクが高い。そしてそれが繰り返されている現状を憂い，その原因は幼少期の（環境）経験にあるのではないかという仮説を立て，それならば幼少期の育ちの環境を改善することで，将来の個人の成功・幸福と社会の公正・安定を求めることができるのではないかという仮説で進められた。最初のプロジェクトの1962年は3, 4歳のペリー幼稚園の恵まれない子どもたちとその親を対象とし，10年後には対象年齢を下げ，対象児数も増加させ，さらに詳細なプロジェクトを編成して実施された。

2.　2つの介入実験の方法および内容

①ペリー就学前（ペリー幼稚園）プロジジェクト
　ア　1962〜1967年，ミシガン州にあるペリー幼稚園においてプロジェクト実施
　イ　対象：低所得家庭58世帯の就学前の3〜4歳黒人幼児

　　ウ　午前中毎日 2 時間半ずつ教室で授業
　　エ　週 1 度教師が各家庭を訪問 90 分の指導

　週 1 回，各家庭を訪問しての 90 分の指導内容は子どもの年齢と能力に応じて調整され，非認知的特質を育てることに重点を置き，子どもの自発性を大切にする活動を中心とした。教師は子どもが自分で考えた遊びを実践し，毎日復習するよう促した。復習は集団で行い，子どもたちに重要な社会的スキルを教えた。

　　オ　就学前教育は 30 週間継続
　　カ　子どもたちが 40 歳になるまで追跡調査

　就学前教育の終了後，実験群の子どもと，受けなかった対象グループの子どもを 40 歳まで追跡調査した。

②アベセダリアンプロジェクト（ペリー調査から 10 年後に開始）
　　ア　1972 ～ 1977 年に生まれたリスク指数の高い家庭の恵まれない子ども 111 人を対象（平均年齢 4.4 か月），最小年齢 4 か月児
　　イ　子どもが 8 歳になるまで全日の介入実施
　　ウ　小学校入学後の 3 年間は，教師が家庭学習の進め方を教える。学習カリキュラムは個々の子どもに合わせたプログラムを作成，親には家庭学習の進め方の指導を行い，家庭学習指導の教師は学校の教師と親との連絡役をつとめ，2 週間に 1 度双方から話を聞いて橋渡しをした。
　　エ　親への支援は，就職の手助け，福祉サービスの支援，子どもの送り迎えの支援
　　オ　当初は 3 人に 1 人の教師，その後進歩改善に応じて 6 人に 1 人の教師
　　カ　子どもたちが 21 歳になるまで継続して調査，30 歳時点の追跡調査を 2012 年に実施

3.　2 つの介入実験結果

　ヘックマン教授は，2 つの介入実験を行い，その後の生活を 40 年間追跡査し，以下のような結果を得た。

①人生における成功はIQや学力ではなく，意欲，実行力，他人との協働に必要な社会的・感情的制御といった非認知能力の影響が強い。
②幼少期の非認知能力の有無が成長後の生涯賃金，就労，労働経験年数，大学進学，十代の妊娠，危険な活動への従事，健康管理，犯罪率などに大きく影響する。
③これまでの教育は認知的能力を高めることが主眼であったが，幼少期の保育・教育において非認知能力を育成することが，個人の人生の成功（心身の健康，家族，友人，生涯賃金，怪我や病気・寿命，生き甲斐）に寄与率が高く，国家の安定につながる。
④親への就職への手助けをはじめ，困難に感じることを手助けする中で，親の子育て能力が向上することが確認された。

　ヘックマン教授の非認知能力を高める介入実験は結果的に学力も向上させ，学業継続の意欲が高くなり，そのため，学歴は高く，収入が上がり，持ち家比率が高くなった（図4-1）。

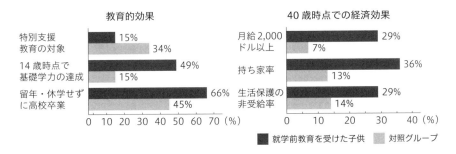

図4-1　ペリー就学前プロジェクトの効果（ヘックマン，J.J.／大竹，2015）

　すなわち，生活保護受給率や犯罪率が低くなり，安定的な生活が送れるようになったのである。このようにヘックマン教授の介入支援実験は，子どもたちが成人になるまで40年以上にわたって追跡調査★するという膨大な時間をかけて実証されたものなのである。

【注釈】現在も継続されている追跡調査
ヘックマン教授は現在も介入実験を継続しており，ペリー就学前教育に参加した子どもが中年（親）に達した現在，今度はその子どもたちへの教育効果を検証する研究や，出生後0〜5歳の恵まれない子どもたちへの介入実験を行い，幼児の介入実験（6〜10％）より，高い効果（13％）があることを検証している。
| Heckman, James, and Ganesh Karapakula. "The Perry Preschoolers at Late Midlife:A study in Design-Specific Inference."（2019）」

「Heckman, James, and Ganesh Karapakula. "Intergenerational and Intragenerational Extemalities of the Perry Preschool Project"（2019）」
（ヘックマン教授のホームページより）

4.　非認知能力育成の社会・経済的効果：
人生の初期投資による根本的対策が個人の幸福と社会の安定の鍵

　ヘックマン教授は，これまでの国家予算について，成人対策の読み書き教育，職業訓練プログラム，犯罪者への社会復帰プログラムなどの厚生費用，疾病の増大による医療費の増大，生活保護受給費等の社会保障費の増大，それによる税金の増大等の事後措置にかかる費用と，幼少期の非認知能力育成にかかる費用について，統計的に検証した結果，事前の予防的措置（幼少期の非認知能力育成）に予算を増やす方が少なく見積もって 6 ～ 10％の収益率向上があるとしている（Heckman, 2013／小草，2015, p.33）。

2 節　ヘックマン教授の介入実験の背景にある「寄り添うこと」の影響力

1.　Care の原点ともいえる子と親への寄り添いの内容

　2 つの介入実験のプログラムは，基礎的学習＋非認知能力育成と教師，保育者と一緒に活動することに重点がおかれた。その結果以下のような非認知能力の育成に貢献したと思われる。

　・子どもの自主性を尊重：意欲・気力，計画性，自己効力感（尊厳）
　・遊び中心のプログラム：活動欲，運動量の充足，充実感，意欲・気力，興味・関心
　・繰り返し活動：継続・持続力，スキルの習得
　・復習を徹底する：振り返り，省察力，自己の客観的認知力向上
　・集団での遊び：他者理解，絆の形成，共生感，社会性向上

　ヘックマン教授の介入実験内容は，徹底して寄り添い，子どもの自主性を尊重し，遊び中心のプログラムを組み，集団で活動・反省を行い，社会情緒的能力を高めることを目指した。これを全日行い，小学校に入ってからは，親と学校の連絡役にな

るなど親の支援も行った。その結果子どもの学力は伸び，親の子育て能力が回復したというのである。

2.　介入支援によって回復する人間力

　ヘックマン教授は介入実験の結果，最も顕著に現れたのは子どもたちの「意欲」であったと述べている通り，介入支援において，人間に生きる力を付与するのは，この寄り添い支えるという，ケア（care）の原点があったことを見出すことができる。ヘックマン教授が行った介入実験は，その内実は介入支援であったということができよう。この支援こそ，親子にとっては，強力な支えとなったのである。どうすることもできず，日々不安で，その日暮らしの生活を余儀なくされていた家族にとって，生活の安定と情緒の安定は人間の力を蘇らせ，生きる力を与えたことが窺える。

　親への支援内容をみると，親の困難な点に援助の手を差し伸べている。2つのプロジェクト介入実験の結果のみに着目するのではなく，ヘックマン教授の問題意識や研究背景を確認することによって，恵まれない子どもとその親への寄り添の精神があったことを発見することができ，この介入実験の背後に幼少期の保育・教育の重要な意義があったことを見逃してはならない。

　ヘックマン教授自身は，実際における介入支援を行う場合，様々な課題があるものの，その目的は「子どもを助ける」ことである（Heckman, 2013／小草, 2015, p.37），と述べ，また介入支援において重要なのは「子どもたちの育つ「足場」をつくること」であり，子どもたちを支援する教師，メンターと親，子どもとの「創発システム」をつくることだと述べており，まさしく，困難にある親子を支える社会的システムの構築をも示唆したものである（RIETI 特別講演「能力の創造」2014 年）★。

　　★ RIETI 特別講演「能力の創造」：https://www.rieti.go.jp/jp/events/14100801/summary.html

　IQ や学力ではないと主張した背景には，ヘックマン教授自身の深い人間愛と共感性が介入実験の神髄であったことを物語っている。

3節　2015 年 OECD 非認知能力に関する調査

　OECD は，これまでと違った教育の価値観を検証し，提示したヘックマン教授の非認知能力育成について，OECD の加盟国の協力を得て独自に調査を開始し，2015

年に社会情動的スキル（非認知能力）育成に関する調査結果をまとめた（OECD, 2015）。

1.　OECD の調査の結果

　それによると，非認知能力育成は幼少期のみでなく人間の発達段階においても教育可能なものであり，認知力，非認知能力双方備わった whole child の育成を目的すべきだとした。そしてヘックマン教授の介入実験結果と同様に，個人の生涯の幸福（well-being）形成おいて非認知能力育成の有効性を示したものであった。平成 27 年度の非認知能力に関する国立教育政策情報研究所の研究プロジェクトは OECD レポート結果ついて概要を説明している。以下はその概要説明をまとめたものである。（遠藤，2017）

①非認知的スキルの高さは認知的能力と非認知能力の双方を予想した。
②認知的能力の高さは非認知能力の高さを予測するという関係は認められなかった。
③非認知的スキルの高さは身体的健康，精神的健康，主観的 well-being の高さ，問題行動の少なさ，などを予測した。
④非認知的スキルの高さは，その後も非認知的スキルの高さを予想する。

2.　OECD レポート結果からの提言

　非認知能力育成の調査結果に基づいて，OECD（2015）レポートは以下のようにまとめている。

・非認知スキルは個人の中でどんどんと蓄積されていく性質のもので早い段階で非認知的スキルを高める教育の重要性を指摘。すなわち非認知能力は早期からの育成が重要。
・社会情緒的スキルを高く持つ個人の方が経験を通した学習効率が良く，同じ経験をしたとしてもそこから多くの学習をすることができる。→生涯の高い学習能力
・教育において認知と社会情緒の双方のスキルをバランスよく持った whole child を育てる必要がある。
・現状（学校教育において）の非認知能力が過少評価されがちである。
・為政者にたいしても社会情緒的スキルを無視するべきではないことを指摘し，非認知的能力の発達やその教育にも注意していくことの必要を論じている。

　2015年のOECDレポートはヘックマン教授の非認知能力育成重視の提言を認めつつ，OECDは幼少期だけでなく各発達段階においても社会情緒的スキルは育成すべき課題であることを示した。以上の結果から，非認知能力を育成することは認知能力を高めることにもなり，非認知能力スキルは生涯積み重ねされ，学習意欲の高い人材が育成できる。その結果人生の成功（well-being）を獲得する可能性が高まる，と，ここでも非認知能力の高さが健康形成に結びついていることに言及している。そしてOECDレポートにおいも認知能力が高いことで，非認知能力が高いとは限らないという結果を示している。すなわち，認知能力より，非認知能力を高くもつ人の方が，生涯における学習意欲が高くなるという説明である。

　いずれも，学校教育において非認知能力が過少評価されがちである点を指摘している。これは，これからの保育・教育において（21世紀の学校教育において）見逃すことができない重要な指摘であるといえる。

4節　これまで学校教育で中心課題とされていた認知能力育成からの転換：IQ，学力信仰を乗り越える新たな教育として浮上した非認知能力育成

1．非認知能力の定義，測定方法，評価方法の模索

　ヘックマン教授は，トーマス・エジソンの「天才は1％のインスピレーションと99％の努力で生まれる」という言葉や，イソップ童話にある「ウサギとカメ」の例をあげ，「自己規律を欠いたために人生の成功を収めることができなかった高いIQの人々がいる反面，粘り強さ，信頼性，自己規律のおかげで成功した低いIQの人々の例が数多くあげられていると述べ，（Heckman & Rubinstein, 2001）さらに論文の冒頭で，「やる気，粘り強さ，信頼性，忍耐力が人生での成功の重要な特質であることは，学術誌以外の一般的な常識である」のように書き出し，これまで過去の学術的な議論の中で，非認知的特性を完全に無視しているといい，無視される原因の多くは，非認知的スキルの測定値がないためであると述べている（Heckman & Rubinstein, 2001）。

　非認知能力が高い人が成功するということは世の常識であるが，学術世界では見逃され，無視されてきたということを指摘したもので，これはデカルト（Descartes, R.）の近代科学的手法★が感情や身体という機械的に制御不能な事象を研究対象から排除し，日常生活という煩雑，雑多な事象は無視してきたという歴史があるため

である。ヘックマン教授は人間の生きる人生（最も制御できないもの）にこそ成功・幸せの意味があることを実証したということができる。

【注釈】近代科学的手法：近代科学は，デカルトの「我思う故に我あり」と理性を形而上とし，混沌として制御できない，感情や身体を形而下として位置づける近代科学的手法から出発した。理性は客観的，合理的なもの，感情や身体は制御できない不合理なもの，という心身二元論である。理性や思考が最も根源的身体から離れて存在するという誤りがあった（Damasio, 1994／田中，2010））
　日本の学校教育もまさに理性，知性を最上とする教育観と戦後の個人主義的教育観のもとでこれまで続いてきた。学力向上は偏差値至上主義となり，今に生きる力や人間性は見失われてきた。個人主義的教育観は他者と共に生きることこそ人間の本性であるという人間の本質を見失い，今に至っている。人間性の涵養であるとか，生きる力と叫んでも，実態感がなく，掴みどころのない空虚な空気が漂う。言葉や理屈だけではなく，子どもの現れを感受し，想像する非認知能力を保育・教育者が基礎的・人間的素養としてもつことが求められているといえよう。

　ヘックマン教授が幼少期に非認知能力育成を強調した背景は，これまでのこうした IQ や学力信仰にとらわれ，人間の日常生活を軽視してきた近代科学社会の潮流が存在しているためである。
　哲学者の三木清は，「近代科学は細分化することで進歩してきた。近代科学の行きついたところは人格分解であるといわれる。しかるにそれと共に重要なことは，健康の観念が同じように分裂してしまったということである。現代人はもはや，健康の完全なイメージをもたない，そこに現代人の不幸の大きな原因がある」（三木，1981）と指摘している。
　我々の生きていく人生は，真空の世界でもなく，細分化されバラバラにされた身体をもって生きているのではない。「身体」は総体として存在しているのである。専門性が求められ細分化されていく中で，人間の全体像，子どもの全体像★を見失ってはならないことを述べている。まず，生活世界で生きていく子どもそのものの存在を全体で，総体で（ホリスティックに）捉える見方をすることが必要であり，そのためには測定不能な，非認知能力という人の総体の現れで判断することが求められているといえる。

【注釈】子どもの全体像：公衆衛生学者の田中恒男は健康科学の立場から，「従来の医学での理解は生物学をベースにした生命体の理解であった。しかし社会的実存としての認識，生活体としての存在を無視してきた上に成り立ってきた」と生命体を理解するだけでなく，実生活での生活体としての理解の必要性を説いている（田中，1975）。

2.　測定可能な認知能力と測定不可能な非認知能力

　近代教育で達成されていた IQ や学力による認知能力育成ではなく，個人の幸福や社会の安定のためには，非認知能力を重視した教育に転換することが人生を成功に導く確立の高いことが実証された。それは精緻な統計的分析手法，心理学的研究や最新の脳科学の知見により検証されたものであった。ヘックマン教授は非認知能力について，その定義を研究したものではなかった。彼が文章の中で示している非認知能力に関する言葉は，自制心，嗜好（興味），誠実さ，仕事の継続，多様な社会的やり取り，粘り強さ，動機づけ，根気強さ，注意深さ，意欲，自信，長期的計画を実行する力，協働（社会的・感情的抑制）等である。

　では具体的にどういった能力が非認知能力といえるのであろうか。ヘックマン教授の研究成果が公表されて以来，その定義，具体的内容，測定方法，評価方法など様々な調査研究が行われている。

　その1つが2015年の OECD の非認知能力に関する調査レポートであり，2017からスタートした，国立教育政策研究所の非認知能力に関する調査プロジェクト（遠藤，2017）である。

3.　生活世界で培われる非認知能力の内容

　ヘックマン教授自身の指摘する非認知能力について，認知能力は測定可能な能力，数値化できるもの，非認知能力は測りにくいもの，答えのないものとすると生活世界で表象されるものは以下のように様々にあげることができる。

【認知能力】
●客観的に数値化できる能力→科学的，合理的，一般平均値，学力，偏差値，IQ，テスト点数，知識の量，早さ，正確性
●測りやすい能力：点数化して測定することが容易な力→知識の断片化（1対1の対応），
　　単純化，簡易化→システム化
●生じやすい弊害
・客観的，正確性→（序列化可能）優・劣のヒエラルキーを生みやすい
・結果に対して価値・意味は問わない
・抽象的になりやすく，独断的に陥りやすい
・自己中心的，閉鎖的，没個性的
◎特徴：デジタル的

【非認知能力】
●測りにくいもの
●答えのないもの
個別的（個性的），多様なもの，主観的で，非合理的ともいえるもの（感性や情緒）
ワクワク，ドキドキ，好奇心，感激，共感，尊敬，感謝，夢，希望，喜び
勇気・挑戦・チャレンジ精神
意欲，気力，集中力，計画性，粘り強さ，やり抜く力，自主性，積極性，能動性
想像力，推察・洞察力，創造力，美意識，結束力，チームワーク
探求心，研究心，自己抑制，省察力，開放的（楽天的），正義，責任，利他的行為によって得られる充実感，絆，ボランティア，優しさ，思いやり，経験・体験によって得られる知恵（経験知，身体知），
◎特徴　個別的で多様である。意味や価値を問う。アナログ的。

5 節　本来人間に備わる（人の子どもが生得的にもつ）非認知能力

　ヘックマン教授の示した非認知能力や OECD が調査した社会情動的能力，あるいは，国立教育政策研所の非認知能力の分析的調査ほか，非認知能力に関する定義や測定方法，評価についての調査が報告されているが，いずれもそれは根源的に人類が進化の過程で築き上げた大脳の機能であるといえる。なかでも共感性や協働性，想像力，創意工夫，推察力，判断力，意欲，気力，集中力，計画性，自制力，省察力，感性，感受性，美意識，喜び，充実感などの人間らしい働きは，優れて大脳（前頭葉）の機能に関するものが多いといえる。このような脳の機能は二足直立歩行がもたらした人類特有の働きである。人間性が薄らいできたといわれる今日，第 2 章で記述したように，子どもの心身の変調について「人類の危機」であるとか，子どもの「老化現象」「大脳機能の低下」であるとの当時の識者から指摘されていたが，今，その後も続いていることに気づくであろう。ヘックマン教授の非認知能力は，（近代）学校教育が取り残してきた，人間の重要な機能を取り戻すべき作業を検証し，提示したことに意義がある。

　第 1 章で人類進化から人の育ちを検証したが，人の二足直立歩行は生殖にとってハンディーであった，確実に子孫を残すため，「生理的早産」による未熟で誕生せざるを得なかったヒトは「共生」することで「協働」することで，最も依存的な赤ちゃんを保護し，共同して支え，子孫を残すことができ，生き延びてきた過去・現

在がある。人間は科学技術を獲得し文明を作り上げるごとに，生き物としての本来の在り方を少しずつ脱ぎ捨ててきた。教育においても同様である。非認知能力とは，「仲間と協働」し，ともに「共生」することで発現する力である。それが生きる力であり，非認知能力であるともいえる。そのためには，我々人間が「地球上の生き物」，「生物的存在」であることを確認し，理解することで，今後の保育・教育による人間性の回復がかかっているといえる。すなわち非認知能力育成は，本来人間が備えている非認知能力をどれほど引きだし，育成することができるかということであろう。

6 節　デジタル社会に生きる子どもの健康形成と非認知能力育成の関係

1.　非認知能力の萌芽といえる，出生後からの発育発達

　ヘックマン教授の追跡研究の結果，および OECD の調査によっても非認知能力育成により，「健康」が形成されることをあげている。OECD のレポートでは，身体的健康，精神的健康，主観的 well-being の高さ，問題行動の少なさなどの有効性をあげている。幼少期に仲間との運動遊びが非認知能力（やり抜く力，達成感，協働することの充実感）を育成することや，児童・青年期の非認知能力・社会情動的スキルの向上に教科教育以外の部活動等の役割が指摘されている。人間の生活が社会（仲間）との協働なくしては成り立たないことは，幼少期から多くの体験・経験によって体得させるもので，身体活動による非認知能力育成と健康形成は連動して達成されるものと言える。誕生後からの運動発達と非認知能力育成については第Ⅱ部において詳しく記述していく（運動遊びがなぜ集中力や意欲に結びつくかについて，仲間との外遊びでセロトニンやドーパミンの分泌，遊びと脳発達において詳しく記述していく）。

　子どもが仲間との遊びに集中している姿をみるとそこに非認知能力が溢れていることに気づくであろう。自分一人では不可能なことにも，仲間の様子を見て，勇気を出して必死で向かっていく，一人では怖くて進めないことにも，仲間の手助け，応援で進むことができる。そしてそれを共有できたときの充実感には多くの非認知能力が宿されている。仲間との遊びの中に，人として必要な身体的，心理的，社会的鍛錬の種が溢れている。これが子どもの健全発達につながるのである。

　人間の一生の幸福を考えるとき，幸福の条件として第 1 に「健康」があげられる。

　良い人間関係や絆の有無が健康に左右することを考えれば，幼少期から非認知能力，社会情緒的能力を育成することで「健康」が獲得されることは理解できる。WHOが提唱する健康の要件（定義）である，「身体的，精神的，社会的」健康の定義とも一致する。その意味で保育・教育における社会情緒的能力を含む非認知能力育成を図ることは保育内容健康のベースとなる課題といえる。

　子どもは本来個別的で多様な存在である。出生直後から母親を五感で感受し，「生理的微笑」が示す通り，他者に向かって微笑みかける。出生直後からの母と子の五感を通した有機的交流の積み重ねが愛着を形成し，それが非認知能力の深層的基盤であり（遠藤，2017, p.22）興味，関心をもとに探索行動がはじまり，寝返り，ずり這いなどの運動発達により身体能力が高まるに従い，自分の意志で能動的，積極的に世界を探り知覚し，認知しようとする（探索活動）。その発達的進歩は日々の現象である。幼少期のこの目覚ましい発達的変化は，ヒトの生態学的特徴からくる，ヒト特有の驚異的発達過程といえる。

　このようなヒト特有の運動発達と学習能力，すなわち子どものもつ意欲，能動性はまさに非認知能力の「萌芽」といえる基盤的能力である。

　また OECD の調査で，社会情動的スキルを育成することで，いじめの軽減につながったことも報告されている（OECD, 2015, pp.30-31）。

7 節　生活の中で育成され，実行される非認知能力：　　　デジタル社会にこそ必要な非認知能力

1.　デジタル社会に必要な非認知能力：デジタルからアナログ再発見へ

　ヘックマン教授の主張は，目の前の結果に一喜一憂するのではなく，将来を見据えた，子どもの人生の幸福を目指した教育として提示されたものである。非認知能力とは本来人が備えている能力を再認識・再確認したものといえる。「人間性の涵養」「生きる力」を叫んでも，教科書に記述されても言葉だけで達成することはできない。脈々と営まれる日々の生活の中で感受され，育成され，達成されていくものであろう。周囲の人間が目先の表象的出来事だけにこだわるのではなく，生きること（大変さ，難しさ）に真剣に，真面目に取り組む姿勢こそ，子どもはそれを感受し，模倣（ミラーリング：第 11 章参照）し，身に付けることができるものである。第 3 章で述べたように，子どもに求めるのは結果だけではなく経過や背景であり，そしてその意味を重視することであろう。大人はそれを示していかなくてはならない。

8 節 非認知能力の高い保育者が子どもの非認知能力を育てる

1.　寄り添い・見守り，共感する保育実践が非認知能力を育てる

　保育の仕事は基本的に，子どもを見守り，寄り添い，応答的関係を築く中で愛着関係を形成し，生命を護り，情緒の安定を謀る，その上で，個々の子どもの発育発達する環境（足場）をつくることである。それにより子どもは自信をもって興味・関心のまま生活世界の探索行動に踏み出すことができ，達成感，喜びを感じ自己肯定感を培うことができる。保育者が子どもに注視し，子どもの表情・活動性を観察，感受し，日常生活で（保育現場）子どもの現れる発達的事象に気づき，共に驚き，共感し，そして励まし，子どもの存在を丸ごと受け入れ，子どもの成長を自身の喜びと感じる共感力の高い保育者は，子どもの本来もっている非認知能力を自然に発揮させ，人間性の涵養の泉となり，生きる力を付与することができる。これがヘックマン教授の求める非認知能力育成の姿であろう。ヘックマン教授の介入支援によって，子どもも親も孤立することなく，支援される態度やまなざし，行為そのものに，どれほど勇気づけられ，励まされたことであろう。その支援が人間力の回復・復元につながり，その後の生活を前向きに，意欲的に送ることができるのだといえよう。

　デジタル社会は便利なようで，気づかないうちに結果だけで判断し，孤独に追いやられていく。知らず知らずのうちに他者に責任を転嫁し，他者に対して攻撃的となっていく。苦痛の声をあげることなく，共感，共有してもらえない悲しみや辛さを押し込められた子どもは，発育発達することができない。泣き声を上げることもできなくなり，笑顔は消えていく。学力の高さや IQ の高さによって人々は絆を結ぶのではなく，非認知能力によって共感性，共生感を得るのである。

　ヘックマン教授の研究の意義はここにある。生きる力の弱まった（恵まれない）人間は人間的力を発揮できない。人間力の弱まった子どもには人間力をもって寄り添うことが必要なのである。

　恵まれなくても，だれか傍にいてくれるという支え合い，共生する安心感（絆）でヒトはここまで生き延びることができたのである。人間は個人主義では生きていけない。自己責任だと責めることでは生きていけないことを提言してくれたのである。

　ヘックマン教授の介入支援についての言葉を記しておこう。

「私は教育の仕事に携わるようになってからずっと，貧困層の子どもたちの状況を改善することによって，恵まれた層のコミュニティーと貧困層の間に平等な場所をつくるように努力してきた。その試みが成功した場所では，子どもたちが成功するのをこの目で見た。そして幼少期の投資がのちに大きな配当（幸福）をもたらすのを見てきた。今年の秋，同年代の多くの若者のように刑務所へ入るのではなく，大学へ入る HCZ（ハーレム・チルドレンズ・ゾーン）卒業生の数は 1000 人を超える。すべての子どもが学ぶことができると，私は強く信じている。この確信は決して弱まることはなく，それどころか強まっている（Heckman, 2013 ／小草，2015, p.99）。

2.　保育者は二項対立的判断ではなく，子どもの行為の経過・背景を観察し，意味に気づくことが必要

　保育現場では，発達測定としての乳児健康診断があり，体格，身体機能など測定可能なものも多くある。発育の異常を早期に発見し早期治療につなげるためにも重要である。それ以外に，保育現場では日々子どもの発達は目覚ましく，測ることのできない変化が数多くある。保育者はそのことを二項対立的見方で評価，判断するのではなく，経過観察する中で，子どもが見せる表情（笑顔，嫌悪，泣き，驚き），興味，集中，好奇心にどれほど気づきがあるかが問われる。子どものこの現れが非認知能力の萌芽である。非認知能力の育成は，感受性をもって観察し，忍耐強く，子どもと向き合う中で育まれる。

9 節　今後の保育・教育の展望

1.　非認知能力育成は子どもの本来の発育発達を獲得する

　社会の進歩（変化）を通じて，我々が今あることは，あたかも自身の能力と努力で獲得できたかのような幻想（錯覚）をもちがちである。そこには個人が努力すれば，学力をつければ幸せを獲得できる，とだれもが信じてきた戦後の教育観がある。そのデジタル的，バーチャル的思考が様々な形で子どもの育ちに影響を及ぼしてきた。しかし，ヘックマン教授の膨大な時間を費やした介入実験と追跡研究により，将来の幸福は IQ, 学力の高さではなく，非認知能力および社会情緒的能力であることが実証された。個人主義的傲慢さが溢れるようになってきた社会が，人類がたどってきた過去の歴史，進化の歴史を振り返れば，人間が達成し築き上げてきた遺産

が膨大なものであることに気づくであろう。そしてそのほとんどは非認知能力によって達成されたものである。これまで，数多くの提言や調査研究は存在したが，ヘックマン教授の研究では実際に恵まれない子どもや親に対して長期間な直接支援を継続し，その後も長く追跡した研究であったことが世界中の教育関係（OECD，各国政府，教育関係者）に影響を与えた。

　戦後教育の中で，デカルト的理性が合理的なものとの合意の上，IQ，学力の向上が将来の幸福な生活を保障するという目標が設定され，認知力を向上させることが教育の課題として続いてきた。

　しかし，考えてみると，結果を数値で表しやすい認知能力は閉鎖的で，単独でなしうる能力であり，それはデジタル的な傾向をもち，社会のデジタル化の進行と相まって，子どもの健全な発育発達を阻害しかねない要素をはらんでいた。子どもの発育発達は結果ではなく，過程を重視し，その過程に気づき，配慮を重ねながら進んでいく。その道のりはまさに試行錯誤の繰り返しである。「できた・できない」「言った・言わない」「見えた・見えない」「○・×」のような結果で判断する二項対立的見方では子どもの意欲は失われていく。子どもの発育発達は過程を見ることが重要なのである。子どもは言う「見てて！」，その行為や活動の様子を「やっていいよ，見てるからね」という大人の存在を感じながら，子どもは果敢に挑戦し，立ち向かう勇気がわく。これが子どもの育ちの原点である。ヘックマン教授が介入実験の中で最も高まったのは「意欲」であるといったのは，まさしく，「見てるよ！」という大人の存在があったからだといえる。

　人間の行為の結果のみに価値をおくのではなく，過程や背景を感受性や想像力をもって，我慢強く見守る保育・教育を重ねることが，生きる力や，人間性の回復の可能性につながる。仲間と共同して遊ぶことに価値が置かれれば，将来社会で協働して働くことに意義を見出すことができるであろう。仲間との遊びは社会的情緒能力を培う基盤であるからである。

　ヘックマン教授があえて，教育すべきは認知能力ではなく非認知能力とした意図がここにある。非認知能力を育成しなければ，人間として共に歩むことは難しい。第2章で過去の暮らしを考察したように，昭和30年代まで，子どもは大人に，仲間に囲まれていた。貧しくても，辛くても子どもは排除されることなく，大人や仲間に囲まれた生活の中で暮らしていた。子どもの溌剌とした笑顔や，生き生きとした姿の後ろには，一人ではない，自分を見てくれる人々の存在が常にあったのである。

　認知能力，学力や偏差値は自分一人で頑張ることで達成できる。他者を排除して

もいい点数をとり，偏差値の高い大学へ入れば，自分の将来は保障される。しかし貧富の差，格差が広がり，人間的分断が起これば，負の感情が蔓延し，社会不安が発生する。幸福な社会とはいえない。ヘックマン教授は，他者への配慮を欠き，自己責任を押しつける認知力優勢の社会では，個人と社会の幸福をつくることには限界があり困難であることを訴えている。これから，共に一緒に歩もうという共感，共生の輪が広がれば，個人も社会も幸福への道は拓けていくのではなかろうか。このことが今後の保育・教育にとっての明るい展望であり，子どもの育ちの回復に向かう対策となりうる可能性を見出すことができる。

【注釈】トマセロは霊長類と対比した場合，ヒトの子どもは，すべて，多くの状況において既に協力的かつ援助的であると述べている。（Tomasello, 2009／橋彌，2013）あるいは，脳科学の進歩で，ヒトは他者を感受しながら生きる「社会脳」を遺伝的に備えていることが実証されている。
【注釈】ネガティブな非認知能力の存在：非認知能力の二面性について確認しておきたい。ヘックマン教授の指摘する非認知能力は，人間のもつ，ポジティブな面を指摘している，しかし人間には，生き延びる中で，ネガティブな非認知能力（怒り，嫉み，妬み，嫉妬，排除，嫌悪，否定，攻撃，自己中心性，自己顕示等）も有している。そのネガティブな非認知能力があることも理解しておく必要があろう。

【非認知能力育成のポイント】
- 人間性の基礎を培う保育・教育にとって幼少期の非認知能力育成は原点といえる。
- 人間の赤ちゃんは「生理的微笑」をはじめ他者を受け入れる能力，社会情緒能力を生得的に備えている。赤ちゃんの興味・関心・探索活動，能動性は認知能力，非認知能力双方の発達の萌芽である。
- 非認知能力はアタッチメント（愛着・信頼）の形成の上に築かれる。
- 非認知能力育成によって，子どもの心身の健全発達の足場を確保できる。
- ヘックマン教授の介入実験研究は，恵まれない子や親に寄り添い支えることから始められた。人間同士の信頼感，寄り添い支えるという Care の精神の存在（共生）が子どもの健全発達を支える。
- 人間性を回復する・生きる力の回復には，ヒトの生物的存在を再確認することが必要である。
- 非認知能力の高い保育者になることで，子どもの非認知能力を育成することが可能となる。
- 保育者は子どもを観察する力，感受する力をつけると同時に，結果から単純に判断する二項対立的判断ではなく，子どもに現れる発達事象の経過や背景を考慮し，意味（思い）を考えることが大切である。

COLUMN②··········

社会情緒的とは

　IQに対抗する概念としてEQ（emotional intelligence）やSQ（socia intelligence）を唱えたゴールマン（Goleman, D.）は，人間の進化は他者と協働してきた歴史であり，その考えの源を人類進化と脳科学の知見から説明している。社会的知性を2つに分け，1つ目は「社会的意識」として，他者について何を感じ取れるか，そして2つ目は他者の感情を理解し，感受したら，それを解決するためにどう行動するかという「社会的才覚」の2つを説明し，人間が生きるために必要なのはIQではなく，「社会的知性」だとした（Goleman, 2006／土屋，2007, p.132）。

【ゴールマンの社会的知性】
1.　社会的意識：他者について何を感じ取れるか
　・原共感：他者の感情に寄り添う能力
　・情動チューニング：全面的な受容性をもって傾聴する能力
　・共感的正確性：他者の思考，感情，意図を理解する能力
　・社会的認知能力：社会の仕組みを知る能力

2.　社会的才覚：その上で，どう動くか
　・同調性：相互作用を非言語レベルで円滑に処理する能力
　・自己表現力：自分を効果的に説明する能力
　・影響力：社会的相互作用の結果を生み出す能力
　・関心：他者のニーズに心を配り，それに応じて行動する能力

COLUMN③ ....

OECD の示した認知能力と非認知能力のフレームワーク

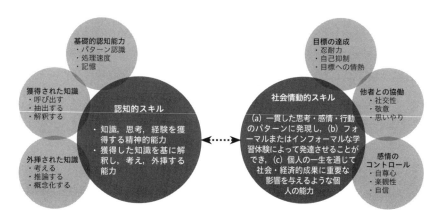

コラム 4-2 の図　認知的スキルと社会情動的スキルのフレームワーク
（OECD ／無藤・秋田，2018）

　OECD レポートは認知的スキルと社会情緒的スキルの構成要素を次のように示している。

●社会情緒的スキル（児童・青年）
　①目標の達成：忍耐力，自己抑制，目標への情熱
　②他者との協働：社交性，敬意，思いやり
　③感情のコントロール：自尊心，楽観性，自信
●認知的スキル
　①基礎的認知力：パターン認識，処理速度，記憶
　②獲得された知識：呼び出す，抽出する，解釈する
　③外挿された知識：考える，推論する，概念化する

①外向性：社交性，積極性，活発さ，冒険心，熱意，温かさ
②協調性：信頼，率直さ，利他主義，迎合性，謙遜，共感
③誠実性：効率，組織，忠実，目標達成への努力，自己鍛錬，熟慮
④情緒安定性：不安，いらだち，抑うつ，自意識，衝動性，脆弱性
⑤開放性：好奇心，想像力，審美眼，行動（幅広い関心），興奮性，独創性

　認知能力（Cognition）の対立概念としてしか提示されていない非認知能力（Noncognition）について客観的指標をつくることは容易ではない。しかしヘックマン教授はいとも簡単に非認知能力とは，いろいろあるが「認知能力」以外だと説明する。

　第4章4節3では非認知能力の概念や，分類，測定方法・評価を展開するのではなく，日常（日々）表れる，子どもの発育発達の現象から考えてみた。

第Ⅱ部

高機能な身体（二足直立歩行と脳）の発達を目指す子どもの発育発達

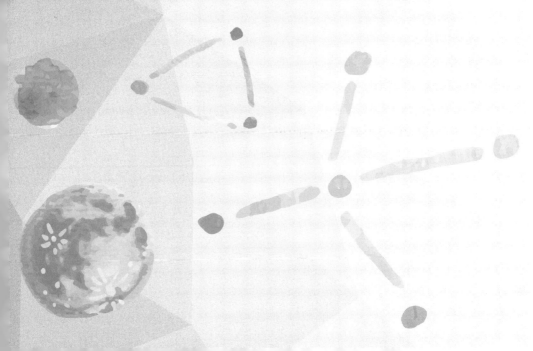

第 5 章
乳児の発育発達の理解

1 節 はじめに

　2017（平成 29）年 3 月告示の幼稚園教育要領，保育所保育指針，幼保連携型認定子ども園教育・保育要領のうち，保育所保育指針には，前回の改訂で乳幼児の発達については 0 〜 6 歳まで共通となっていた年齢区分が，「乳児保育」「1 歳以上 3 歳未満児の保育」「3 歳以上児」に分けられ，「乳児保育」と「1 歳以上 3 歳未満児の保育」について展開するようになっていることが新しい。この背景は 0 〜 2 歳の保育需要が高まったことによるだけでなく，胎児の母体内での生活や新生児の発達に関する研究が進み，これまで不明であった乳児の発達経過が明らかとなったことにもよる。人間発達の基礎として乳児からの発育発達を捉えることが可能となったのである。

　新保育所保育指針には乳児保育に関わるねらいおよび内容について，基本的事項に「乳児期の発達については，視覚，聴覚などの感覚や，座る，はう，歩くなどの運動機能が著しく発達し，特定の大人との応答的な関わりを通じて，情緒的な絆が形成されるといった特徴がある」として示してある。

2 節 ヒトの発育・発達の原則——運動発達は脳発達と連動する

　第 1 章で述べたように，ヒトの赤ちゃんの出産には他の哺乳類，霊長類（類人猿）にみられない特徴があった。ヒトは類人猿の中で最も華奢な体格でありながら，体重，脳重量とも最も重い新生児を産む。この特徴をポルトマンは「生理的早産」といい，ヒトの赤ちゃんが他の哺乳類と同等なら，母のもとまで歩いていけるまでも

う 1 年母親の胎内にいる必要があると説明した。ヒトの生態的特徴である二足直立歩行と脳の巨大化がもたらした（哺乳動物の中で最も難産となる）生殖のハンディーであるといえる。

　それゆえ，人間の発育・発達の基本原則は二足直立歩行の確立と，脳の発達，それに伴う手の機能の獲得であり，高い身体機能を発達させることが目的である。

　他の哺乳動物は地球の重量に対して四足で均等にバランスをとり安定的に体幹を保持している。しかしヒトは地球の重力に対し，二足で支えなければならず，立つことで重心が高くなり，さらに重い頭部を最も高い位置に保持しなくてはならない。小さな石にもつまずき，転んでしまうほど重力に対して不安定であるのが特徴である。しかしながら，人は抗重力筋という粗大筋で体幹を支え，様々な動きに対して，中小およそ 500 もの筋肉が協応しあって，陸上，空中においても，水中においてさえ高いパフォーマンスができる驚くべき多機能な身体を有していることが特徴である。

　未熟で生まれ，重力に対して不安定な二足直立歩行を獲得しなければならない乳児にとって筋骨格系と脳−神経系との複雑で巧妙な連動がいかに重要であるかが窺える。

　未熟で生まれ，頭部の大きい赤ちゃんが，重力に抗して二足で歩行することは大変難しく，簡単なことではない。歩行までの道のりが段階的に進み，1 年以上かかるのはそのためである。そしてこの，二足直立歩行への段階的な発達過程は裏を返せば，それぞれの段階の運動発達によって，脳−神経系の発達程度が判断できるという意味をもつ。

　人の子育てが古来「はえば立て，立てば歩めの親心」といったように二足直立歩行の完成を願うもので，赤ちゃんの成長を見守る親の姿を表現したものなのである。

　胎内では無重力状態で身体を動かして成長し，誕生後は重力に抗しながら多様な動きを獲得していくのがヒトの赤ちゃんの発達の姿である。したがって生後の運動発達は二足での移動能力，姿勢を保つ能力（姿勢制御），把握に関わる手の操作能力の 3 つを目指すことになる。

　この章では誕生からどのような過程で二足による「移動手段」と「姿勢の制御」そして「手の機能発達」を獲得し，それによってさらにどのような身体能力を発達させていくのかを頭尾法則と近遠法則の観点からみていく。

3節　ヒトの赤ちゃんの誕生と発育の理解（体格と身体能力）

　人の赤ちゃんは約 40 週母胎内で成長し，最も大きい頭部をもって誕生する。
　大変未熟な状態で誕生するため，他者の介助と保護によって初めて生き延びることができる。生まれてそのままに放っておかれると，泣くことしかできないが，赤ちゃん自身も哺乳，消化・排泄，呼吸・循環などの最低の生理的機能は備えており，中でも嗅覚・視覚・聴覚・味覚・触覚の五感はある程度備わっており，外部環境をキャッチすることができる。

1.　出生児の体格特性と 2 歳までの発育経過

（1）体重・身長・頭囲・胸囲の発育

　表 5-1 のように，出生時の体重は男児で 3.0kg，女児で 29.4kg これが，3 ～ 4 か月で 2 倍になり（図 5-1），1 年で 3 倍，2 年でほぼ 4 倍にまで増加する。体重は 4 か月ぐらいまで急激な増加をみる。身長は男児 49.0cm，女児 48.5，1 年で 1.5 倍，

表 5-1　出生時の体格特徴と 2 歳までの変化（厚生労働省，2011）

月　　数	男　　児				女　　児			
	体重（kg）	身長（cm）	頭位（cm）	胸囲（cm）	体重（kg）	身長（cm）	頭位（cm）	胸囲（cm）
出生時	3.00	49.0	33.5	31.6	2.94	48.5	33.1	31.5
3 ～ 4 か月	6.63	67.9	43.6	44.2	6.15	66.5	42.4	43.0
1 年	9.06	73.8	46.2	46.1	8.51	72.4	45.1	44.8
1 歳 6 か月	10.35	80.6	47.6	47.6	9.73	79.2	46.3	46.2
2 年	11.26	85.1	48.3	48.7	10.64	83.8	47.2	47.3

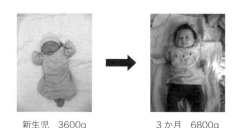

新生児　3600g　　　　　3 か月　6800g

図 5-1　出生後 3 か月で 2 倍にも増加する体重

2 年で 3 倍近く伸びる。赤ちゃんは頭部が胸囲より 2cm ちかくも大きく，胸囲が頭部より大きくなるのに 2 年かかる。さらに身長と頭長の比では新生児は 4：1 と 4 等身で，成人の 8 等身に比べ，いかに頭部が大きいか理解できる。

2.　出生からの子どもの身長における成長パターン

　約 50cm で生まれた子どもは 1 歳になるまでに約 25cm 伸び，身長は 1.5 倍にもなる。その後 2 歳までに約 10cm，2 歳から 3 歳までは約 8cm，3 歳から 4 歳までは約 7cm 伸びて，生まれてから 4 歳頃には 2 倍の 100cm になる。それから 10 歳頃まで平均 5 〜 6cm ／年だが，思春期が始まると（女子 10 歳頃，男子 11 歳 6 か月）伸び率は急激に上昇して男子約 10cm ／年，女子約 8cm ／年となる。その後ピークから 2 〜 3 年で成長は止まり，成人身長に達する。

3.　脳重量の発育経過

　ヒトは，生態的特徴である二足直立歩行と巨大な脳をもつことから，出産時の頭囲は大きく，胸囲が頭囲より大きくなるのに 2 年かかることはみてきた。巨大な脳をもつことは出生後の急激な脳重量の発育からも理解できる。誕生時には大人のチンパンジー並みであったものが，6 か月後には出生時の約 2 倍の発育をし，3，4 年では 3 倍，これは成人のおよそ 80％にあたる発育をみる。7，8 歳で大人の 90％の成長をみる。この時期の脳の発育には目を見張るものがあり，人の発育発達の特徴を強く示している。

- ・新生児　　350 〜 400g
- ・6 か月　　700g（約 2 培）
- ・3 年　　　1050g
- ・4 年　　　1120g（約 3 倍約 80％）
- ・7 年　　　1250g（成人の 90％〜）
- ・成人男　　1350 〜 1400g
- ・成人女　　1250 〜 1350g

　脳重量は 6 か月で約 2 培，4 年でほぼ 3 培，成人の約 80％の発育，小学低学年で成人の約 90％の発育を示す。すなわち幼少期までの保育・教育が重要である意味がここにある。

4.　歯牙の発育発達

　歯牙の発達は子育てする上で，見えやすく，わかりやすいため，発育発達の指標とされていた。それは歯が生え始めると，そろそろ離乳諸の準備というように離乳食の開始にも指標とされている。

(1)　乳歯

- ・6～8か月：下の切歯から2本ずつ生え始める
- ・1歳：上下4本の切歯
- ・2～3歳：上下10本ずつ20本生えそろう
- ・約3歳で乳歯の完成

(2)　永久歯

- ・5～8歳（年長～小学2年）：乳歯が抜け，永久歯が生え始める
- ・10～12歳で上下切歯，犬歯，臼歯（小）が揃い，永久歯として上下16本生えそろうのは20歳ぐらいである（第3臼歯は16歳以降に生えるが，生えないこともある）

　歯牙の発育によって，子どもの年齢や成長を確認し，以下のように子どもの発育発達の指標とされていた

- ・歯の生え始め：6か月→離乳食の初め
- ・上下4本揃う：1歳→言葉が出てくる，独歩ができる
- ・乳歯の生え替わり：6～7，8歳，幼児期から学童期への移行

5.　筋肉の働きと発育発達

　筋肉は骨に付着し，生命活動を支える重要な働きがある。筋肉の発育量は新生児で体重の23～25％，9歳頃には体重の33％，成人では体重の40％ほどみられる。

　筋肉は以下のような機能をもつ。

①運動（骨格筋：横紋筋，心臓の筋肉：横紋筋）の発現
②内臓の筋肉（平滑筋）は発声，呼吸，血液，循環，嚥下，消化，排泄などの働きに関与
③養分の貯蔵，体熱の生産（体熱の40％）
④人体を重力から支える（抗重力筋）
⑤骨格筋の活動はホルモン様物質（マイオカイン）を分泌し，様々に生命活動を

支えている。（詳細は第 7 章）

　成人は下肢に筋肉の割合が高まるが，幼児では体幹が多い。これは呼吸に関する胸部や腹部と頭部を支える頸部の筋肉が発達しているためである。

(1) 赤ちゃんの発育上の特徴

　赤ちゃんが丸っこくて，ぷにゅぷにゅして，柔らかい理由は以下のようなことにある。

- ・4 等身で，丸みを帯びている。
- ・赤ちゃんの特徴：首，手首や足首がみられない。頸椎や手根骨，足根骨の骨化が未発達で発育してない。そのため首，手首，足首が形成されていないためである。

　手根骨（8 個）の骨化の進行状況により，年齢が推定できる。

- ・1 歳：2 個
- ・2 歳：3 個
- ・12 歳で完成：8 個

(2) 骨の発育発達の特徴

　人間の骨は全部で 206 本あるが，赤ちゃんのときには分離骨といわれる約 350 本もの骨が認められており，この分離骨が長い時間をかけて一部つながり合い（骨化）成人した段階で 206 本になる。

(3) 骨の発育は長期間を有する

　骨の成長が終わるのは女性で約 15 ～ 16 年，男性で約 18 年かかるといわれる。1 つの骨がまったく新しい骨に変わるのには 3 ～ 4 か月，全身の骨は約 3 年かけ新しい骨に入れ替わる。

4 節　新生児の運動発達

1.　原始反射

　赤ちゃんは生き延びるために最低の条件を備えて誕生する。原始反射は新生児，乳児に特有な反射であり，特定の感覚刺激作用に対して起こる，不随意で，自動的で迅速に生じる身体の動きをいう。原始反射のうち吸啜反射のように，胎児期にも見られ，また大脳皮質をもたずに生まれてきた新生児にも見られることから，大脳皮質の出現以前からある脊髄，脳幹などの神経機構に制御されている。原始反射は大

脳皮質の発達に伴い，次第に消失していくのが特徴である。消失時期は反射の種類
によって異なるが，消失時期を超えて存在する場合は障害等（脳障害）を疑う一因
ともなる。原始反射の消失とともに大脳皮質由来の随意運動が出現する。

　　①哺乳反射
　　　・探索反射（3か月まで）：唇や頬に触れると口をとがらせ触れたものを口で捉
　　　　えようとする。哺乳のために乳首を探索する行為
　　　・捕捉反射（3か月まで）：哺乳のために口を開け乳首を捉える
　　　・吸啜反射（2〜5か月まで）：口に取り込んだら，舌で包み込み上顎に押しつ
　　　　けるようにしてリズミカルに吸い始める
　　②把握反射（4か月ぐらいまで）：手のひらに，物を押し当てるとぎゅっと握りし
　　　め，握ったまま引き上げると赤ちゃんが宙に浮くほど強い
　　③バビンスキー反射（12か月ぐらいまで）：足低の外側を踵から指の方へ刺激す
　　　ると，足の親指が反り返る
　　④自動歩行（2か月まで）：赤ちゃんの脇を両手で抱えて立たせ，前傾させると，
　　　足を交互に踏み出し，歩くような動作をする動き。
　　⑤モロー反射（4〜6か月まで）：大きな音や，急な上昇・下降などの体位（頭部）
　　　の変化に驚いたように両手をあげ，その後何かを抱きかかえるように，胸の前
　　　で腕を交差させる動き。抱きつき反射ともいわれ，チンパンジーが親に抱きつ
　　　く名残とも考えられている。
　　⑥緊張性頸反射（4〜6か月まで）：仰臥姿勢で頭を一方に向けると，顔を向けた
　　　方の手足が伸展し，後頭部側の手足が屈曲する。

5節　0〜2歳の運動発達経過：二足直立歩行開始までの段階的運動発達経過

1.　頭尾法則と近遠法則により進む筋力：脳神経系の段階的発達

　原始反射とは異なり，大脳の発達と筋力発達に伴い，寝たままであった赤ちゃん
の動きが出現してくる，重力に抗して身体を保持できる筋力発達と，重力に抗して
身体のバランスをとる体性感覚や平行感覚などの神経機能の発達が段階的に出現し
てくる。頭尾法則は頭部から徐々に下方に向かい，首から肩，胸，胴，腰，膝，脚
首，足指の方へ進み，肩から肘手首，最後に指先に向かっていくという発達の順序

を示し，近遠法則とは身体の中心部から外部に向かって進むという発達の現れを示したものである。

　誕生後の運動発達について個人差はあるものの定型発達の順序と時期は以下のようになる。

・第 1 段階：首のすわり（3 〜 5 か月）：頭部，頸部，首の周りの筋肉（僧帽筋）が発達することにより頭を支える力の獲得及び大脳皮質，体性感覚の発達
・第 2 段階：寝返り（5 〜 8 か月）：肩（三角筋），胸（大胸筋），腹筋の発達とそれらを一連の動きをする大脳皮質（運動野，体幹左右の連動）の発達による
・第 3 段階：お座り（6 〜 9 か月）：抗重力筋（広背筋等），殿筋群（大・中・小殿筋），大腿筋，下肢筋群の発達により，脊柱を真直ぐに上肢の支えなく座り，両手は自由動かせる体勢が維持できてお座りの完成となる。
・第 4 段階：ハイハイ（6 〜 11 か月）：上腕筋，前腕筋，手掌筋，殿筋群，体幹関節，股関節，膝関節の発達とそれら一連の動きを連結する大脳皮質（運動野）の発達
・第 5 段階：つかまり立ち，伝い歩き（8 〜 11 か月）：脛骨筋，ヒラメ筋，足低筋の発達と，バランスを維持できる大脳皮質（運動野），小脳の発達
・第 6 段階：自立歩行（12 〜 18 か月）：各関節と骨格筋全体の協調，視覚機能の発達，体性感覚の発達

2.　月齢ごとの特徴的運動発達：随意運動の出現

　運動発達はそれ自体が突然発現するのではなく，手，腕，首，胴（体幹），脚など身体各部位との微妙な動きが連動して現れる。

　テーレン（Thelen, 1987）は，新たな運動技術は突然出現するのではなく，出現以前に前駆的に発生する動きや動作が（連続する）反復的にみられる，と説明した。例えば，足のキック，脚を左右に振ること，両脚のバタバタ，ペダル漕ぎのような一定の律動的反復運動は，それらの頻度は子どもが這い始める時期の直前に多くなることに気づいた。このような特徴的動きや動作は月齢ごとにみられる。定型的な運動発達へ続く前駆的な律動的反復運動や動作についてみてみよう。

(1) 首のすわり以前の動作・動き：重力世界（生活世界）に順応

　母胎内では狭い空間ながら，羊水に浮かんだ状態で指しゃぶりや手，足を動かし，体位も変えたりしながら動いていたが，出生と同時に重力に耐えなければならず，胎内での動きが一時消失したかのように動きが減少する。それでも授乳やオムツ替えで身体を動かしてもらうことで，徐々に重力を克服する動作や動きが出現してくる。

　例えば，伏臥姿勢（腹ばい）にすると頭を一所懸命あげようとし，可視範囲を広げるように首を動かそうとする。ただ0か月では，頭も上がらず一点を見つめ，長くは続かない。しかしゆっくりではあるが手や足の動きも出現し，目も見開き，動きを捉えようとする。3か月頃に45〜90度まで頭を持ち上げ両腕で上体を支え，頭を左右に動かして見ようとする「両肘支持」がみられる。この動作ができるようになると首のすわりが獲得される。この両肘支持の獲得は自力での高さ15cmの三次元の世界の獲得につながる。このうつ伏せは首の周りの筋肉（僧帽筋，胸筋，三角筋等）を強化し，首のすわりにつながる重要な動作である（図5-2）。

| 1週間 | 3か月 | 4か月 |

図5-2　首のすわりの獲得

（2）寝返り以前の動き＆動作：協応的随意運動の発達

　首がすわり，体軸が定まると，頭を左右に動かすことが可能となり，肩関節と股関節を中心に上肢，下肢を活発に可動させる律動的反復運動がみられる。この動きは肩関節を中心に非対称的に腕を上げ，まわすような上肢の動きと，股関節を軸とした下肢のキックのような強い蹴り出し運動がみられる。まさに腹筋運動を繰り返すような動きにみえる。

　また上げた拳が頬にあたると，ジーッと拳を見つめたり，4，5か月頃には両手を胸の前で合わせて握れるようになり，正中線上での動作が出現する（図5-3）。この動作が腕を伸ばし触ろうとする動きや，頭を左右に動かし，向いた方にオモチャが

図5-3　4〜5か月児の特徴的動作
（握った手を見つめたり，足を上げ両手で掴む動作，うつ伏せで肘で体を支える）

あると上体を傾け，腕を伸ばして取ろうとする動作が現れ始める。これらが寝返りの前駆動作である。この左右の使い分け，この時期はまさに神経回路が全身にいきわたるかのように，目，手，腕，胸，腰，下肢，足の協応，協調動作が出現する。これらが髄意運動であり，原始反射に替わって多く出現する。

（3）お座り以前の動き・動作：仰向けやうつ伏せで，口，手，足の協応活動

　5，6か月頃には口，手，足との協応動作が出現し寝返りができるようになる。寝返った後，腕を伸ばし手掌で身体を支持できるようになり（手掌支持），赤ちゃんは90度も身体を反らすことができ，目の高さは一段と高くなり，視野が広がっていく。もう1つの利点は自分の興味のあるところへ，寝返ることで自らの意志で移動可能となり，移動手段の第一歩を獲得することである。またこの時期によくみられる動きに，寝返ったあと，まるでどうすることもできないように，両手をいっぱいに広げ，身体を反らして下肢を持ち上げ，飛行機のような姿勢ピボット・プローン（pivot prone）をとる動作がみられる（図5-4右から2つめ）。このピボット・プローンは座位体勢を獲得するためには大切な姿勢である。この姿勢は背筋を鍛える運動であり，座位姿勢を維持するために必要な，背筋，殿筋など下肢の筋肉発達を促す運動である。

上肢で支持のお座り　　背中の曲がったお座り　　　飛行機姿勢pivot prone　　　自立したお座り7か月

図 5-4　手や足との協応動作

　自立的座位の獲得には時間がかかる（8，9か月まで）が座るだけなら，4か月頃から可能である。しかし背中は曲り，上肢で上体を支えるため，腕や手を自由に動かすことはできない。脊柱が真直ぐとなり，自由に左右に向きを変え，オモチャを手に取って遊ぶことができるようになることが座位の完成である。

（4）ハイハイ以前の動き：口や手足で外界の認知

　ここまでの運動発達で，仰向けから寝がえって，うつ伏体勢になるという三次元の世界を体験し，そしてお座りから手を伸ばしていくとまたうつ伏せになる。このように次第に三次元の世界の移動形態と姿勢制御を体得する。腕を伸ばしてオモ

チャをつかむといった手，口，足などの物と身体の距離感を認知（感知）する体性感覚の発達も促される。お座りからうつ伏せへの移動は，腹ばいの移動につながっていく。腹ばいはホフク前進のようにお腹は床につけたまま上肢（腕）と下肢の力で身体を引き寄せ，身体をくねらせながら移動する方法である。

　ハイハイ（四つばい）（図 5-5）の獲得には両手，両膝の四点支持が必要で，哺乳動物のように四点で身体を支え移動する方法である。腹ばいを続けると体幹と上肢・下肢の連係が強化され，次第に両手両膝の四点で体幹を支える筋力がつき，腹ばいより効率のよい移動手段が可能となる。移動とともにこの時期，人や物，動物など周囲の物に興味をもち，積極的な「探索活動」が拡大していく。興味あるものには近づき，手を伸ばし，つかんで口にもっていくという赤ちゃんの髄意運動は広がり，その行為は能動的，自発的なものである。繰り返しの興味，探索，挑戦がさらなる運動発達を誘発し，さらに人や動物，物への興味が拡大し，相乗的に認知的発達を導く。人見知りがでてくるのもこの頃である。

お座りからハイハイへ

高ばい移動

図 5-5　四点支持でのハイハイ

(5) 自立歩行に向けての運動：つかまり立ち，指さし行動など自己と他者の認知

　四点支持でのハイハイ（高ばい）は赤ちゃんの行動範囲を拡大する。高速ハイハイは身体を支持する筋力を増強するだけでなく，敏捷性や空間認識など身体能力を一段と高め，認知力の高まりにより，赤ちゃんは周囲にいる人物を認知し，好き嫌いなどの感情の表出もでてくる。ハイハイから物につかまって立つことができるようになり（図 5-6），初めて独力での視野を獲得する。この三次元の世界の獲得は，生きていく生活世界を認知し，自立の一歩となる大切な運動発達といえる。立つことで視野が広がり，新しい世界を知った赤ちゃんはさらに行動を活発にし，立って－しゃがみ－再び四つばいで移動するといった動作を繰り返す。この動作は足腰を強

化し，そうして，つかまり立ちで遊んでいるうちに手を離し，
独力で立つことができるようになり，それが，歩みの一歩に
つながっていく。立つといっても数秒であるが，重い頭部を
支え自立する，バランス感覚を身に付けるには大切な行為で
ある。この時期は他者と自分と物という 3 者の関係が認知で
きる，「指さし」行動ができるようになり，相互交渉という社
会性の発達もみられるようになる。自分の行為に対して，周
囲の励ましや，応援されることを喜び，それによって行動や

図 5-6　伝い歩き

動作が活発になり，意欲や集中力，挑戦心も高まる。運動発達と心理的，社会的発
達が相互関係によって総合的に出現する。

(6) 自立歩行の開始：およそ 1 年かけて重力に抗し立ち上がり，移動する

　両手，両膝での四点支持で足腰を鍛え，立つことで，重力に抗した平衡感覚，バ
ランス感覚を身に付け，直立して二足で移動する準備は整いつつある。しかし歩行
とはどちらかの足が地上から離れる瞬間があり，頭部と体幹を両手でバランスをと
り，下肢を持ち上げ，一瞬片足立ちの状況を繰り返すという負荷のかかる動作であ
る。さらに歩行には足裏全体で上体を支えなければならない。全身の体重を交互に
片足で支えバランスをとることは赤ちゃんにとって，
大変高度な身体機能である。そのため，安定を保つ
ように足は，がに股のように外向きに着地し，膝は
チンパンジーのように外向けに運び，両手も上にあ
げてバランスをとる。手の位置はハイガード，ミ
ドルガード（図 5-7），ローガードと歩行が上達するご
とに下方に下がり，両手を下に腕を振り歩くように
なるには練習が必要となる。

図 5-7　ミドルガードの歩行

　このような赤ちゃんの初歩の歩行を「よちよち歩き」と呼ぶ。よちよち歩きの時
期はバランスをとることが難しく，ふらふらして尻もちをついたり，倒れたり，つ
まずいて転んだり，机や角に身体をぶつけて怪我をすることがある。それでも赤ちゃ
んは困難な山を自力でのぼり続けなくてはならず，不安いっぱいで，周囲の見守り
と励ましと手助けを必要とするのがこの時期である。

3.　手の機能発達

　第 1 章で述べたように他の類人猿は power grip に優れる。しかし人の手はそれだ

けでなく拇指対抗性をもち，precision grip という精密把握が可能で，power grip と合わせて高度で多様な機能をもつことが特徴である。手の機能はこれだけでなく，触れたもの，つかんだものの形，重さ，感触などの情報を収集する感覚器でもある。

　手の機能発達（運動器と感覚器）について粗大運動から微細運動への発達過程を段階的にみてみよう。

(1) 原始把握反射での把握

　新生児期は重力の負荷に耐える時期で，手，腕の動きは制限され，母胎内でみられていた指しゃぶりも抑えられている。しかし時間とともに指しゃぶりも再開してくる。原始把握反射による把握がみられ，手掌に物を押し当てると握ってくる。追視はできないが目の前のオモチャや音に反応を示す。また授乳時に皮膚感覚を確かめるように母の胸に触れてくるが，手と身体の相互感覚（身体マッピング）が育っていないため，自分の爪で顔や頭を引っかき傷つけることがある。

(2) 随意把握への移行期

　2か月頃には鮮やかな色のオモチャや，音の出るオモチャなどに興味を示し，手で触れようとするが自分からは握ることはできない。握らせると短時間は握っているがガラガラなどのオモチャはすぐに落ちてしまう。

(3) 手掌把握：手のひら全体でつかむ

　3，4か月頃には対象物を眼で追う追視機能も発達し，自分から進んで手を伸ばし触れよとする。このつかむ動作は手首の関節が動いて指全体で挟むようになる。

(4) 全指把握：指全体でつかむ

　5，6か月になると，手首の関節だけでの把握から指の第一関節まで動く「逆手握り」ができるようになり，様々な形の物に対応できるようになる。また両手同時に把持できるようになり，把握する際，対象物に合わせるように手を広げる。持った物を振って音を楽しむなどリズムあるものに興味を示す。

(5) 橈側把握：親指でつかむ

　7，8か月になって寝返りやお座りができるようになると，親指の可動範囲が広がり，拇指対抗把握が可能となる。それによって手のひらではなく，親指，人差し指，中指でつかむことができるようになり，盛んに口にもっていき舐めることで物体の情報を認知しようとする。自立的お座りは上肢が支持機能から解放され，もっぱら手・腕を動かし操作能力は向上する。

(6) 鋏状把握：親指と人差し指の腹でつかむ

　9，10か月になりハイハイができるようになると，腕や手首が鍛えられるため，

オモチャを握る力も増し，指の力もついてくる。薄い，厚いもの，角のなるもの，丸いものなど多様な形や重さに適応できるようになる。手の機能は小さい物に対しても，人差し指とではさめるようになる。ハイハイができると，目の高さにある小さいものに興味を示し，隙間にあるゴミであっても人差し指と親指でつかめるようになる。またつかむだけでなく，リズムに合わせて，パチパチと手と手を合わせ，拍手のような模倣動作ができるようになる。

(7) ピンセットつまみ：親指と人差し指の先を対向にして小さいものをつまむ

　独り歩行ができる頃には，手，腕と身体との協応が進み，手での操作能力が高まり，生活場でのあらゆるものに興味を示し，積極的に動き，探索，認知・知覚行動が盛んになる。テレビのスイッチや，リモコンを押したり，ドアの開け閉めもしようとする。ピアノを人差し指で押したり，またクレヨンを握らせると紙になぐり書きをし，ストローやコップで飲めるようになるなど物や身体の操作能力が数段向上し，親指，人差し指，中指の協応把握である，「動的3点ピボット把握」につながる操作が可能となる（図5-8）。この3点ピボット（動的トリポット）把握は将来，服

① 4か月頃，手の小指側でものを握り，手首は手の平の方向に曲がっています。

② 7か月頃，手の中心，親指と他の指の間で握ることができるようになり，手首もまっすぐにコントロールできるようになります。

③ 8か月頃，手の平ではなく，親指，人差し指，中指でつかむことができるようになります。

④ 9か月以降，人差し指と親指の先で小さい鈴などをつまむことができるようになります。

図5-8　1歳までの把握発達（林, 2011）

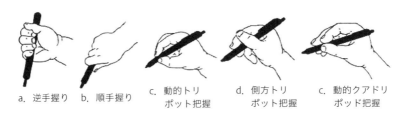

a. 逆手握り　　b. 順手握り　　c. 動的トリポット把握　　d. 側方トリポット把握　　c. 動的クアドリポッド把握

図5-9　筆記具の持ち方の発達（福田, 2019）

のボタンをしめたり，ジッパーの開け閉め，鉛筆を持つ，箸を使いこなすなど生活世界での手・指の動作につながる大切な把握機能である（図5-9）。

4. 2歳児の発育発達特徴と課題－運動発達と認知力の向上
──生活世界での身体技法の獲得

身体発達が一段と進み，運動発達に連動するように認知力が向上し，言語の発達，物語（絵本）・音楽（リズム，歌唱）への興味・関心，自然の事物への興味など総合的な人間発達へ向かうのが2歳児である。

(1) 意欲・集中力・興味・関心・挑戦心など怖さ知らずの2歳児：止まらない興味・関心：多様な個性が現れる

これまでの段階的発達により重力を克服し立って歩くことが可能となり，移動手段，姿勢制御，手の機能発達について地球上で活動（生活）できる基本的身体能力を獲得することができる。2歳児の発育発達の課題は三次元の生活世界（文化的，社会的，自然環境）で生きていく高い身体技能（技法，能力）を身に付けなければならない。人間活動を可能にするための，身体的発達（運動・食事・睡眠），感覚，感性，思考などの精神・心理的発達（オモチャ・遊具・絵本・諸経験），社会性の基本ツールである言語の発達（友だち・兄弟姉妹・多くの人間との活動・会話）を獲得しなければならない。それらは単独に発達するのではなく，連動し合って相互に総合的（ホリスティック）に進んでいく。

2歳児には多くの発達課題が課せられているように思えるが，しかし2歳児はその課題を積極的（能動的）に，果敢に臆することなくクリアしていく。それはあくなき興味・関心と追求心などの活動欲と模倣行動により1つひとつ達成されていく。また生活世界に興味・関心を広げる中で，自分らしさが現れ，好みのオモチャ，好きな動物，好きな絵本，好きな食べ物など子どもの個性もはっきりする時期である。

(2) 危険だらけの生活世界：危険と隣り合わせの2歳児の運動発達

運動機能は，よちよち歩きであったものがスタスタ歩けるようになるとともに身体骨格筋の筋力が増すことで身体支持能力も強化され，基本的身体運動能力が獲得される。小走り，走る，追いかける，スピードを出す，といった単独での移動の高速化が進み，さらに持って歩く，引いて歩く，押して歩く，立ち止まって方向転換する，ゆっくり走る，小刻みで走る，並んで走る，よじ登る，ジャンプする，ぶら下がる，転がるといった移動手段の多様化・高度化に挑戦するようになる。また一段と手の操作能力も向上しオモチャの操作も多様にできる。

　言葉も発達し，コミュニケーション能力の高まり，身体の自信がつくことで危険な行動に向かうことである。もちろん，これまでの歩行の練習や，手の操作などで危険な経験は積み重ね身体知★としての蓄積はあるものの，活動が広がるごとに危険は増えていく。小さい穴に興味をもち，手・指を突っ込む，井戸に興味をもってよじ登る，魚に興味をもち川に入っていく，狭い道に入っていく，高いところから見下ろしたくて身を乗り出す，横断歩道では静止がきかず走り抜ける等々，挑戦心旺盛な 2 歳児は危険がいっぱいの世界に入り込んでいく。スーパーや，水族館，公園などで走り回っているのはたいてい 2 歳児である。2 歳児の活動欲，興味が旺盛なためによる行動である。2 歳児は身体を使って動くことが嬉しくてたまらない様子である。

【注釈】身体知:身体知とはデカルト的な心身二元論で人間の能力を分離するのではなく，人が存在・行動・活動する中で身体が受けるすべての情報をいう。感覚的なものから情動・情緒的なもの，共感性，知恵，知識，身体技術などすべてを包含するホリスティックな概念として，本章以降全章にわたって使用する。

(3) 世の中のルールがわからない時期：模倣によって安全行動に導く

　2 歳児はまだまだ発達途中であり，生活世界に溢れる危険を回避する能力はない。しかしこの挑戦するという意欲が重要であり，この挑戦心，興味・関心が生活世界を切り開き，認知力を高めていく。この挑戦心・冒険心を満たすため，周囲の大人が十分準備し，見守り，危険行動を予想し，心の準備ができるか，すなわち 2 歳児の興味や行動様式を考慮した環境設定ができるかどうかは，2 歳児の人間発達を左右する。危険，危ないということで 2 歳児の興味・行動などの活動欲を制限すると，意欲，関心が削がれていく。周囲の大人による 2 歳児の心身の理解が重要となる。

　危険回避手段の 1 つに，子どもの模倣行為を利用することも一案であろう。赤ちゃんは生まれながらに模倣行為を示すことが検証されており（舌出し，口開け，口すぼめなど），周囲にいる大人や年長の子どもの身振り，素振りから様々に生活世界の活動を模倣し育っていく。歩く頃は，バイバイ，こんにちは，バンザーイ，イナイイナイバーなどの模倣行動が現れていたが，2 歳児はこの模倣活動が高度になり，歌やダンス，遊び，見るもの，聞くものに模倣を行う。2 歳児の模倣行動を利用し，危険回避行動を周囲の大人が前もって示すことも有効であろう。

(4) 子どもへの見守りがおろそかになる時期

　2 歳になり身体機能の基礎ができ，言葉で意志疎通が可能となり，離乳食も卒業

し，ほぼ大人と同じような食事ができるようになると，ようやく育児から開放され，ついつい子どもへの見守りがおろそかになりがちとなる。活動欲の高い2歳児を理解することによって2歳児の発達を保障し，危険回避も可能となる。

6節　身体運動機能の発達とは
──三次元の生活世界に適応する身体能力の獲得

1.　段階的な運動発達とともに発達する身体諸能力

　12～18か月ぐらいの間に歩行は開始する。しかし歩行が完成したわけではない。寝ていた状態から，頭部から首（頸部）肩，胸，腕，腰，下肢と徐々に筋力が強化され，身体を動かすことで神経系と連動し，歩くまでに身体機能を獲得したということなのである。さらに重力下の生活世界で活動できる多様な身体能力を獲得するには，多くの経験，体験という身体学習が必要となる。

2.　部分の局所的発達ではなく，すべて総体的な発達として出現する

　これまでみてきたように未熟で産まれる人の赤ちゃんの発育発達は，重力に抗し，二足でバランスをとりながら移動し，上肢を物の操作に使うように進んできた。まさにその中心で身体を支持するのは全身の筋力発達によるものであった。中心にある発達パターンは突如出現するのではなく，環境との相互関係により発現する。例えば新生児期にあった「生理的微笑」（図5-10）は周囲の赤ちゃんへの繰り返しによる微笑みや声かけにより，2～3か月で首がすわる頃には人に反応した「社会的微笑」へ発展する。反射的であった表情筋が随意的活動として働いたことになる。その後も頭部から始まる筋力強化に支えられ，高くなった視点で三次元の世界を認知し，移動範囲が広がり，自発的，能動的な探索行動は拡大していく。10～11か月頃で立つことができるようになると「指さし行動」ができるようになる。自己と人・物との関係など生活世界の知覚・認知能力が発達する。
1歳過ぎに歩ける頃になると，生活世界への興味・関心は増大し，「言葉を発する」ようになり，身体活動は粗大運動から微細な精密運動へと，行動範囲は一段と広がり，オモチャの種類も多様になり，2歳頃には走り，高いところからジャンプし，重いものを抱えるなどの身体能力を獲得する。海や川，砂浜，虫や魚，動

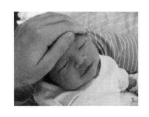

図5-10　生理的微笑

物，花，葉っぱなど興味・関心は爆発するかのように広がって行く。日常生活活動もできることが多くなり（スプーン，フォークから箸づかいへ），この頃には，「大人との会話が成立し」，自己の興味・関心が高まり，「個性が発揮され」，生活世界や自然環境へ果敢に挑戦していけるようになる。このように運動発達は身体能力の発達を促し，次第に総体的な人間形成の基礎を獲得するのが乳児の時期といえる。

7節　幼児と大人の健康の違い

幼児と大人の健康に関して，その違いを以下に整理しておきたい。

①健康の適応能力が低い（子どもは大人のミニチュアではない）
②幼児は「からだ」や心の調整機能が未熟で不十分（気分転換やストレス発散はできない）
③健康度が発育発達の尺度になる
④幼児は自分の状態を言葉で説明することができない
⑤幼児はどのような場合も依存的で受容的である
⑥幼児の健康の状態は，そのまま「いのち」の生死に直結することがある

1.　小児期の疾病の特徴
①回復も早いが，悪化するのも早い
②感染症の大部分は小児期にみられる
③二次感染から慢性疾患へ移行する可能性をもつ（川崎病，容連菌感染症から心臓疾患，腎疾患に移行することがある）
④事故が多い
⑤経過が急で症状が激しい
⑥心理的退行現象を伴うことがある
※生理的未熟性のためあらゆる疾病（感染症）に大人以上の注意が必要

2.　乳幼児の健康指標
①発育発達が順調かどうか→乳幼児健診（体重，身長，食欲（お乳）の量，排尿，排便）
②バイタルサイン（体温・呼吸・脈拍・心拍・血圧）

③嘔吐，浮腫，傷跡，痛み（苦痛）

④機嫌の良否

⑤動きの有無（眼の動き，手足の動き，喃語，おしゃべり，）

⑥遊びが活発か否か

3. 乳幼児の健康評価

①いつも幸福感が表に現れている（身体的健康）

　幼児は心の状態がそのまま表情や行動に表れる。明るく，はつらつとし，生き生きと行動している状態であれば，健康と判断できる。

②活動力がある（探索行動）（心理的健康）

　最も好奇心が旺盛で能動性が高い時期で（成長そのもの）

　・活動の範囲の広がり（能動力）

　・活動の内容（質：興味）の発展

③安定している，機嫌がいい（社会的健康）

④食欲がある。

以下，運動発達や支援のポイントについて，表5-2〜5-4に整理する。

表5-2　誕生から発育発達の特徴と支援のポイント

● **無重力の環境から〈重力の負荷になれる新生児期〉**
　新生児は寝ているだけでなく一日一日変化し，目を開け，手を口にもっていき，頭を左右に動かし始め，その変化はめざましい。赤ちゃんの変化をよく観察し，赤ちゃんの変化に反応し，交流を密にする。

● **〈笑顔での応答的対応〉が大事である。**
　赤ちゃんは相手をよく見つめ，相手の雰囲気をキャッチすることに長けている。クーイングや喃語を発するようなると，保育者も声を出して応答する。

● **〈穏やかで優しい声〉で接し，〈抱っこやスキンシップ〉を重ねることで，赤ちゃんとの信頼関係すなわち愛着関係が築かれ，情緒の安定につながる。**

● **運動発達の個人差と支援**
　①個人差がある。例えば頭が大きく，体重の重い赤ちゃんは首のすわりや，寝返りがゆっくりになる傾向がある。
　②発達の順序にも個人差がある。ハイハイのパターンも個性があり，お座りの完成は時間がかかり，お座りより先に腹ばいを始めることもあり，お座りのまま移動（いざり）を始める赤ちゃんもいる。
　③いずれの運動発達も二足直立歩行と姿勢制御，手の機能発達の土台になるもので，その発育発達経過は赤ちゃんにとって簡単なものではなく，赤ちゃんが興味や探索を発揮し，能動的活動ができるよう環境を整える。特に移動範囲が広く，活動が活発になるハイハイの時期に

は，十分手足を使ってハイハイができる広さを確保する，腕や足腰を鍛えることで，自立歩行に移行しやすくなる。
④赤ちゃんの新たな運動発達の挑戦には，励まし，褒め，応援することが不可欠である。赤ちゃんはその励ましや声援を受けて，ますます頑張り，持続する意欲が高まり，自己肯定感が養える。

表 5-3　6か月頃の運動発達の支援のポイント

● 6か月頃の身体運動発達の中心は〈寝返り〉で〈お座り〉や〈ハイハイ〉に向ける準備期間でその経過には**個人差**がある。
● **身体運動発達にとって筋力は要**
  ・身体運動能力の発達は筋力の発達と神経系の発達が連動することで出現していく。
● **6か月頃の赤ちゃんの身体発達の特徴**
  ・6か月頃の赤ちゃんは様々な動きが発現するようになってくる。この時期の特徴は〈手・指〉の操作〈握る〉がうまくなり，初めて独力での移動手段〈寝返り〉を獲得していく時期である。
  ・首の周りの筋肉発達がすすむと〈首のすわり〉ができるようになり，首を左右に動かすことができ，赤ちゃんの視野が広がっていく。
  ・3，4か月頃から盛んに手足をバタバタ動かす動作がめだってくる。それは腕の筋肉や腹筋，下半身の力をつけるためで，〈寝返り〉の準備であり，筋力トレーニングともいえる大切な動きである。
  ・赤ちゃんの〈寝返り〉は誕生して初めて可能となった移動手段である。腹ばいになって手足を動かせば，胸の筋肉，腕の筋肉，腹筋，背筋，殿筋などさらに抗重力筋を鍛えることになる。そうすることで，さらに自由度の増した〈お座り〉への以降が可能となっていく。
  ・お座りの獲得はいよいよ3次元の生活世界の獲得であり，手・指，腕の自由な活動が増していく。
  ・身体運動能力が増すとともに情緒的な発達が進み，キャキャと声を出して笑い，周りの大人の反応を期待し，大人の動きに赤ちゃんが反応するという応答的対応が成立し，それが諸発達を促していく。
● **6か月頃の赤ちゃんの援助**
  ・腹ばいになっての両手操作が可能となり，仰臥姿勢では上げた足や膝に触ったり，足をつかみ口に持っていくなど，身体そのものを遊びの対象として活発に身体を動かす（**身体認知**）。腹ばいでの遊びは次の運動発達〈お座り〉や〈ハイハイ〉につながる体幹の筋力を強化する運動である。赤ちゃんの多様な動きの1つひとつが運動発達につながる意味ある動きである。
  ・赤ちゃんは**長時間拘束されることを嫌う**。赤ちゃんが手・足・体をバタバタと自由に動かすことができる環境を心がけよう。手・足・体を動かすことが次の発達に移行する筋力トレーニングである。
  ・おもちゃをつかみ，引き寄せ，握り，引っ張り，振り回すなど様々な手・指と腕の動作が現れる。また，鮮やかな色彩，音のでるおもちゃ，動くおもちゃなどは**視覚，聴覚など五感を刺激し発達**を促す。
  ・赤ちゃんの興味につきあって**身体**（顔，手，腕，胴，腰，足）を刺激（スキンシップ）してあげよう。
  ・赤ちゃんは興味がふくらむとともに周りの大人への関心が高まる。顔を近づけると手を伸ばし，鼻や口など触って確かめようとする。そして大人の反応を大変期待する。おもちゃや音楽，動物と触れあうときなど常に赤ちゃんに言葉をかけ，赤ちゃんの反応を観察し，**赤ちゃんと身体を通したコミュニケーションを楽しもう**。
  ・寝返りや腹ばいの練習は，いずれも機嫌のよいことが目安で，疲れていたり機嫌が悪くなったら止める。

表 5-4　1歳6か月頃の運動発達のポイント

- **1歳6か月頃の身体運動発達の中心は〈歩行〉である。自立歩行は空間でバランスをとり，移動するには筋力の支えが重要で，乳児には大変難しい挑戦である。**
  - 乳幼児の身体発達は姿勢制御と移動方法の獲得，すなわち平衡感覚機能と歩行・手の操作の発達へ集約される。その**姿勢と移動を支えるのが筋力である。**
  - 約18か月頃までには歩き始め，徐々に長く歩くことも可能になり，小走り，2歳頃にはジャンプも可能となっていく。立ち上がり，**一歩を踏み出すことは子どもにとって怖くて，勇気のいる行為である。大人はその子どもの気持ちを察して，傍で，支え，応援することが大切となる。**
- **赤ちゃんにとって〈歩く〉ことは遊びであり，学習である**
  - 一人歩きができるようになった赤ちゃんは，歩くこと，それ自体が楽しくて仕方ない。
  - 独力で歩けるようになった赤ちゃんは，次々に探索活動を始め視野を広げていく。冒険の始まりである。冒険は冒険を呼び新たな発見と興味が増していく。独力で新しい世界を発見していく。
  - それが認知力の発達・言葉の発声にもつながっていく。
- **1歳6か月児さんの歩行練習での注意——室内から戸外へ**
  - 赤ちゃんが身体をぶつけたり，突っかかって倒れたりすることのないよう，**安全に歩ける環境を確保してあげよう。**
  - 最初は室内で平坦な場所でバランスをとりながら歩き，空間認識を身につけ，徐々に，室内から戸外へ進む。**最初はバランスが取れず，よくつまずく。赤ちゃんの歩行練習には目を離すことなく，**環境設定に十分な注意を払う必要がある。
  - 歩行の発達にも個人差があり，赤ちゃんの歩みに合わせて，あせらないで進もう。一人歩きが可能になっても，**赤ちゃんは不安で，すぐに疲れる。**特に外歩きでは，物に突っかからないよう，ぶつからないように常に大人が手を差し延べることができる距離での**ガードが必要**である。
- **歩くことで獲得できる様々な能力**
  - **①歩行のバリエーションが平衡感覚を養う**
  - 自立歩行が安定してきたら，室内から戸外での歩行に向かおう。戸外での活動は重力や空間から身体の姿勢（バランス）を保つ平衡感覚を育てる。
  - 平坦な場所に慣れたら，坂道，階段，でこぼこ道，砂場，狭い道，草原，赤ちゃんが大好きな水たまりなど少しずつ挑戦させてあげよう。
  - **②歩行と手・指・体との協同作業が始まり，巧みな身体づかいができる**
  - 手に物を持って歩く，引きながら，押しながら歩く，しゃがんで物を拾う。また，立ち止まって空を見上げたり，花を摘んだり，虫を捕まえたり，様々な形の石ころを見つけ中腰で掴んで投げたりと身体と手の協用，巧みな身体づかいが少しずつできるようになる。
  - **③歩くことで怪我や事故から身を護る身体防衛能力が養われる**
  - 歩くことや手で物を操作することにより**身体操作能力**，物や自然空間から身を護る**身体防衛能力**が育つ。この時期から様々な身体活動を繰り返すことで，**怪我なく転がる，飛び越える（またぐ），飛び降りることができるようになり，大きな怪我から身体を護ってくれる。**今はそのための練習の時期である。
  - 赤ちゃんは硬いところだけでなく，柔らかいマットや布団のうえで転がったり身体を揺すったり，ジャンプすることも大好きである。
  - **④歩くことで自分のボディーイメージを獲得していく**
  - 自分の身体の通れる間隔，階段の高さ，どこまで手が届くか，飛び越えることのできる距離など，**身体と空間の認知は日々の身体運動によって獲得していく。**
  - ボディーイメージの形成は物を操作する，3次元の空間で活動する人間にとって大変重要である。

第6章

幼児の発育発達の理解

1節 はじめに

「第5章 乳児の発育発達の理解」において，ヒトの生態的特徴（二足直立歩行と脳の巨大化）からヒトの育ちの原則を踏まえた発育発達の目標と経過について記述し，発育発達は総体的（ホリスティック）に進むことを述べてきた。

幼児期の発育発達は歩行と手指の操作能力，言葉の習得など人間としての基本的な身体能力を獲得した上で，さらに多様で高度な身体能力獲得に向かう，生涯の中で最も著しく発育発達が実現し，人間形成の基礎を培う非常に大切な時期であると言える。その意味は，子どもの日々の身体活動を通して，身体的，心理的及び社会的発達という人間形成に向かう期間であるということである。そのため，保育者が幼児期の発育発達の意味を理解することは非常に重要である。なお，発育発達は総体的（ホリスティック）に獲得されることを踏まえ，本章では身体的な発育発達のなかに新保育・教育改革の中核にある非認知能力の育成（心理的，社会的発達）が内在することも合わせて記述していく。

2節 発育発達の定義

1．発育の原則

発育と発達は一連の言葉として示されることが多いが，それぞれが異なる意味を持つ。つまり，発育とは，身長や体重など身体の長さや重さにおける形態面の量的変化を意味し，一方，発達とは，心身の機能面の質的変化を意味する。

発育は，成長とともに完了するが，発達は一生涯続くと言ってもよい。また，発

達は，中枢神経系が中心となり末梢神経を介して全身と協調的に働き，様々な機能を充実させていく。それらが正しく機能するためには，視覚，聴覚，嗅覚，味覚や触覚などの五感と，固有感覚（筋肉・関節にある負荷感覚），前庭感覚（傾き・スピード感）などからの外部情報が正確に入力されることが重要となる。そのため，身体活動を通した五感や固有感覚，前庭感覚の刺激を幼児期に与えることは非常に大切なことであると考えられる。

発育には4つの原則が存在する。

①順序と方向性：中枢神経の成熟と関連し，一定の順序性と方向性を示す。基本的には，頭部から足部へ，身体の近位から遠位への方向性がある。

②速度の多様性：時期，臓器，性別，機能などにより異なる。

③臨界期（感受性期）：身体的機能や精神機能の現象には決定的に重要な時期が存在する。

④相互作用：細胞や臓器，生活の場における刺激や情報の作用が影響し合っている。

2．発達の臨界期（感受性期）

乳幼児期は，運動機能や知覚機能の成熟が顕著にみられる。そして，その時期における環境や経験によって神経回路が大きな影響を受ける時期を発達の臨界期（敏感期・感受性期ともいう）という。新生児の脳は十分に機能しておらず，環境や様々な経験による外部刺激を受けることによって発達が始まる。臨界期ではシナプスの刈込みと髄鞘化による神経回路の完成によって機能を発揮するようになる。つまり，必要な時期に適切な外部刺激を脳に与えなければ，正常な機能の発達が妨げられるということになる。また，神経回路が完成した後でも，脳は様々な外部刺激に対応

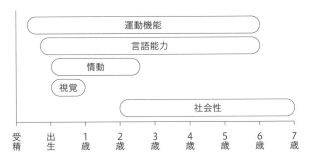

図 6-1　発達の臨界期（感受性期）（春日，2015 より）

して神経系を変化させる可塑性に富んでいるため，脳の発育・発達には適切な刺激が必要となる（図6-1）。

　人の場合，臨界期は多くの場合9歳くらいまでと考えられている。この時期を過ぎてからも，さらに神経細胞がつながり，20歳ごろ脳神経細胞のネットワークが完成する。しかし，そこで神経細胞の成長は止まらない。以降も学習や経験を活かして脳のネットワークを作っていく。このように脳が生涯にわたって成長していくことを脳の「可塑性」と呼び，人生で得た様々な経験や知識を脳回路に蓄えることで，ネットワークを構築していく。

　近年，臨界期は変化させることができない固定した決定的な時期ではないこと，さらに様々な環境条件を整えることで変化させることができること，刺激を過度に与えると臨界期の出現が遅くなることが明らかとなっている。可塑性があることで，学習やトレーニングによって先天的な問題をカバーし，脳が健康である限り新しい能力を身に着けることも可能である。

3．スキャモンの発達曲線とその内容

　発育・発達においては速度の多様性が存在し，その発育・発達の速度が身体各部

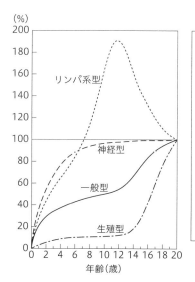

身体諸機能の発育パターンを4種類に分け，20歳を100としたときの各年齢の値を示した。
神経組織は出生後に急激に発育し，10歳ごろには20歳の約9割程度になる。
○　一般型とは，身長，体重，胸囲，筋肉，呼吸器，消化器，血液量などを示す。
○　神経型とは，神経，頭囲，眼球などを示す。
○　リンパ型とは，胸腺などのリンパ組織を示す。
○　生殖型とは，精巣，卵巣，性器などを示す。

これらの発育・発達の順序性は遺伝子レベルで規定されており，一定の順序で進む。

発育・発達は基本的に，「頭部から足部」へ，「身体の中心から遠い方向」へ，などの方向性がみられる。

図6-2　スキャモンの臓器別発育曲線（福田，2019 より）

位によって異なる遅速のリズムを示す。

　米国の解剖学者であるスキャモン（Scammon, 1930）は，出生後に身体各臓器の重量が変化する過程を4つの型に分類し，スキャモンの臓器別発育曲線として図式化した。

　20歳（成熟期）を100％として各年齢における発育発達パターンを百分比で示している（図6-2）。

　一般型は出生後と思春期ごろに，神経型は出生後から，リンパ型は思春期ごろまでに，生殖型は思春期ごろにそれぞれ急激に発育・発達をしている。

　このスキャモンの発育パターンからも幼少期の神経系の発達がいかに重要であるか理解できる。

3節　幼児（3～6歳）の発育発達の特徴

1．身体的発達

（1）体格の推移

　体重は，1歳時で出生時の約3倍を示しているが，5歳の時点で出生時の約6倍となる。身長は，1歳時で出生時の約1.5倍であるが，さらに，5歳の時点では出生時の約2.2倍になる。頭身比率は6歳の時点で，6頭身となる（図6-3）。

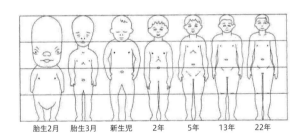

胎生2月　胎生3月　新生児　2年　5年　13年　22年

図6-3　からだのプロポーションの変化（春日，2015より）

（2）生理機能の発達

①脈拍数（心拍数）

　乳幼児期の脈拍数は低年齢ほど多いが，成長とともに減少する。また，乳幼児は1回拍出量が小さいので，回数で補っている。

②呼吸数

　乳幼児期は代謝が高く，合わせて酸素摂取量も多いので，呼吸数は低年齢ほど多くなる。また，身体が小さく呼吸筋も十分に発達していないことが考えられるため1回換気量が小さいことも影響している。また，乳児は腹式呼吸が中心で，4歳ごろになると胸式呼吸が始まり，7〜8歳ごろには胸式呼吸が中心となる。

③体温

　体温の産生と放散などの調節は，視床下部にある体温調節中枢がその働きを担っている。乳幼児は基礎代謝が高いため熱の産生が多く，体温はやや高めといった特徴がある。また，体温には1日のリズムがあり，朝は低く，夕方は高くなる傾向が認められる。

④血圧

　血液が血管の中を通過するときに血管の壁を押す圧力のことを血圧と呼んでいる。血圧は，心拍出量と血管抵抗によって決定される。心臓が収縮した時の血圧を収縮期血圧（最高血圧），拡張期は拡張期血圧（最低血圧）という。乳幼児の血圧は，成人のそれよりも低い特徴がある。

⑤尿量

　乳幼児は低年齢ほど体重が軽いため，尿量は成人よりも少ない。また，排尿抑制が未熟な時期は，お漏らしをする。3歳ごろからは排尿抑制機能が整えられ，お漏らしをすることが減少する（表6-1）。

表 6-1　主な生理機能の正常値（春日，2015 より）

生理機能	乳児	幼児	成人
脈拍数（毎分）	120〜140	80〜120	60〜80
呼吸数（毎分）	30〜40	20〜30	15〜20
体温（℃）	36.0〜37.4		35.5〜36.9
血圧（最高／最低）（mmHg）	100／60		120／80
尿量（ℓ／日）	0.2〜0.5	0.6〜1.0	1.0〜1.5

(3) 筋力の発達

　人における筋（筋量）の発育パターンは，スキャモンの発育曲線の一般形に含まれる。筋重量の増加については，生後数か月までは筋線維数の増加による。その後は，成人まで筋線維の肥大により増加し10歳ごろまでは男女ともにほぼ同等である。さらに，男子は思春期で急激に増加し，一方女子は緩やかに増加する。そのた

め，性差が顕著になるのもこの時期となる。また，20歳を境にして筋量の増加は激減していく。

　全身に占める筋の割合は，新生児が約23%，8歳児で27%，成人で45%となる。成人女性では体脂肪量が多くなるため，筋の占める割合は男性より少ない。

表6-2　サル，新生児，成人の上肢筋下肢筋の割合（青柳，2017）（単位：%）

	サル	新生児	成人
上肢筋	20.5	17.5	17.8
下肢筋	41.7	38.2	54.7

　表6-2から分かるように，二足直立歩行の経験増加により下肢筋の占める割合が増加する。また表6-3に示してあるように，筋の構造自体も加齢により変化する。

表6-3　筋の構造の加齢に伴う変化（青柳，2017）

1歳	3歳	6歳	12歳
筋線維の太さがやや増す	①筋原線維の増加 ②筋原線維や結合、線維の分化	横紋筋の明暗の区別がつく	再び筋線維の太さが増す

　12歳頃の男児の筋の構造変化は男性ホルモンの影響であり，この時期から筋力の性差が著しくなる。また，筋力は運動経験やトレーニングの影響が強く，日常的によく使用する咬筋や下肢筋については性差がなく，使用頻度に性差があると考えられている上肢筋には明らかな性差が認められる（図6-4）。

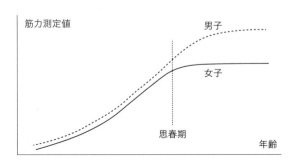

図6-4　筋力発達の性差（青柳，2017）

4節　運動発達のカテゴリー（87種の運動発達の分類）

1．動きの多様化と動きの洗練化

　幼児期は，多くの運動の基となる多様な動きを獲得するための非常に重要な時期である。その動きの獲得には2つの方向性があり，一つは「動きの多様化」であり，もう一つは「動きの洗練化」である。

　動きの多様化とは，年齢とともに獲得する動きが増大することである。幼児期に獲得しておきたい基本的な動きは，体のバランスをとる動きとして重要な，立つ，座る，渡る，ぶら下がるなどや，体を移動する動きである，歩く，走る，はねる，跳ぶなど。そして，持つ，運ぶ，投げる，捕るなどの用具などを操作する動きがあげられる。一般的には，体を動かす遊びや生活経験などを通して，易しい動きから難しい動きへ，一つの動きから類似した動きへと，多様な動きを獲得していくことになる。

　次に，動きの洗練化とは，年齢とともに基本的な動き（動作様式）がうまくなっていくことである。幼児期の初期（3歳から4歳ごろ）では，動きに「力み」や「ぎこちなさ」が見られるが，多様で適切な運動経験を積むことによって，年齢とともに無駄な動きや過剰な動きが減少して動きが滑らかになり，目的に合った合理的な動きができるようになる。幼児期の運動発達の段階や特徴を検討するときに，まず発達過程をいくつかの段階に分類して捉えることが必要になる。なかでも，ガラヒュー（Gallafue, 1993）は，基本的運動の発達段階を幼児期の運動発達段階として

図6-5　幼児期に習得される基礎的運動パターンの例 （川邉ら，2009）

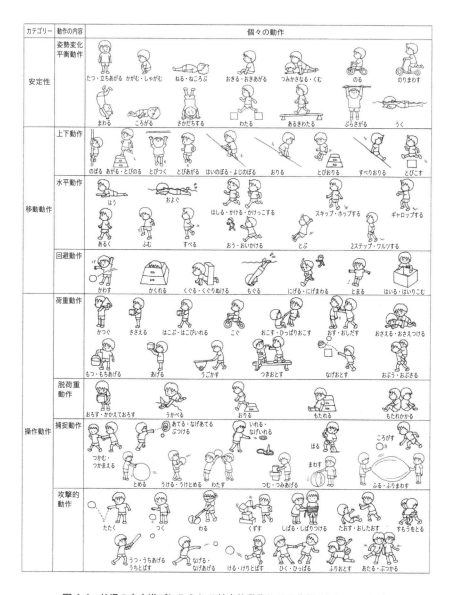

図 6-6　幼児の自由遊びにみられる基本的動作とその分類（春日，2015 より）

位置づけ，特に 4 〜 5 歳ごろを基本的運動が定着して次の段階への初歩的段階としている。この基本的動作（Fundamental movement）は，人間が獲得する多種多様な運動の基本的な形態とされ，84 種の基本的動作として示されている（図 6-5，6-6）。幼児期から学童期のはじめごろまでにこれらの基本動作がすべて現れる。つまり，この時期に運動コントロール能力が急激に発達し，10 歳ごろでは大人と変わらない状態に近づいているということを示す。また，この時期を発達の敏感期（感受性期）であるとも考えられ，様々な身体能力を高めるために非常に重要な時期であるとも言える。

5 節　身体操作能力の発達

　この時期はできることが増えることよりも，上手くできることが増えてくる。つまり，協調的で滑らかな動作を獲得し，移動能力が完成することなどの特徴が見られる。

　粗大運動では，平衡性の発達が見られ，環境や課題に合わせて姿勢や動作を調整することができるようになる。例えば，片足（一側下肢）による体重支持が安定するため，階段では両下肢を交互に使って昇降することが可能となる。また，片足でのバランスが向上することによって，スキップや縄跳びを飛び続けるなど協調運動ができるようになる。例えば，図 6-7 の走と跳躍の発達パターンにあるように，年齢が進むと全身の筋肉が発達し，神経系との連動により筋力出力が増大し，各筋肉との協調性が高まり，巧みでダイナミックな動きが習得できるようになる（合目的運動の発達）。

　さらに，微細運動では，日常生活動作の自立に必要な，より細かく協調的な上肢操作が可能となってくる。例えば，箸を使えるようになり，ボタンの留め外しも可能になってくる。さらに，利き手を一貫して使用し始める傾向が認められるのもこの時期である。

　手指を細かく使用できるようになるため，描画能力が発達し，文字もうまく書けるようになってくる。そして，両上肢を空間に保持したままハサミを使って形を切り抜くことや紙コップを握りつぶさないで保持するなど，対象物に適応した操作ができるようになるなど拇指対向性の機能が発達する。

「走る動作」の発達段階の特徴	動作パターン
パターン1 両腕のスウィングが見られない	
パターン2 前方で腕をかくような動きや、 左右の腕のバランスがとれていない スウィングである	
パターン3 十分な足の蹴り上げがある	
パターン4 大きな振動での 両腕のスウィング動作がある	
パターン5 膝が十分に伸展し、 水平方向にキックされる	

「跳ぶ動作」の発達段階の特徴	動作パターン
パターン1 両腕がほとんど動かないか、 跳躍方向と反対の後方にふる	
パターン2 両腕を側方へ引き上げ、 肩を緊張させてすくめる	
パターン3 肘が屈曲する程度に、 両腕をわずかに前方へ振り出す	
パターン4 肘をほぼ伸展しながら、 両腕を前方に振り出す	
パターン5 バックスウィングから 両腕を前上方へ大きく振り出す	

図 6-7　走と跳ぶ動作の発達パターン（文科省 HP：幼児期運動指針より）

6節　園における年齢別の運動発達の様相

1．非認知能力育成につながる幼児期の運動発達

　他者とふれあう「よろこび」・探索という「冒険」が，運動発達を引き出し，脳発達という統合発達につながる。

　新生児の情緒は，概ね3か月頃までに「快」「不快」に分化するということが知られている（Bridges, 1932）。新生児が「おなかがすいた」「おむつがぬれた」「暑い・寒い」「体調が悪い」等の身体的不快を「泣いて」表出すると，養育者は直ちにその原因を察知してミルクを与えたりおむつを替えたりする。そのことにより，新生児は身体的に心地よい状態となり，身体的不快が解決する。このように，「身体的な快・不快」が，感情分化の原点にある。子どもから，明るく機嫌の良い笑い声が出るような「よろこび」すなわち身体的「快」の状態は，乳児期からの運動発達を支える重要な要素といえる。

　また，アメリカの心理学者エインズワース（Ainsworth, M.）は，保育者との安定的な愛着関係が子どもの探索行動を支えることを見出し，これを「心の安全基地」と呼んだ。歩行の獲得は，乳幼児にとって冒険の始まりである。冒険とは，不安を乗り越えて未知の領域に挑戦し，無事に帰還することをいう。乳幼児期の探索行動という「冒険」は，保育者との間の愛情あふれる身体的なふれあいの経験によって育まれた「心の安全基地」への信頼によって支えられている。

2．0歳児：心地よく身体をゆだねる・心地よい身体感覚で機嫌良く笑う

　0歳から1歳までの間は，一生の間で最も発育が著しい。新生児では，摂取エネルギーのうち約65%が脳で消費されると言われており，環境中の刺激から多くのことを学習していることがわかる。つまり，この時期には精神的な発達を司る脳の発達も著しく，「頭部から下肢へ」という方向性がはっきりと表れている。また，3か月ごろから手指でものを扱おうとする動きがみられるが，視力の発達と比較すると手の微細な運動が未発達であるため，目と手の協応が難しい。しかし，ものを口に入れたりなめたりすることで，そのものの感触を確かめている。

　この時期の子どもには多くの睡眠が必要だが，起きている間の心理的安定感が大切である。なぜなら，心理的安定感が活動性につながり，十分な身体活動によってエネルギーを消費することが，睡眠の質的向上につながり，生活リズムの形成に欠

かせないからである。

　それゆえに，園生活のなかでは，保育者自身が機嫌よく，優しく，明るい声でことばをかけること，楽しい身体的ふれあいで子どもから笑い声を引き出せるようなかかわり方をすることが大切である。乳幼児にとって笑うことは，情緒の解放であると同時に，全身の筋を動員する運動である。乳児は笑っているとき，手足や体幹も大きく動かしている。保育者のかかわり（動き）に同調することによってもたらされる心地よい運動により，保育者にゆったりと身体をゆだねられるような安心感のある関係が形成され，それが心の安全基地となる。

　0歳児後半には，ハイハイという移動の手段を身につけ，移動を伴う探索行動が始まる。情緒の安定があってこそ，対象に向かって自らアプローチする意欲が生まれる。興味のある対象に向かって，大筋群を動かして移動することはできるが，その対象を指先でていねいに把握するのはまだ難しい。しかし，いわゆる「つかまり立ち」や「伝い歩き」のような，手指を使って物をつかみながら，体幹・腕・脚の大筋を使って立ち上がり移動するような運動はうまくできるようになっている。つかまり立ち，伝い歩きは，視野の大幅な拡大をもたらす。このように，空間認識という認知的発達と運動発達が相まって，歩行へと発達していく。

3．1歳児：探索と探究のめばえ，歩くこと・操作すること

　1歳前後で，歩行が完成する。この時期には，たくさん歩く機会を作りたい。また，体温調節機能が発達するため，戸外の気温に触れ，適応する経験も大切にしたい。

　安全な環境での外遊びは，これらの機会を充実させる手段として最適である。乳児専用の園庭があると良いが，園庭の一角を簡単に区切って乳児が安全に遊べるスペースを確保したり，時間で区切って乳児の時間を確保したりするのも良い。築山や砂場の縁石等は，傾斜があったり高さがあったり，歩く環境に変化をつけられる。歩くことが上手になってきた子どもは，このような環境を喜ぶ。子どもの膝小僧までの高さで環境を設定し，座ったりまたいだり，乗ったり降りたりする経験を十分にさせたい。さらに，姿勢の保持ができるようになり，滑り台等を楽しむことができるようになる。また，箱押し等，物を押して移動させるあそびは，床や地面からの抵抗を超えていく自らの力を実感できる。これらのあそびには，自らの身体を自らコントロールできること，自ら力を発揮し物体に作用させることのよろこびと楽しさがある。一方で，この時期の子どもの身体比率をみると頭が大きく（およそ4頭身）アンバランスで，転倒や落下の事故が起こりやすいので注意が必要である。

　脳重量が出生時の2倍まで増えるのが1歳前後である。このことは，理解力・学習能力の準備状態を示すものであり，1歳半ごろの飛躍的な発達にそれが表れる。1歳後半のころから，手でものを操作することが巧みになる。砂場あそびでも砂をすくって型に詰めるなど，食事等の生活動作の延長にある道具の操作ができるようになる。水を容器に「満たして・空ける（空にする）」あそびや，砂遊びでの型詰めあそび等，運動発達の観点からみた場合は手指のこまやかな動きを洗練させる経験として重要である。これらのあそびには，物を自ら操作して，自分のイメージどおりに変化させられるというよろこびと楽しさがある。

　一方でこれらは，物質の保存や，可逆・不可逆の理解等の認知的な発達にも欠かせない経験である。これらのあそびを通して，運動発達と認知的発達は両輪のように発達していき，科学的思考のめばえにつながっていく。

4．2歳児：どこまでもとことこ・とんだりはねたり走ったり

　2歳になると，歩行が一段と巧みになる。気分が乗れば，驚くほど長い距離を歩けるようになる。また，走る，跳ぶ，登る，降りる，ける，投げるなどの基本的な運動機能が伸びる。ちいさな段差からとび降りる等の単純な動きでも「もう一回，もう一回」と，飽きることなく繰り返す姿がみられるが，繰り返す機会を大切にしたい。単一動作を繰り返し経験することで，ぎこちない動きからなめらかな動きへと，次第に変化していく。

　この時期，体を自分の思うように動かすことができるようになり，身体運動のコントロールもうまくなるので，リズミカルな運動や音楽に合わせて体を動かすことを好むようになる。この時期の子どもは，音のリズムや質感に同調する動きが自然に表れてくる。リズミカルな音楽が聞こえると，全身を振り動かしたり，音楽に合わせて歩いたりする。また，このようなリズムに同調する力の伸びから，なわとびを回すあそび（なわの片方を遊具などに結びつける），大きな布を何人かで持ってふわふわ動かすあそびなど，物の動きとの同調を楽しむ姿が見られる。また，身体運動のコントロールがうまくなることから，ボール等を的にぶつけるあそび等も楽しむようになる。「偶然うまくできる」ように，ほどよい高さや距離に的を設定することで，できたりできなかったりする楽しさが達成への意欲を高め，繰り返しの運動を促す。

　この頃，指先の動きも急速に進歩する。そのため，衣服の着脱をはじめ，食事や歯みがき等も次第に自分でできるようになる。また，折り紙を折る，容器のフタを

開け閉めする，ハサミで切る（この段階では一回切りであり，連続して切ることは難しい），粘土をちぎる，伸ばす，丸める等の細やかな手の使い方ができるようになる。このような運動も，単一動作で構成され，繰り返すことで動きが洗練される。

　細やかな指先の動きの機会は，生活の中にもたくさんある。衣服の着脱，ふとんの出し入れ，食事でのスプーンやはしの扱い，容器から水を注ぐ等，指先を使って物をつかみ取り扱う動きが，このような生活の動作を通しても習熟されていく。この時期は「自分でやりたい」という意欲，すなわち自立の欲求が高まる時期ではあるが，「やって」と依存してくる場面もある。これも，自我の発達の表れであるため，依存したい気持ちも受け止めながら，やりたい欲求を認め，丁寧にかかわっていきたい。

　また，ままごと等の「見立て・つもり」あそびの中でも生活動作や絵本のワンシーン等が再現される。2歳児では，おしゃべりをしながら遊ぶことが増えてくるが，言葉は他者とイメージを共有する（同じ「つもり」であそぶ）ために重要なはたらきをする。生活の中で聞いた言葉（親や保育者が言ったこと）や，絵本の中に出てきた言葉（うんとこしょ，どっこいしょ，とんとんとん等）をあそびの中で使うことで，子どもたちは他者との間でイメージを共有する手がかりを得ている。保育者は言葉を足しながら，一緒に動いて楽しさを共有したい。

5．3歳児：歩くこと走ることが上手になり，固定遊具で上手に遊ぶ

　3歳を過ぎた頃から，身長体重の成長速度が落ち着く。このような成長速度の静止は人間だけに見られる現象で，思春期までの間に神経系を十分に発達させるためと言われている。この頃から，言語能力や思考力が著しく伸び，自我がよりはっきりしてくる。

　3歳児では，基礎的な運動能力は一応育ち，話し言葉の基礎もでき，個人差はあるものの食事・排泄などもほぼ自立する。ひと通りの基本運動はできるようになるが，心肺機能や筋肉の発達はまだまだ未熟であるため，この時期の子どもにとって，全身の持久性を必要とする運動や，負荷が強すぎる運動は，適切ではない。

　この時期，歩くこと・走ることがさらに上手になる。あそびの中で，つま先歩き，かかと歩き，音楽に合わせて歩く，ラインに沿って走る，ゴールまで全力で走る，など，様々な歩き方や走り方を楽しく経験させたい。また，簡単なルールがわかるようになってくるので，シンプルな鬼ごっこを保育者と一緒に楽しむようになる。鬼ごっこは，緩急のある走り方や，身をかわす動き，走りながら友だちにタッチする

動きなど，多様な身体の使い方が含まれるあそびである。また，「跳ぶ動作」も巧みになり，少し高いところから飛び降りる，幅のあるものを飛び越える，ジャンプして物をとる，片足跳び（ケンケン）等，動きにバリエーションが出てくる。また，遊具をつかみ身体を保持できる筋力が高まり，固定遊具のあそびが上手にできるようになってくる。ブランコをこぐ，ジャングルジムを上り下りする，すべり台を滑る等，活発なあそびが好まれる。ひとつのあそびが長く続くことは少なく，他者のあそびに影響されてどんどんあそびが移り変わっていく。理解力が増し，友だちと一緒に順番を守って遊ぶことができるようになってくるが，子どもどうしのやりとりだけでは順番争い等のトラブルも多い。保育者の適切な関与が不可欠である。

6．4歳児：動的バランス能力が伸び，上手に動けるようになる

　この時期は神経系の発達がめざましく，全身のバランスをとる能力が発達する。また，動きが次第に洗練されてきて上手にできることが増え，「やってみたい」という意欲とエネルギーに溢れている。動きながら身体のバランスを巧みにとる力が高まるため，平均台，丸太橋，木登り，ターザンごっこ，巧技台あそび等が楽しくできるようになる。

　他者の動きに同調しながらリズムに合わせて動くあそびは，巧緻性を高める。大勢で手をつないでつながって歩くあそび（花いちもんめ，俵のねずみ等），肩に手をかけてつながってリズムに乗って歩く（汽車ごっこ，じゃんけんジェンカ等）では，途切れないであそびを楽しんでいるうちに，他者に合わせて動きを大きくしたり，小さくしたり，時間的調整をしたりすることが自然にできるようになる。また，他者の身体にふれるあそびの経験は，大切である。手をつなぐこと，他者によりかかること，おんぶすること，等，子どもたちどうしの身体的やりとりをこの時期に十分に経験しておくことは，社会性の発達の観点からも不可欠である。

　上手に動けるようになってくると，一斉活動で楽しめる内容が増えてくる。保育者のピアノに合わせて動く活動（リトミック等），いすとりゲームやフルーツバスケット，長縄とび，サッカーあそび，リレーあそび，等，様々なあそびを，保育者の援助のもとで仲間と一緒に経験することで，子どもたちの中に「すきなあそび」，「やりたいあそび」のイメージが生成し，「みんなで遊ぶと楽しい」という気持ちが育ってくる。一方で，自由あそびの中で生まれる集団あそびの機会も大切にしたい。友だちとのあそびが活発になる時期ではあるが，人数が多すぎると子どもだけでは上手にあそぶことができない。あそびを継続させるためには，適度な自己主張や譲

歩が必要であるが，それを可能にする自己制御の力が，3歳〜4歳ごろから大きく伸びてくる。とはいうものの，調整する力は未熟であり，いざこざやけんかが生じやすい。保育者は，解決過程を見守りながらも，時機をみて援助することが必要である。

7. 5歳児：基本的動作の完成及び心理的（競争心）・社会的（協同性）発達

　5歳児では，生活に必要な基本的な運動技能がだいたいできるようになる。そのため，サッカー等のスポーツの模倣や，競争するあそび，（技術の向上を好む）上達するあそび（なわとび，竹馬，こままわし等）が好まれるようになる。また，社会性が育ち，「目的が同じ」仲間どうしで，イメージを共有してあそぶ姿が見られるようになる。協同するあそびの中で，競争や協力を楽しみながら，周囲と調和できるようになる。とはいうものの，「勝ち負けにこだわる」姿も5歳児の特徴であり，マット引きやリレーなど，チームで力を合わせて勝負するあそびが好まれる。また，「自分自身が最後まで勝ち残りたい」という思いも強くあり，しっぽとりやドッジボールなども好まれる。

　一方で，5歳児では子どもなりに運動の「できる・できない」がはっきりと意識されるようになり，運動ぎらいの子どもが出てくる。5歳児ではスポーツに近い運動あそびが好まれるようになるが，運動が苦手な子どもは尻込みしがちである。しかし，じゃんけん列車やどんじゃんけん等，勝ち負けが偶然に左右されるような運動あそびでは，運動が苦手な子どもにも勝利のチャンスがある。偶然の勝利ではあっても，周囲から賞賛されれば嬉しいものであり，自分から参加してみようという動機付けになる。保育者は，子どもたちの興味関心に応じて，鬼ごっこや伝承あそび等から様々な運動あそびを選んで提案できると良い。

　園の中では最年長の5歳児は，年の小さな子どもたちにとっては憧れの存在である。「わたしも年長さんになったら○○ができるようになりたいな」という思いで，年長児をみている子どもたちがたくさんいる。5歳児にとっても，自分たちを頼りにしてくれる小さな子どもたちと一緒に遊ぶのは，嬉しいことである。異年齢であそぶ機会を積極的に設け，低年齢の子どもに合せて遊ぶ経験が十分にできると良い。

7節　まとめ

　幼児期の運動発達は重力に抗した筋力と神経系の飛躍的発達により，めざましい

身体能力が獲得される。1 歳のよちよち歩きの子どもと 6 歳児のエネルギッシュな
力強い走りを比べてみるだけでも 5 年間の変化の大きさが理解できる。さらに多種
多様で高度な身体運動能力を獲得する感受性期であることを考えると，様々な環境
での運動経験を積むことが非常に重要である。幼少期に多様な身体活動経験が少な
いと，大人になってから多種・多様な身体技能を獲得することが困難になる可能性
もある。

　また，幼児期の発達は身体の大きさや力強さ巧さだけでなく，その内面に驚くべ
き発達が蓄積されている。知覚・認知力，感情の豊かさ，感性・創造力，競争心，挑
戦・勇気，達成感，喜び，思いやり，協調性，我慢強さなどである。身体を使って
自然の中で仲間と共に活動し，身体を使って仲間と共に作業する中に人間発達の力
が宿っているからである。一人で，動かないで室内でジーとしている環境では決し
て達成することができない人間の能力である。ヘックマン教授はこれを非認知能力
といい，幼少期にこの能力を育成することが将来の well-being，健康，幸福につなが
るとした。そして新保育・教育改革にある「幼児期の終わりまでに育ってほしい 10
の姿」の，1 健康な心とからだ，2 自立心，3 協同性，4 道徳性・規範意識，5 社会
生活との関わり，6 思考力の芽ばえ，7 自然との関り，生命尊重，8 数量・図形，文
字等への関心・感覚，9 言葉による伝え合い，10 豊かな感性と表現，があげられて
いるが，乳幼児期に自然の中で，仲間との十分な身体活動環境を整えることで，多
くの育ってほしい姿が実現可能であることが理解されるであろう。

第7章

連動して進む運動発達（骨格筋発達）と
脳発達の理解

1節　はじめに

　ヒトの生態的特徴から，重力に抗した二足直立歩行の獲得，ヒト特有の脳発達を獲得することが乳幼児の発育発達の目的であることは第Ⅱ部第1章で述べてきた。その発育発達過程は首のすわりに始まる運動発達（筋力発達）と脳－神経系発達が相互に連動しながら次第に手の機能の発達や言葉の発達を伴い，多様な身体機能と心理的・情緒的発達，共感性などの社会性の獲得につながっていくことを示した。それ以降の多様な身体機能の発達は脳の機能と連動して発達することは述べてきた。

　この章では，ヒトの身体活動（身体多様な身体能力）と脳の関連性についての理解を深めるために，運動科学および脳科学の最新の知見をもとに説明し，子どもの発育発達にとって身体活動（運動遊び）が健全な身体と脳発達にとっていかに重要であるかについて記述していく。

2節　骨格筋とは

　筋（キン）は，ヒトの身体を動かすために必要な駆動装置であり，動きが必要な部位には必ず存在している。また，近年の研究では全身性の代謝調節と関わっていること，筋量・筋力の維持が種々の病気を防ぐ手段として大変注目されている。そのため，筋は単なる運動器ではなく，ヒトの生命に関わる重要な臓器としても注目されている。

　筋は自分自身の意志で動かすことができる「随意筋」（横紋筋）と，自分の意志では動かすことのできない「不随意筋」（平滑筋）に分けることができる。ヒトの身体

を動かす筋は随意筋で，骨格筋がその中心となる（運動神経支配）。

　一方，心臓や内臓は自分の意志で自由に動かすことができないので不随意筋となる（自律神経支配）。ただし，例外として心臓の筋は横紋筋である。

　筋は体重の約 70％を占めていて，その種類は 600 以上にもなる。このうち，骨格筋は体重の約 40％を占めていて，その種類は約 400 になり，生体内最大の臓器となる。

　さらに近年では，骨格筋と脳機能との関連性についても研究が進んでおり，充分な骨格筋への刺激が与えられるような運動を実践することによって脳由来神経栄養因子（BDNF）が増加し，脳の神経回路（シナプス）のつながりを強化し，機能を向上させ，成長を促し，ヒトの学習効率に好影響を与えることがわかっている。

　このように，骨格筋が果たす役割は多岐にわたり，人にとって非常に重要な臓器の 1 つといえるエビデンスが数多く報告されている。

　そこで，筋骨格系の発達過程と脳の発達について理解を深め，それらの発達に欠かすことのできない幼少期における運動遊びの大切さも併せて説明していく。

　本章では，骨格筋について運動器としての役割はもちろん，生体に及ぼす影響，特に脳との関連性について説明していく。

3 節　骨格筋の基礎的理解

1.　骨格筋の構造と機能

　1 個の筋肉（A）には多数の筋線維を結合組織で包む群（B）が多数あり，筋線維は多数の筋原線維（C）から構成されている。筋原線維（D）には規則正しい縞模様

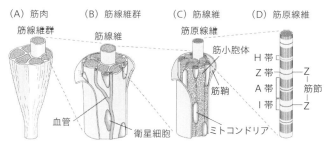

出典　看護 roo：https://www.kango-roo.com/learning/2096/ より

図 7-1　骨格筋の構造と機能

（横紋）があり，A帯，I帯，H帯，Z帯等が観察される。筋線維の部位により屈折率が異なるために，横紋が見られる（図7-1）。

4節　骨格筋が果たす重要な役割

骨格筋には，以下のような役割がある。

①身体を動かす，安定させる

骨格筋は骨と骨（関節）をつなぎ，収縮することで身体を動かす駆動装置としての役割をもっている。また，関節を安定させることで姿勢を保つ役割も果たしている。

②身体を守る働き

外部からの衝撃に対して身体を守る働きをもっている。

③ポンプ機能

心臓から送られた血液は全身をめぐり，再び心臓へ戻ってくるが，心臓から遠く離れた身体部位からの血液は勢いが弱くなる。そのときに，血管の周辺に位置する筋肉が動くことで血液循環を促す。これは「筋ポンプ作用」と呼ばれ，人にとっては非常に重要な働きを担っている。下肢の筋肉はこのような働きから「第二の心臓」とも呼ばれている。

④熱を維持し，代謝を促進する

ヒトの体温はおおよそ36度前後に保たれているが，この体温の熱産生の約60%を筋肉が占めている。生命維持に必要な身体の熱を産生しているため，筋肉量が多い人は基礎代謝が高くなる。

⑤免疫力を高める

リンパ球などをはじめとする免疫細胞は，グルタミンと呼ばれるアミノ酸によって活性化する。このグルタミンは筋に多く蓄えられている。

⑥ホルモンの産生

骨格筋が産生するホルモンは，筋や骨の形成や再生，抗炎症作用，糖質や脂質の代謝，さらに，心筋細胞や血管内皮細胞の保護など生命維持に重要な役割を果たしている。近年では，脳（中枢神経系）に対して非常に重要な影響を及ぼしていることが多数報告されている。

⑦水分を蓄える

ヒトの身体の中で，最も水分を多く保持しているのは筋である。健康な成人男性

で体重の 60％，女性では 55％であるといわれている。筋が少ないと身体に水分を蓄えておくことが難しいため，高齢者や子どもは脱水症状を起こしやすいと考えられる。

　このように，骨格筋はヒトの生命維持との関わりがとても深い運動器でもあり臓器でもある。

⑧筋力発達が乳幼児期に不可欠な理由

　乳幼児期に運動が不足すると抗重力筋は十分な発達ができない。抗重力筋とは，その文字が示す通り，重力に抗って姿勢を保つ筋で，ヒトの特徴である直立や直立二足歩行を獲得するためにも非常に重要な筋となる。具体的には，脊柱起立筋，腹筋群，腸腰筋，大腿四頭筋，前脛骨筋，大臀筋，ハムストリングス，下腿三頭筋，頸部伸筋・屈筋群などがある（図 7-2）。抗重力筋は，前後・左右に位置し，それぞれ拮抗的に働くことで姿勢を保持する働きを担っている。

　乳児における首のすわり，うつ伏せ，寝返り，ハイハイ，立ち上がりから歩行に至るまでの過程は，まさに抗重力筋の発達過程といっても過言ではない。

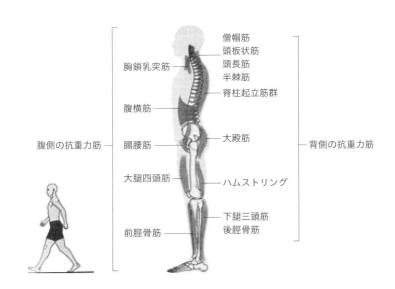

図 7-2　腹側と背側の抗重力筋（村岡，2014）

5節　筋肉の働きの理解（姿勢から）

1.　座位姿勢による運動発達

　乳児による座位姿勢の獲得は，姿勢バランスの安定性を供給する視覚，前庭・迷路覚，体性感覚の統合システムの発達には欠かせない。また，座位姿勢は，上肢による随意運動の側面および目と手の供応といった視覚と体性感覚の統合の側面など神経や感覚系の発達を促すものとなる。

　さらに，座位は頭部を支える頸部や肩甲骨帯周囲，そして肩甲骨帯や上肢帯を支える体幹や骨盤帯周辺の抗重力筋や脊柱の伸筋群の活動が高められ，それにより姿勢の安定性が高まり，上肢の滑らかな安定した随意運動を促す。

2.　立位姿勢による運動発達

　立位の獲得は，ヒトにとって移動を最適化する歩行の発達へつながる不可欠な要素となる。重力に抗して支持基底面の狭い立位を安定させるために，頸部・体幹だけでなく積極的な下肢および大臀筋の筋力による関わりが重要となる。特に，床面と足部が接触するため，下腿筋活動が立位姿勢バランスの安定性に不可欠となる。

　しかしながら，立位を獲得した後しばらくは支持基底面を広げた姿勢（大股）であり，股関節周辺筋の働きによって側方へのゆらぎを減少させる。一方，前後方向へは容易に転倒することもある。このとき，下肢筋の固有受容器（体性感覚）からの積極的な脳に対するフィードバック情報がそのコントロールには重要である。特に足底（足裏）にはメカノレセプター（感覚受容器）が多く存在していて，足底の圧力変化から，どの方向に身体が傾いているかなど瞬時に神経を介して脳（一次体性感覚野→二次体性感覚野）へ情報を伝達し，運動野（一次運動野）が筋をコントロールし立位姿勢を保つことができている。また，このメカノレセプターは，足の裏に刺激があることで発達する。安全を確保した状態で裸足で過ごし，足裏，足指を刺激するような活動を実施することが重要となる。

3.　歩行と運動発達

　歩行は身体が環境（外界刺激）と相互作用することで，フィードバックが起こり，その情報を脳に伝え，それに基づき脳は情報を記憶する。この環境は発達において重力であり，重力下での運動制御を学ぶ。

　脳は記憶した情報に基づき，環境を予測的に捉える。その予測情報に基づいて身体を円滑に制御していく（図7-3 A）。これが歩行における予測定制御メカニズムである。これに関係する中枢神経系としては，実行系には脳幹・脊髄，調節系には大脳基底核・小脳，発動系には大脳辺縁系・大脳皮質が関与し，それらの神経ネットワークが発達することで歩行が円滑に行われるようになる（図7-3 B）。

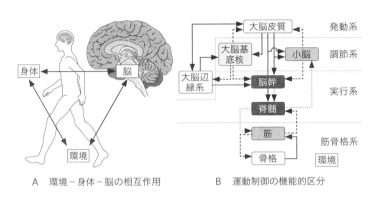

A　環境−身体−脳の相互作用　　　B　運動制御の機能的区分

図 7-3　環境の予測と制御のメカニズム（森岡，2015，p.39）

　また，ヒトが歩行する際のリズム生成と協調性をコントロールするのが中枢パターン発生器 CPG（Central Pattern Generator）である。CPG は歩行をはじめとする移動や呼吸運動のようなリズミカルな運動を自動的に発生させる神経回路網を指す。脊髄の CPG では屈筋と伸筋による屈曲伸展の交互運動を生み出し，小脳中間部では，歩行誘発野からの情報と四肢からのフィードバック情報の両方を受け取り，歩行に関する内部モデルを作り出している。

　歩行が移動手段として確立するためには，①抗重力機構，②足踏み運動，③平衡反応，④推進力が必要とされる。身体を支える筋力とバランス，両力の要素が発達すると独立歩行が可能となる（図7-4 参照）。様々な地面状況での歩行練習が必要なのはこのためで，単純な床だけでの歩行では，多様な情報を脳につたえることができない。多様な身体能力を獲得するには，多様な場面（状況）での歩行練習が必要となる。

　以上のように，子どもの発育発達において骨格筋は姿勢制御，運動発達など非常に重要な役割を担っているのみではなく，環境からの情報を中枢神経系にフィードバックすることによって神経系の発達も同時に促していることがわかる。

①自動歩行
②自動歩行消失
③随意的な歩行運動パターンの出現
④援助歩行の獲得
⑤ハイガード姿勢による直立自立歩行
⑥ローガードによる直立自立歩行
⑦頭部と体幹を直立させた自立歩行

これらの順序によって歩行が発達して
いきます。

図 7-4　乳児直立歩行の 7 つの段階（Mc Graw, 1945）

6 節　運動遊びと脳の発達

　運動・身体活動が呼吸循環器系や骨格筋系の機能向上，肥満の予防改善など生活習慣病に関わるような疾患の予防・改善に効果があることは言うまでもなく，脳にも作用し気分や認知機能を高めることが認められている。しかしながら，子どもたちの現状を見ると，外遊びの減少やスクリーンタイムの増加により，身体活動量は低下していると考えられる。これらの状況による運動・身体活動の減少は，子どもの健全な脳の発育を阻害しかねない。

　ここでは，身体活動と脳の発達について述べていく。

1. 脳の発達

　脳は神経細胞（ニューロン）とグリア細胞の塊のようなものとなります。その発達を表す指標に，神経細胞の髄鞘化があげられる（図 7-5）。1 つの神経細胞は，他の神経細胞から放出された神経伝達物質を受けて興奮し，その興奮は神経線維を通して伝導し，さらに他の神経細胞へ向けて神経伝達物質を放出する。この神経線維における興奮の伝達速度が速くなることが神経細胞の発達を表す指標となる。つまり，髄消化によって電気信号（インパルス）が漏れないでストレートに他の神経細胞に伝わるようになる。

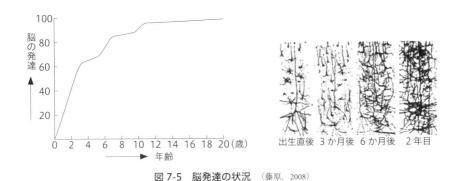

図 7-5　脳発達の状況　（藤原, 2008）

2.　シナプスの強化によって動きは習得される

　脳内に存在する神経細胞（ニューロン）である細胞体から情報の送り手となる樹状突起（軸索）と，受け手となる次の神経細胞にある樹状突起との間にあるシナプスによって情報は伝えられる（図 7-6）。しかしシナプスとシナプスは直接接触しているわけではなく，わずかに隙間（シナプス間隙）があり，そのシナプス間の情報のやり取りによって神経細胞は活動している。1 つの神経細胞は樹状突起とシナプスによっておよそ一万の神経細胞と連携している。

　神経細胞の伝達はシナプスで神経伝達物質という化学物質に変換し情報を伝えていく。このように脳内では神経細胞同士が手をつないで（電気信号と化学物質）情報を伝えている。

　1 つの動作が完成するまでには，その動作を繰り返し練習する必要がある。発育発達過程で重要なことは，繰り返し使われるシナプスは強化されていき，使われないシナプスは消滅していくことである。例えば，言語の習得など，文化や風土の違いによって，生存のために習得しなければならない言語が身に付いていくのは，繰り返しその音素（言語）を聞くことによって，他の音素を聞き分けるシナプスは消滅していくことがわかっている。生き延びるための適応現象として考えることができる。

　他にも，手を握る機能をみても，最初にクレヨンを握り，殴り書きから，線，波，丸を描くことができ，5 〜 6 歳でようやく三角の頂点が合うようになり，繰り返しの練習によって，箸が使える，字が書けるようなる。走る動作や運動発達も同様に，自転車の乗りこなしも，同じ動作の繰り返しによって，その動作に関わる神経細胞のシナプスが強化された結果，洗練され動きの習得が可能となる。

　動きが完成して洗練されるためには，繰り返しの練習は不可欠なのである。

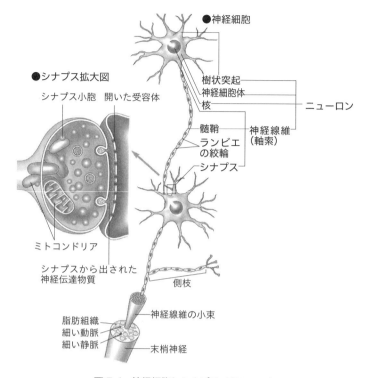

図 7-6　神経細胞とシナプス（浅野, 2002）

3. 脳が発達する順序

　脳は, 脊髄→延髄→橋→中脳の順に脳幹部から発達していく。中脳の上には視床下部, 視床と呼ばれる脳幹と大脳をつなぐ間脳がある。大脳辺縁系は, 間脳と大脳のつなぎ目を覆うような形で位置している。さらに間脳の上に大脳が位置している。

　大脳には深い溝があり, 後部から後頭葉, 側頭葉, 頭頂葉および前頭葉に分けられている。大脳の発達順序は, 後部から前方へと発達し, 前頭葉は最後に発達をする。

　ヒトの場合, 前頭葉が特に発達をしていて, 特に前頭前野は高度に進化している。

4. 脳の主な働き

　ヒトの脳の働きは非常に複雑でまだ不明な点も多くあるが, 大きく3つに分けて考えることができる。

①命を守り育てる脳

　脳幹部と間脳の視床下部，さらに大脳辺縁系を中心とした「命を守り育てる」脳である。我々が日々健康で生活を送るために働いている部位になる。また，直接的に生存に関わる働きをもっている。

　生きる意欲・欲望の中枢・情緒の源・記憶の源・生体の生活リズム・脳の覚醒状態をコントロールしている。

②知覚を統合する脳

　視床と大脳の後頭葉，側頭葉，頭頂葉の「知る働きを統合する」脳である。視覚・聴覚・空間認知など様々な抹消神経からの情報を統合・情報の記憶と整理をしている。

　我々が五感（視覚・聴覚・触覚・嗅覚・運動感覚）から得た情報刺激は，身体の末梢神経から脳（中枢神経）の脳幹部を通過し，一旦視床に集められる。視床を通過した情報刺激は，後頭葉には視覚情報が，側頭葉には聴覚・嗅覚情報が，頭頂葉には運動感覚（体性感覚）の情報が集められ，各部位でこれまでの記憶と統合して分析し，再編成していく。頭頂葉は各部で再編成した情報をさらに統合する高次認識機能をもっている（図 7-7）。

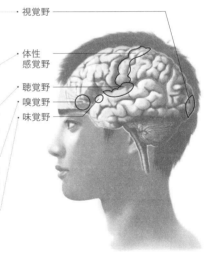

視覚
目の網膜に入った光の情報は，視神経を経由して大脳の視覚野で色，形，動きなどの要素に分けられて処理される。

体性感覚
全身の受容器から脊髄に伝えられ，そこから大脳の体性感覚野に伝えられる。

聴覚
耳の鼓膜を振動させた音の情報は電気信号に変えられ，聴神経を通って，大脳の聴覚野で音として認識される。

嗅覚
鼻の嗅粘膜にある嗅細胞でとらえた情報は，大脳底部の嗅球を通り，大脳の嗅覚野に送られ，においとして感知される。

味覚
舌の味細胞がとらえて電気信号に変え，味神経を伝わって大脳の味覚野に送られ，はじめて味を感じる。

・視覚野
・体性
　感覚野
・聴覚野
・嗅覚野
・味覚野

図 7-7　五感が伝わるしくみ（篠浦，2015，p.71）

③人間らしく生きて行動するための脳

　前頭葉の働きである「生きて行動するための」脳である。ここでは人間性（パーソナリティ）をも担っている。ヒトが幸福感を追求できるのも前頭葉のおかげであるということができる。

　社会性，言語性，行動性，感情性および創造性などの人間らしさが人格にまで高められていく。

　前頭葉は大脳の中で最後に発達し，生涯にわたって発達する可能性をもっているが，老化や未発達状態が起きやすく，未熟である場合には社会性が未熟で，感情のコントロールが難しくなる部位であるとも考えられている。すなわち，どう判断し，どう行動（行為）するかは，円滑な人間社会を営むためにも重要である（キレやすい，自己中心的である）。最終的にどう判断してどう実行するかは，脳内の各種の情報を得た上で前頭葉が判断（評価）し，運動野が調節・実行する。このようにして，日々活動するために脳は協働して情報を集積し，実行している。（哺乳）動物の脳は活動することを目標につくられてきた。

5.　環境が脳に及ぼす影響

　脳の重量や神経細胞の樹状突起の発達には，孤独に生活するよりも集団で生活をする方が良いと考えられている。

　ヒトが社会生活を営む上で，他者に共感する気持ちがコミュニケーションを円滑に進めている。そのためには，他者と自分が異なる存在であることを理解し，他者の言動から他者の考えを推察する必要がある。ヒトにおいては，4歳頃から徐々にこれらのことが可能になる。これが社会的認知の始まりである。この能力に関与しているのがミラーニューロンである（図7-8）。ミラーニューロンは，他者の様子（表情・行為・言動）を見て自分の行う行動と同様の行動であることを理解したときに反応する。鏡に映すように他者の姿を自分の姿に重ねるという意味で名づけられた。ミラーニューロンは運動機能に関係する運動連合野腹側部に多く存在している。これらのシステムの働きによって，親や周囲の大人が行う言動や行動を模倣することで子どもは様々なことを学習していく。

　集団か個人かといった環境的要因による脳の発達に関する影響について調査した研究がある。

　ネズミを使った研究において，Aは標準的な環境において3匹で生活をさせる。Bは1匹で生活をさせる。Cは多くのネズミと広い環境下で，遊具を使って遊びなが

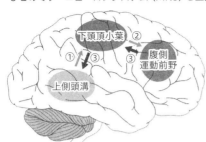

ひとのミラーニューロンシステム（MNS）と主要視覚入力（色）の図式です。

①上側頭溝からの MNS への視覚入力
②頭頂葉の MNS から前頭葉の MNS への情報の流れ
③運動の遠心性コピー（予測される運動感覚と観察した運動の視覚情報間の適合，それを STS へ情報として送ります）。

人間のミラーニューロンシステム

ミラーニューロンシステムに影響する視覚入力

図 7-8　ミラーニューロンシステム（森岡，2015）

ら生活をさせる。以上のような環境下で生活したネズミの大脳皮質および脳全体の重量は，広い環境下で遊びながら生活をしている群が，孤独に生活をしていたネズミよりも増加することが明らかとなった（Rosenzweing et al., 1972）。また，異なった飼育環境下でのネズミの大脳皮質の樹状突起の分枝の発達も広い環境下で遊びならが生活をしている群が，他の 2 つの環境で生活をしていた群よりも多かった。つまり，樹状突起が多いということは神経終末の数が多いことを意味し，神経ネットワークが強化される可能性が考えられる。

　ヒトにおいては，出生直後および 3 か月後では樹状突起の発達はほとんど見られないが，2 歳頃では，樹状突起の発達が活発であり脳内のネットワークが著しく形成されていると考えられている。発達曲線を見ても，6 か月児で出生時の 2 倍，3 歳頃まで非常に速いスピードで発達し，6 歳では成人の約 70％，10 歳では約 95％まで発達をしている。

　身体運動能力（運動遊び）と脳の発達を考えると，この年齢の時期に多様な身体活動を経験し，多くの友だちと様々な遊びをすることが非常に重要であるといえる。

6.　子どもの元気と前頭前野・海馬の関連性

　前頭前野は，目的達成などの計画的行動としての実行機能を担っている。実行機能には，①自分の衝動を抑制する能力（抑制機能），②状況に応じて柔軟に対応する能力（シフティング機能）がある。これには，報酬系中枢である脳内ドーパミン作動性神経系の関与が考えられ，意欲ややる気の創出に加え，ネガティブな感情の制御（キレることを防ぐ）に影響するなど，前向きな社会生活に欠かせない能力（認

知機能, 意欲, 感情制御) に関連性が強いため, 人間性 (パーソナリティ) を担っている部位であるといわれている。この前頭前野は, 幼児期から青年期まで比較的ゆっくりと発達していくため, その間における環境要因の影響を受けると考えられる。

　内側側頭部にタツノオトシゴのような形をして位置している海馬は, 様々な外的環境刺激などにより生涯新しく神経が生まれる (神経新生) が起こる数少ない部位となる。この部位は, ある出来事に関する学習・記憶 (特にエピソード記憶) を担っています。また, 海馬は扁桃体 (海馬のすぐ隣に位置している感情を司っている) とともに喜怒哀楽などの情動の調整をしている。特に, ストレスの起点となる視床下部に対して抑制的に働き, ストレス反応の活性化に対して抑制する役割をもっている。海馬は, 外的環境が豊かなものか, ストレス環境であるかによって, その発育が強い影響を受ける。

　前頭前野と海馬の機能は, 発育期の環境要因から様々な影響を受ける。近年, より良い発育を促進できる環境要因として様々な教育的介入が検討されているが, その1つとして注目されているのが, 運動 (遊び)・身体活動である。

7.　体力・運動能力が高いほど認知機能が高い

　近年, 有酸素性能力の指標である 20m シャトルランテストの結果が良い子どもほど, 算数や読解力の成績が良いという報告がある。学力の基盤には前頭葉が関連している実行機能や海馬が担っている記憶能が関連していると考えられる。また, 学力のみならず, 実行機能を高く保つことが生活の質 (QOL) を高める可能性が考えられている。

　海馬については, 子どもの頃から行う運動によって海馬の神経新生を促進し, たとえ低強度の運動であっても効果があるといわれている。さらに, 有酸素能が高い子どもほど, エピソード記憶能の課題成績が良いとされている。また, 有酸素性能力は海馬の血流量と正相関することや有酸素性能力の違いにより海馬の形状が異なることなど, 海馬の発達と有酸素性能力には関連性が高いと考えられている。

　さらに, 近年では有酸素性能力以外の体力要素 (敏捷性や筋力など) も認知機能との正相関があるとの報告もあり, 体力の総合的な発達を促進する運動 (遊び)・身体活動の重要性が窺える。

8.　運動で変わる脳の働き

　運動 (遊び)・身体活動をすることによって, 骨格筋をしっかりと動かすと脳へ

様々な影響が現れる。これらは，骨格筋細胞から分泌されるタンパク質によるもので，総称してマイオカインと呼ばれている

①脳血流量の増加

身体を動かすことで全身の血流量が増加し，加えて脳の血流量も増加する。

②神経伝達物質やホルモンが増加

ドパミン，セロトニン，アドレナリンや GABA（gamma-aminobutyric acid）などといった神経伝達物質やホルモンは，運動によって体内での合成が促進される。

③脳由来神経栄養因子（BDNF: brain derived neurotrophic factor）

主に脳の海馬で発言する神経性因子で，神経細胞内の栄養となって新たな細胞が生まれるときや成長，維持，修復に利用されている。また，神経細胞のつながりを高め，ドパミンやセロトニンなどの神経伝達物質の合成を促進する。さらに，記憶を形成するときにも重要な役割を果たす。運動により BDNF が増加することで，意欲の向上，記憶の定着などの学習能力の向上，情動のバランスを整える。

コットマンとエンガサール＝セザール（Cotman & Engesser-Cesar, 2002）は，自発的なランニング運動によって BDNF が増加したことを報告し，運動は脳機能の強化に寄与することを示している。

④海馬の体積が増加

運動（遊び）・身体活動は，海馬の神経新生を促します。それによって，海馬の機能が向上する。オカモトら（Okamoto et al., 2012）は，ラットの実験において低強度の運動を 30 分／日，2 週間実施することで海馬の神経細胞が 30％増えたことを報告している。

⑤前頭前野の機能維持と向上

前頭前野は，同じ領域に存在する「運動野」や「運動連合野」に非常に近い場所に存在している。そのため，連動をすることで上記 2 つの脳血流量が増加することで，近くに存在する前頭前野にも同様に脳血流量が増加し活動が活発化すると考えられている。

身体を動かす運動遊びによって全身の骨格筋を使うことで，骨格筋の発達を促すとともに，運動による血流用の増加や骨格筋からのマイオカインが脳の海馬に影響を及ぼし脳の様々な発達を促す。

9. 運動経験によって変化する体性感覚情報処理

　筋収縮によって，抹消に生じた体性感覚情報は様々な伝導路を経て，大脳皮質運動野にフィードバックされる。スポーツなどの身体活動は，四肢（両手両足）の複雑で連続的な筋活動を含むことから，深部感覚および皮膚感覚が刺激され，抹消からの感覚情報が絶えず大脳皮質へ入力されている。そのため，よく身体を動かしているヒトは体性感覚野に入力された情報量は大きくなると考えられる。このことは，例えば脚の複雑な動きを必要とするサッカー競技者では，繰り返し練習することによって体性感覚情報の脳内処理速度を早め，動きがスムーズかつ正確に行うことを可能とするということが考えられる。

10. 長期記憶と短期記憶

　ヒトの記憶には大きく分けて長期記憶と短期記憶の２つがある。長期記憶はさらに陳述記憶（エピソード記憶の思い出や意味記憶の知識など，一般的に「記憶」といった場合のこと）と非陳述記憶（「身体で覚える」など無意識のうちに働くプログラミング記憶）がある。

　一方，短期記憶は比較的短い時間で忘れてしまう記憶で，基本的には「課題遂行のために必要な記憶」である。ヒトの複雑な認知作業においては，必要となる情報を一時的に利用できるような短期記憶として保持し，それを処理して実行するための仕組みをワーキングメモリ（作業記憶）と呼んでいる。例えば，足し算を繰り返し行って，１桁の数字が繰り上がり２桁目になった場合，繰り上がった数字を記憶しながら２桁目の計算をするといったように，一時的に記憶・保持したもので，基本的にはすぐに忘れてしまう。しかし，日常的に他者との関わりなどでは非常に重要な役割を果たしている。つまり，ヒトと会話しているときであっても，相手の話を聴きながら一時的に記憶・保持しながら応答するといった感じである。また，複数の作業を同時に行うなどの場合でも一時的に記憶・保持して，並列的に処理し統合しないと遂行できない課題がいくつもある。このときに脳の前頭連合野が活発に働いており，中でも特に背外側部が活性化している。ただし，前頭連合野だけではなく，多くの場合で同時に頭頂連合野などの他の部位も活性化している。そのため，前頭連合野を中心とした，多くの部位が連携して作業を遂行していると考えられる。

　この前頭連合野は，計画性，社会性感情コントロールなどの性格や社会的行動と深く関わっている。課題の難易度によって前頭連合野の反応が異なり，適度な難

しさの場合に最も活性化する。そのため，子どもたちの運動遊びでは，年齢に適した遊びをしながらも少し挑戦的なものを大人が考えることで，遊びながら子どもの発達を促すことができるといえる。

11. 運動とセロトニンの関連

　セロトニンは，精神を安定させる働きをもつ神経伝達物質である。平常心の維持に働くほか，交感神経の適度な興奮，痛みの軽減やより良い姿勢の維持などの幅広い働きをもっている。リズミカルな運動を行うことで，骨格筋の機能向上やセロトニンの分泌を促し脳の働きを活性化する。

　また，運動によるセロトニンの活性化は，抗重力筋につながる運動神経に軸索を伸ばして刺激を与える。その働きによって，首筋，背中，下肢などの抗重力筋に刺激が伝わり姿勢が良くなる。

　さらに，脳が発達する過程でセロトニンはシナプスの数とカルシウム透過性を維持することで，脳の可塑性を調整していると考えられている。幼児期における，脳細胞のシナプスの形成によるネットワーク化は重要である。このような時期に野外でリズミカルな全身を使った遊びを多く経験することで，運動出力と情報入力と関連付けるシナプス形成が促進される。そのため，セロトニンの分泌を促す運動実践は非常に重要となる。

12. 電子ゲームと脳の関連性

　近年子どもたちの遊びが，屋外遊びから屋内などで行う電子ゲームやスマートホンなどの携帯ゲームへ移行している。電子ゲームを長期間行うことで慣れてくると，前頭前野の活動はゲーム中に低下していく。前頭前野の機能低下は，ワーキングメモリなどの記憶に関連する部位の働きにも影響を及ぼす。

　また，電子ゲーム実施時の脳内酸素動態に関する調査によると，ゲーム中の前頭前野における酸素化ヘモグロビン，脱酸素化ヘモグロビンともに顕著な低下を示していたと報告されている。

　前頭前野は他の大脳皮質の連合野から皮質－皮質投射によって入力を受け，これによって正常な状態を維持している。しかし，ゲーム時には視覚情報が入力される視覚野，手を動かす運動出力がなされる運動野，皮膚や深部感覚情報に関与している体性感覚野における神経ネットワークが活発に働き，強化されることで，これまで常に前頭前野に情報を送っていた皮質－皮質投射による他の連合野から前頭前野

への連絡が途絶えた状態になってしまっている可能性が考えられる。また，このことは子どもの脳発達において非常に危険な状態であるといえる。大の皮質の神経細胞（ニューロン）に接しているアストログリア細胞は，栄養供給の援助や物質交換および物質代謝に関与し，脳血流量に影響をしている。しかし，皮質―皮質投射による入力を受けなくなると，ニューロン活動が低下し，それに伴い関連しているグリア細胞の働きも低下することで脳血流量低下を引き起こす。安静時と比較してもゲーム中は前頭前野の血流量が低下し，前頭前野のニューロンに何かしらの影響を与えている可能性が考えられる。これらのことからも，幼児期に身体を動かすことによって，大脳皮質のネットワークが強化され，前頭前野の機能を正常に保つことができると考えられる。

　さらに，呼吸を止め，ジーッと一点を見つめ身体を動かさない座位姿勢は，セロトニンの分泌を低下させる。長時間続ける電子ゲーム時の姿勢は，身体と脳発達にとってマイナス面が多くある。

13. 前頭葉機能を伸ばす身体活動

　前頭葉は，意欲，協調性，忍耐力，創造性などを司っていて，いわゆる非認知的能力について関連している。近年，集中に必要な興奮過程も，気持ちを抑えるために必要な抑制過程も共に十分育っていない子どもが増加している。集中力が維持せず，落ち着きのないこれらの特徴をもつ子どもは，わが国では男子に多いといわれている。

　しかし，身体活動を伴う遊びを積極的に取り入れ，特に子どもたちが走り回ったり，じゃれあったり，大声を出したりするなど興奮をむき出しにして遊ぶことを積極的に行うことで，前頭葉の機能に好影響を及ぼし改善する可能性が示されている。

　ヒトが生きる力として重要であると考えられている非認的能力は仲間との運動（遊び）を通して培われていると考えられる。そのため，子どもたちが安心して安全に遊ぶことのできる環境を大人・保育者は考えていかなければならない。

14. 小脳の働き

　小脳の働きは，運動の微調整と平衡感覚の調整の2つになる。

　小脳が運動を調整する仕組みとして，骨格筋，関節や骨などからの情報が感覚神経を通って小脳へ到達する。小脳はその情報を大脳皮質へ送り，運動野はその情報を処理し，適切な指示を小脳へ出す。小脳はその指示を受け運動を調節し末梢神経

へ送る。

　小脳は，感覚神経からの情報と大脳皮質からの運動指令をうまく調節し情報の誤差を無くす働きを担っている。

　また，小脳は身体の動かし方を記憶する働きも担っている。繰り返し練習し培われた身体の動きは小脳に記憶され，深く考えなくても動作を実行することができるようになる。さらに，小脳は練習中にうまくいかなかった記憶は消去しさる。その結果，うまくできた方法のみが記憶に残る。いわゆる「身体が覚えている」という状態である。

　近年の研究では，運動の効率化だけではなく，思考の高度化についても小脳が大きな働きをしていることがわかっている。

7節　まとめ

　これまで述べてきたように，運動遊びは，子どもの発達に必要な骨格筋や脳の発達にとって非常に重要な意味をもつ。運動遊びは，個々の発達を促すのではなく，遊びを通して，あるいは他者とも協働しながら遊ぶことで，身体的，精神的および社会的に総合的に発達させる。

・骨格筋は非常に重要な役割を担っている。単に身体を動かすための駆動力ではなく，全身の臓器，特に脳への影響は多大なものがあることを理解しておく必要がある。
・骨格筋の中で，抗重力筋は重力に抗い姿勢を保つために非常に大切となる。そのため，幼児期から身体を動かすことを習慣化し，骨格筋・抗重力筋の発達を促していく。
・運動遊びが骨格筋を刺激し，脳へ様々な影響を及ぼすが，そのためには無理やり身体を動かすのではなく，自ら自然と楽しく遊びを実践する環境作りが大切となる。
・脳や身体の発達を促すための運動遊びは，単純な遊びから複雑な遊びへ，簡単な遊びから少し難しい挑戦的な遊びへ，身体の一部を使う遊びから全身を使う遊びへ，ひとり遊びから集団遊びへと変化をさせることが重要である。
・他者との関わりをもちながらの運動遊びは，生きるために必要な非認知力を培うために重要である。

・運動遊びだけではなく，大人と一緒に大人の真似をしながら家族や園の一員としての役割をもち，お手伝いを通して身体を動かし様々なことを学ぶ機会にすることも非常に大切である。

　以下，本章で十分にふれることが出来なかったポイント等について，整理しておきたい。

【本章のまとめとポイント】
◇ヒトの脳は運動に関わる機能から成長を始める
　赤ちゃんの脳は，先ず始めに運動に関わる機能から発達を始める。生まれたばかりの赤ちゃんは，1日の大半を寝て過ごす。しかし，次第に手足を活発に動かすようになり，寝返り，おすわり，ハイハイなどのような身体活動ができるようになり，1歳になれば歩くことができるようになる。その頃になって運動に関わる機能の発達を追いかけるように，思考や感情に関わる機能，視覚や聴覚，記憶に関係する機能も発達していく。
　実際に身体を動かすときには，脳を中心とした非常に複雑な神経系が関わっている。ヒトが身体を動かすときに，何のためにどのように行動するのかを企画立案するのが大脳皮質の前頭連合野である。その目的を達成するために，運動野がどこの筋をどの程度動かすか具体的にプログラミングする。この行動プランは，さらに，大脳基底核や小脳によって微調整され，より精度を高める。そして，運動指令が脊髄を通り必要な筋に興奮が伝わり動作が行われる。実際の動作については，視覚や聴覚などの情報からその内容を確認し，フィードバックされた情報をもとにして，さらに修正が加わる。
　以上のように，運動（遊び）・身体活動は身体だけを使っているのではなく，様々な脳機能を連携しながら行っている。逆の面から見ると，脳機能を総合的に発達させるためには，積極的な運動（遊び）・身体活動を取り入れることが重要となる。

【保育者の支援のポイント】
◇身体と脳を発達させる運動遊び
　幼児期には，姿勢制御系，移動系，操作系運動スキルを発達させながら，さらに仲間と共に楽しく運動できるように環境を整えておきたい。
○3〜4歳頃

　バランスをとる動き，移動する動きを経験する。例えば大小，重い，軽い，多様な形の物を持ち運ぶ，並べる，降ろす，上げる，皆と協働して。
　　Ex：滑り台，ブランコ，鉄棒など

○ 4 〜 5 歳頃
　投げる，捕るなどの操作系運動スキル。
　　Ex：ボール投げ，縄跳びなど

○ 5 〜 6 歳頃
　動きの多様化と洗練化→連動した動きの獲得
　　Ex：走る＋蹴る（ドリブル）：移動系・操作系の組み合わせ。
　　　　複雑な運動への挑戦やルールのあるゲーム性のある運動。

◇調整力向上をねらいとした運動遊び
（コーディネーション遊び）5 つのポイント

1. 両側性（左右の偏りがない動き）例えば，右足でボールを蹴ったら左足でもボールを蹴る。右手でボールを投げたら，左手でも投げてみる。など。

2. 複合性（異なる運動を組み合わせる）例えば，ボールをつきながら（ドリブルしながら）ジャンケンをする。など。

3. 対応性（条件を変化させる）例えば，いつも整地で走っていたら，不整地で走ってみる。プールなど水中での遊びを取り入れる。など。

4. 不規則性（マンネリ化しないように）例えば，遊びのルールや条件を変えて行う。など。

5. 変化度（運動強度や難易度を変化）例えば，簡単なことから徐々に難しい課題へ挑戦していく。など。

◇園や家庭で可能なお手伝い活動内容
　様々な用具を用いることに挑戦。特に家庭では役割分担をし，家族の一員としての自覚をもたせ，親（大人）と共に仕事をしながら楽しく様々なことを学ぶ機会とする。

・調理道具を使って料理のお手伝い。
・お掃除。特に，雑巾しぼりや雑巾がけを行う。
・小刀を使って鉛筆を削る。
など。

COLUMN④ ....

乳幼児（0 ～ 2 歳）の握力平均値

　出生後からの運動発達は筋力と神経系との連動的発達によって発現していく。

　筋力発達は乳幼児の身体発達には不可欠である。そこで乳幼児用の握力計（図 A：竹井機器製 T.K.K.1269r）を用いて（0，1 歳には 5kg 用，2 歳児は 10kg 用）乳児の握力を測定した（田口ら，2017）。

　対象児数 313 名（最小年齢，3 週間）で，年齢 6 か月ごとの握力平均値は，0.0 ～ 0.5 か月は 0.8kg，0.6 ～ 0.11 か月は 1.05kg，1.0 ～ 1.5 歳か月は 1.45kg，1.6 ～ 1.11 歳ヵ月は 1.72kg，2.0 ～ 2.5 歳か月は 2.31kg，2.6 ～ 2.11 歳か月は 3.00kg であった（図 B）。

　握力平均値と年齢，体格との相関関係（r）は，年齢とは 0.74，身長とは 0.71，体重とは 0.68 で，これまでの幼児の握力調査での結果と，乳児でも同様であることが実証された。握力の性差は 1.0 ～ 1.05 歳か月と 2.6 ～ 2.11 歳か月で有意差があったものの，その他の年齢区分では有意差は見られなかった。各年齢区分での最高値は 0.0 ～ 0.5 か月は 1.22kg（男児），0.6 ～ 0.11 か月は 2.01kg（5 児），1.0 ～ 1.5 歳か月は 2.66kg（男児），1.6 ～ 1.11 歳ヵ月 3.63kg（女児），2.0 ～ 2.5 歳か月は 4.45kg（男児），2.6 ～ 2.11 歳か月は 5.53kg（女児）であった。

　ちなみに幼児の握力調査（春日ほか，2013）では 3.5 歳は 4.08kg，4.0 歳は 5.36kg，4.5 歳は 5.87kg，5.0 歳は 6.70kg，5.5 歳は 7.58kg，6.0 歳は 8.79kg。女児は 3,5 歳は 3.60kg，4.0 歳は 4.56kg，4.5 歳は 5.54kg，5.0 歳は 6.02kg，5.5 歳は 7.17kg，6.0 歳は 7.92kg である（図 C）。

乳幼児用握力計（5kg 用）握り棒と記録表示のアンプ

5 か月児の測定

3 歳児の測定

図 A　乳幼児の握力平均値（田口ら，2017）

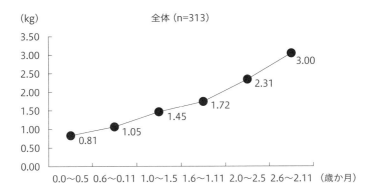

図 B　乳幼児（0 〜 2 歳）の握力平均（田口ら，2017）

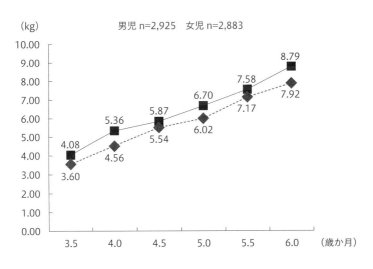

図 C　幼児（3.5 〜 6.0 歳）の握力平均（春日ら，2013）

第8章

運動発達と心理（アタッチメント）・社会的発達の理解

1節 はじめに

　社会の進展に伴い，我々は直接的にふれあう機会がこれまで以上に少なくなった。逆説的だが，この状況は人と人との直接的なつながりの価値を再認識させてくれているように思う。そもそも人は何もできない状況で生まれてくる。歩くのに1年もかかる動物は他にはいない。それでもここまで人が繁栄したのは，密接な社会を築く能力があったからではないだろうか。翻って現在の日本社会は，第Ⅰ部第3章で述べたように，デジタル社会が進展し，個人主義的社会（都市化，核家族化）など様々な要因によって孤立化がより一層進んでいるように見える。子どもの自己肯定感の低さ，子どものうつ，子どもの体力の低下，子どもの貧困，虐待の増加など子どもをめぐる様々な問題の根っこにも，人同士がつながる力が社会全体で弱まっていることが関係していると思われる。

　人同士がつながる力は幼少期に養育者との間で築かれる基本的な信頼関係をベースとして発達していく。その関係性をモデルとして自分も他人も信頼できる，守られるべき存在であるという認識が心に刻まれる。そして，養育者の存在は絶対的安心感を子どもに与え，そのことで子どもは自律して探索できるようになる。養育者との基本的信頼関係は，人とつながる力だけでなく，自律し行動する力も育成するのである。本章では人間関係を形成するために必要不可欠な情緒と社会性の発達について，アタッチメントの観点から詳述するとともに，それらの考え方をベースとして，子どものうつ，虐待について考察する。また，アタッチメントから見た保育者の関わり，運動遊びについても述べる。

2 節　情緒の発達

1.　情緒の定義

　情緒とは，『大辞林』（三省堂）によると「人にある感慨をもよおさせる，その物独特の味わい」と，心理学用語である「情動」という 2 つの意味がある。ここでは情動と同じ意味での情緒を扱う。具体的には，生活の中で起こる様々な感情（怒り，恐れ，喜び，不安，満足など）とそれによるドキドキする心臓の鼓動などの身体の変化やそれによる表情や声の変化などの表出をまとめたものを情緒とする。

2.　情緒の発達

　ルイス（Lewis, 2008）によると人は生まれたときから未分化ながら情緒をもっているとしている。すなわち満足・興味・苦痛の 3 つである。これらの情緒は，生後 6 か月までの間で満足は喜びに，興味は驚きに，そして苦痛は悲しみ・嫌悪から怒り・恐れへと分化していく。1 歳の後半ぐらいになると客観的な自己意識の確立とともに，照れ・共感・羨望という新しい感情が生まれ，さらに，2 歳半から 3 歳にかけて，善悪の判断が育ってくるのと同時に，罪悪感，誇り，恥といった情緒もみられるとしている。

　泣くという行為は情緒の発達によって意味合いが変わってくる。泣くことは生後 3 か月頃までは生理的な不快が原因であったものが，3 か月から 6 か月頃までには怒りや悲しみに，生後 7 か月から 12 か月頃まではアタッチメント（愛着）形成（後述）もあって親の姿が見えなくなることで不安で泣くようになる。そして，生後 12 か月以降になると自分の要求が通らないことで泣くようになるなど，明確な意思をもって泣くようになる。

3.　養育者との関わりの中で発達する情緒

　これまでルイスの理論について述べてきたが，人の情緒や性格は，当然ながら本人の気質（生まれながらにもつ特性）と親をはじめとする養育環境などが相互に影響して発達していくものである。気質の違いはあるものの，養育者の養育態度によって情緒の発達は大きく影響を受ける。例えば，お腹を減らした赤ちゃんがおっぱいをたくさん飲んで生理的欲求が満たされたときにふっと微笑むことがある（主に寝ているときが多いといわれている）。これは生理的微笑といわれ，生理的に快状態の

ときに反射的に笑顔になるものだといわれている。このような生理的微笑★を見た養育者は，「楽しいね」「嬉しいね」と笑いかける。一方で，赤ちゃんが泣いているときに養育者は，「悲しいのね」と悲しそうな表情で応答する。赤ちゃんは養育者が同じ表情をすることで，「ママも同じ気持ちだ」と少しずつ理解していく。このようなやり取りが繰り返されることで，赤ちゃんは，「自分は嬉しいんだ」「自分は悲しいんだ」と自分の今の情緒と，情緒と表情の関係を理解していく。つまり，赤ちゃんから出されるいろいろなサインに対して，しっかりと受け止めて，応答していくことが豊かな情緒につながると考えられる。このような赤ちゃんとのやり取りはミラーリングといわれ，赤ちゃんの心の状態を養育者が社会的な鏡となって表現することで，やがて子ども自身の心の理解と他者の心の理解につながっていく（遠藤，2017）。また，このような情緒の分化は，感覚にも同様に当てはめて考えることができる。例えば，不快で泣いている赤ちゃんに対して，養育者が「お腹が空いたんだね，おっぱい飲もうね」「オムツが濡れて気持ち悪いね，交換しようね」と適切に対応することで，空腹による不快とお尻が冷たい不快とを分けることができるようになる（滝川，2017）。

　　　【注釈】快適な状態による生理的微笑に対して，2，3か月くらいから人の顔を見て笑ったり，
　　　声を聴いて笑ったりすることを社会的微笑という。これを赤ちゃんの発達過程から2月革命
　　　と呼ぶ。

　注意しなくてはいけないのは，このような養育者の働きかけは赤ちゃんからのサインを受けてからその不快な状況を解決していくという，サイン－承認－応答という流れが必要ということである。この流れの中で赤ちゃんは自分が何らかのサインを出せば不快な状況が解決されるということを理解し，その結果として自分の働きかけで環境を変えることができるという確信が生まれてくると思われる。この確信は，自己効力感である。自己効力感とは，先はわからないが挑戦したらできるかもしれない，という主観的確信いわば根拠のない自信であり，この強さが様々な経験の差を生むと考えるとその後の人生を左右するといっても過言ではない。一方で，赤ちゃんの欲求を先取りして，不快な状態を体験させずに常に満たされた状態を続けたとき，このような自己効力感は育成されないであろう。さらに，養育者の働きかけは，一貫したものでなければならない。ある時にはサインを見逃し，ある時はサインがないにも関わらず先取りして働きかけるなど，一貫した働きかけがない場合，情緒や感覚，欲求などの分化が進まないだけでなく，「自分が○○をしたら，こ

うしてくれるはずだ」という見通しや期待をもつことができずに，不安になると思われる。

　虐待を受けた子どもの中には，真冬にTシャツだけでいても何も感じないというような感覚の異常をもっていたり，自分自身の感情を理解できなかったりする子がいるといわれており，目の前の子どものサインを見逃さずに受け止め，表情豊かに応答していくことが情緒や感覚の発達に極めて重要であることが理解できる。

　ここまで子どもの様々なサインへの承認と応答，一貫した対応の重要性について述べてきたが，そのような対応を完璧にこなすのは現実には難しいと思われる。実際には，ある程度うまくいっている親子関係であっても，子どもが出したサインに対して適切に対応できる場合と不適切な対応をする場合と，それぞれが半々であったという研究もあるようだ。むしろ，そのときにうまく対応できなかったとしても，その後にフォローできるかどうかが重要だと思われる。子どもは，最初の対応は自分の要求とは違っていたのでさらなるサイン（激しく泣くなど）を出し，適切な対応を養育者から引き出していく必要に迫られる。そして，その要求が満たされたとき既に述べた子どもの自己効力感や，自己主張，自律性といったものが育成されるのである。

4. 安定した情緒に欠かせないアタッチメント（愛着）

　子どもは，不安や怖れを感じたときに泣きながら養育者にくっつこうとする。養育者はそんな子どもをぎゅっと抱きしめる。子育て時にはそのようなことが日常的に繰り返されるが，そんな日常的なくっつきに大きな意味があることがわかってきた。子どもは養育者にくっつくことで不安などのネガティブな感情を解消すると考えられている。このことがアタッチメント（愛着）理論の本質である。アタッチメントとは，人がネガティブな感情を抱いたときに，身体的にも心理的にも，特定の人にくっつくことでネガティブな感情を調整しようとする欲求であり，くっつくという行為そのものを意味する（遠藤，2019a）。アタッチメントは愛着と訳されているが，その中に愛情という意味は含まれていない。特定の人との間にアタッチメントが形成される中で愛情は育まれるということである。例えば，カルガモの親に子どもが後をついてまわるのはアタッチメントである。人の場合は，動物と異なり，身体がくっつくことだけでなく，気持ちの上でくっつくこともアタッチメントとして機能する。子どもが不安や恐れなどを感じたとき，そのネガティブな感情を調整するために近くの保護してくれる人にくっつき，ネガティブな感情をニュートラルな

状態にしていく。そのようなことが繰り返されることで，何かあったら子どもはその人のところにいけば絶対に大丈夫だと感じることができる。出生時から生後6か月くらいまでは，比較的不特定の人にアタッチメントを求める傾向があるが，生後6か月を過ぎると特定の人との間にアタッチメントが形成されていく。その特定の人は，子どもにとっての「安全な避難所」となり，さらに感情が落ち着くと今度はそこを拠点にして，元気をたくさんもらって自由に探索行動をとることができるようになる。このとき，「安全な避難所」は，「安心の基地」としての機能ももつようになる。「安心の基地」とは，何か自分に脅威が迫ってきても，いつでもアタッチメントの対象となる特定の人の所に戻れば安心であるという確信のことである。このように乳幼児期のアタッチメント形成は情緒の安定に重要なだけでなく，自由に安心して探索行動をとるための拠点ともなる。また，アタッチメントの力を借りて情緒の立て直しをする経験を積むことで，今度は子ども自身が情緒を制御する力を身に付けていく。子ども自身の情緒を制御する力は，養育者によって制御，調整されることによって身に付けていくものだと考えられる。

3節　社会性の発達

アタッチメントは社会性の発達に関しても本質的に重要である。幼少期のアタッチメント経験の差によって，自分や他者に対する信頼感に多大な影響を及ぼすことが示されている（遠藤，2019b）。繰り返しになるが，子どもは不安や恐れ，あるいはやりたいようにできないフラストレーションなどを感じたとき，自分の身を守ってくれる養育者にくっつくことで，そのネガティブな感情を制御する。この経験の繰り返しは，自分には何かあったときに守り，包んでくれる，確かな存在がいることを自覚させる。そのことは，ひるがえって，自分は守り，愛される存在である，という自己肯定感に直結するというのである。そして，アタッチメントが形成された養育者との関係性は，それ以外の他者との関係性のモデルにもなるようである。つまり，養育者との間にアタッチメントが形成された子どもは，養育者との間の基本的な信頼関係をベースに，自分も他人も信頼できるものである，という根本的な受け止め方が身に付くのである。そう考えると，乳幼児期の養育者との関係性はその後の人間関係に決定的な影響を与えるといってよい。

アタッチメントの欲求はだれでももっている基本的な行動傾向であるが，養育者の対応の違いによってアタッチメントのあり様は異なることが示されている。すな

わち，回避タイプ，安定タイプ，アンビバレントタイプである。これらのタイプは
ストレンジ・シチュエーション法という，1歳から1歳半の子どもと母親を対象と
した実験から明らかにされている。母親と子どもが実験室に入り，母子で遊んでい
る場面で，母親が実験室から退室し子どもと別れるときと，入室して再開するとき
の子どもの反応をみるというものである。以下に，それぞれのタイプ別の特徴とそ
の背景について示す。

　回避タイプは，母親と離れても泣いたり混乱することがなく，再開しても母親を
避けるタイプである。母親と離れても行動上は落ち着いて見えるが，実際には身体
反応からストレス状況にあることがわかっている。ストレス状況にあるにもかかわ
らず，養育者に積極的にくっつこうとしないというのが特徴である。回避タイプの
子どもの養育者は，子どもに対して拒否的に振る舞うことが多く，対面しても微笑
むことも身体的接触も少ないことがわかっている。子どもが泣いたり，苦痛のサイ
ンを出していてもかえってそれを嫌がり，離れてしまうこともある。

　安定タイプは，母親と離れるときに泣いたり混乱したりするが，再開するとすぐ
にくっつき，簡単に落ち着きを取り戻すことができるタイプである。このタイプの
子どもの養育者は，子どもの変化に対して敏感であり，適度に子どもに接すること
が多い。

　アンビバレントタイプは，母親と離れると非常に強い不安や混乱を示し，再開時
には母親にくっつこうとする一方で，激しく怒って叩くこともあるタイプである。
このタイプの子どもの養育者は，子ども変化に対してあまり敏感ではない。子ども
の情緒の調節も苦手な場合も多い。子どもからのアタッチメントのサインがあった
としても，養育者の気分や都合によって対応したりしなかったりすることがある。
子どもが同じことをしても，その応答に一貫性がなく，タイミングがずれることが
ある。

　これらのアタッチメントの個人差は良い悪いということではなく，子どもがその
養育環境の中で養育者にくっつくかもしくは近くにいてもらうようにするために適
応した結果と考えることができる。回避タイプでは，子どもがぐずったり，泣いた
りしてサインを送ることでくっつこうとしても養育者が拒否的に行動することが繰
り返されることで，むしろ泣いたり，近づくことをやめた方がまだ安心できるとい
う学習が成立したのだと考えられる。しかしながら，既に述べたように，養育者が
離れて平然としているように見えても，心身はストレスフルな状況にある。それで
も，この方法で対処するのが一番だと判断しているのだと思われる。アンビバレン

トタイプは，養育者の気まぐれによって子どもへの応答がまちまちであり，子どもにとっては見通しが立ちにくいということがある。何をしたらくっついていられるのか，ずっと一緒にいてくれるのかわからずに不安定な状態であり，結果として養育者へのサインが非常に大きくなると考えられる。養育者にべったりくっついて中々離れられないことが増えるが，一方でそれでも安心感が得られないためにそこから離れて思い切って遊びにいくこともできないという状態である。安定タイプは，養育者が子どもの変化に敏感に応答しながらも，過剰に働きかけることなく見守っている，そのような養育環境にある子どもに多い。

　さて，すでにアタッチメントが形成されている養育者との関係性をモデルとして他者との関係をつくっていくことは述べた。では，これまでみてきた3つのタイプのアタッチメントによって人間関係の形成の仕方はどのように異なるのであろうか。生後12か月の子どもを対象に，アタッチメントのタイプ別にどのような人間関係を期待するのかを見るための実験が行われている（遠藤，2019b）。アニメーションを活用した実験で，親と思われる大きな○とその子どもと思われる小さな○が起こす行動に対して，子どもがどの部分をより長く見続けるかを確認することで，その子どもが期待している行動を見極めるというものである。最初は大きな○と小さな○はくっついて移動しているが，やがて山が現れると大きな○は小さな○を置き去りにして山を登ることになる。それに対して，小さな○は泣き声を出して震えるのである。その後は2つの異なる場面が示される。1つは，大きな○は小さな○を無視してそのまま登るというもので，もう1つは大きな○はすぐさま小さな○に駆けつけるというものである。これらの2つの場面に対して，安定タイプの子どもたちは大きな○が無視して登り続ける場面を凝視するのに対して，不安定タイプ（回避タイプとアンビバレントタイプの総称）は大きな○が小さな○に駆けつける場面を凝視した。子どもは自分が期待しているものが裏切られたとき，その裏切られた場面を驚いて凝視するという特徴があると考えると，安定タイプの子どもにとって小さな○が泣いているときに大きな○が戻ってくるのは当然のことだという認識がある一方で，不安定タイプの子どもはそのことは期待と反する行動であることを示している。

　上記の実験は，幼児期のアタッチメントの経験は，養育者以外の他者に対しても，養育者がしてくれていたこと，養育者がしてくれなかったことを期待するようになること示している。安定タイプの子どもは，育ててくれた養育者と同じように他者に対しても，危機が訪れたときは助けてくれる善意のある人だと自然に感じられる

ようになる。一方で，不安定タイプの子どもは，たとえ受容的で温かい笑顔で接し
てくれるような大人であっても，自分の養育者と同じようにこの人も自分を助けて
くれるはずがない，いずれは自分のもとから離れてしまう人だと感じてしまうのか
もしれない。この他者への感覚の違いは，人間関係を築く上で根源的な違いを生む
と思われる。安定タイプは，容易に他者と良好な関係を築きやすいが，不安定タイ
プは，他者は自分に対して無関心であり悪意をもっているという感覚をもっている
ために，円滑な関係を築き難いことが想定される。

4 節 子どものうつと養育環境

　1970 年代までは子どもはうつ病にかからないとされていたが，それ以降子ども
でもうつ病に罹ることが示されるようになり，日本においても子どものうつ病が認
知されるようになった。海外の研究では，児童期の大うつ病の有病率は 2.8 ％，青
年期で 5.6 ％という報告や，12 歳から急激に有病率が増加し，15 歳では成人の有
病率と変わらないとする研究もある（傳田，2013）。日本では，小学生の 7.8 ％に
うつの傾向があるとする 2003 年の調査がある（下山，2020）。幼児期の子どもの
うつ病についての報告はないが，子どものうつを考える上では，むしろ幼児期の子
どもとその養育者のストレスの状況が大きな影響を与えていることが考えられる。
これまで論じてきた乳幼児期の子どものアタッチメント形成が，その後の子どもの
心身のストレスに大きな影響を与えることがわかっているからである。
　乳幼児期の子どもは養育者の助けなしでは生きていけない。それは，様々な子ど
もの心身の状態を乱すような刺激（暑さ，寒さ，飢え，感染，怪我，不安や恐怖な
どの情緒など）に対して，大人であれば身体の反射的な反応も含めて適切に対処で
きるが，心も身体も未熟な子どもはその対処を養育者に助けてもらう必要がある。こ
のような心身の状態を一定に保とうとする性質を恒常性というが，乳幼児期の子ど
もはこの恒常性のかなりの部分を養育者に依存している存在だといえる。不安や恐
怖といった情緒面の恒常性を乱すような刺激には，養育者にくっつくことによって
心の状態をノーマルに戻し，恒常性を維持する。つまり，アタッチメントは子ども
の心の恒常性を維持するための働きであることがわかる。しかし，不安定タイプの
アタッチメント体験を繰り返している子どもは，養育者にくっついても容易に心の
状態はもとに戻らないことが想定され，慢性的なストレス状態になりえる。このこ
とは恒常性の発達を阻むことになり，ちょっとしたことで心身の調子を崩したり，一

度調子を崩すと中々もとに戻らなかったりする状態になる。このように考えると，子どものうつの増加の背景には，乳幼児期の養育環境の変化が関与しているのかもしれない。

5 節　虐待と養育環境

　警察庁によると，2019 年の児童虐待の摘発件数は 1972 件，虐待の疑いで児童相談所に通告した子どもの数は 9 万 8222 人であった。また，厚生労働省の発表では，2018 年の全国の児童相談所での相談対応件数は 15 万 9850 件と，いずれも過去最高の件数となっている。深刻な状況だといわざるを得ない。ここでは，被虐待児はどのような状況にあるのかアタッチメントの観点から述べる。

　アタッチメントタイプには上述の 3 つに加えて，無秩序・無方向タイプ（以後，無秩序タイプ）といわれるものがある。これまでの 3 つのタイプにおいては，養育者とくっつくための方略として整合的で組織的な行動をとっていたのに対して，無秩序タイプはその名の通り整合性のない行動をとるタイプである。顔をそむけた状態で養育者に近づくことがあったり，養育者に抱きついたと思ったら床に倒れこんだり，あるいは突然にすくんだり，うつろな表情を見せたりすることがある。このタイプの子どもの養育者は，精神的に不安定で，子どもをおびえさせている可能性がある。実際に，虐待にさらされながら育った子どもの 8 割以上がこの無秩序タイプであったという調査もある（遠藤，2019c）。

　このように被虐待児は不適切な養育によってアタッチメントの機能不全が起こっている。そして，その結果として他者への不信感，否定的なイメージが形成されると考えられる。そのため，被虐待児は本来であれば自分を助けてくれるであろう人たちであっても信頼できず，関係を築くことが容易でないことが多い。さらに，子どもの情緒や感覚，欲求が正常に分化していく過程には，養育者が子どものサインを敏感に察知して，その状況について表情とともに言語で示していく，サイン−承認−応答が重要であることはすでに述べた。被虐待児の場合，この承認と応答に関しても適切に行われないことが想定され，そのこともあって自分や他人の情や感覚などの理解が難しい可能性がある。実際に，被虐待児の表情の捉え方に関して，他者が示す表情の中でも怒りの表情に敏感な一方で，悲しみ，苦しみには鈍感であることが多いといわれている。また，被虐待児は，守ってくれるべき養育者からの虐待により極めて強い恐怖や不安を感じることが想定されるが，それだけでなく，そ

の負の情緒の状態を解消すべく働くアタッチメント欲求を満たすこともできない可能性が高く，二重の意味で大変な状況であると考えられる。虐待体験はトラウマだけでなく，心身の脆弱性も生じさせる。上述した通り，アタッチメントは心の恒常性を維持するための根源的な仕組みであり，その機能不全を起こしている被虐待児は生命維持装置である心身の恒常性が未発達になっていると思われる。

　緊急時には被虐待児の命を守るために養育者から引き離すことは必要不可欠なことである。被虐待児も一時的に安心するが，忘れてはいけないことはどんなにひどい養育者であってもその被虐待児にとってはアタッチメントの対象であるということである。その子どもをケアするためには，アタッチメント関係を築き，安全の避難所，安心の基地となる人が必要となる。

6節 保育者の支援と関わり

　主たる養育者とアタッチメントを形成した子どもであっても，他者とアタッチメントを形成できることがわかっている。その関係は，主たる養育者のそれと質的に異なる可能性も指摘されている。保育者と預かった子どもとの間で形成されるアタッチメントの可能性について以下に述べる。

　生後12か月頃の子どもと保育者との間の安定的なアタッチメント形成は，その後の9歳までの時期の保育所，幼稚園，学校において仲間や教師との良好な関係構築と関連するようである（初塚，2010）。この関係性は，主たる養育者とのアタッチメントと関連がなかったことから，保育者とのアタッチメントには積極的な意味があると思われる。また，たとえ主たる養育者との間でのアタッチメントが不完全なものであっても，保育者との間でのアタッチメントは子どもの情緒や社会性の発達に補完的に機能すると思われる。では，保育者と子どもとのアタッチメント形成においてポイントはどこにあるだろうか。3つに分けて考えることができる。1つ目は，身体的，情緒的に応答的にケアをしていること，2つ目は，子どもの生活の中で，連続的で一貫性がある養育を行うこと，3つ目は子どもに対して情緒豊かに関わっていることである。

　保育でのアタッチメントは，3歳未満の場合は複数担任の場合でも，子どもにとって，今はだれにくっつけばよいのか，見通しが立つようにすることが重要になる。また，家庭とは異なり集団生活の中でのアタッチメント関係は，子どもたち同士のやり取りに敏感に対応することで，保育者と一人ひとりの子どもとの関係においても

アタッチメントができる。

7節 運動遊びとアタッチメント

　子どもが養育者から離れて思い切り遊ぶことができるのは，養育者との間にアタッチメントが形成されているからである。何か危険なことが起こってもすぐに養育者のもとに戻れば大丈夫だという確信が子どもの積極的な探索行動を生む。そして，集団で運動遊びをするようになると，養育者とのアタッチメントを通じた関係性をモデルとして，他の子どもたちとも関係を築いていくようになる。アタッチメントが安定タイプの子どもは自分の養育者を信じて疑わないように，他の子どもに対しても基本的に信頼して接するようになる。一方で，不安定タイプの子どもは，自分の養育者に対して健全な信頼関係ができていない場合があり，他の子どもに対して素直に接することができないことが想定される。このように考えると，養育者とのアタッチメント関係が集団の運動遊びの中での人間関係にも大きく影響を与えることは想像に難しくない。

　また，集団の運動遊びの中で成熟していく重要な能力として共感能力がある。この基盤をつくるのもアタッチメントである。自分や他者の気持ちを推し量ることができるようになるのは，養育者の承認と応答の中で，養育者の表情や言葉かけによって育成されていくからである。

COLUMN ⑤ ....

同調圧力と子どもの自立

　2020年1月以降，世界中の人たちが，新型コロナウイルスによる感染症やその予防ために制限された生活を強いられている。その状況下において，被害者である感染者を犯罪者かのように誹謗中傷する人たちがネットを中心に報道されるようになった。この背景には，同調圧力といわれる，自分が関わっている「世間」の意見に従わなくてはいけないという圧力(雰囲気)が働いていると思われる。それによって息苦しさを感じる人も多いのではないだろうか。感受性の豊かな子どもにとっては，そのような空気は子どもの「うつ」状態を発生させる見えない力となるだけでなく，「いじめ」を誘発する土壌（遠因）となる可能性がある。子どもの心身の健全育成の観点から，社会の様相を改めて分析し，見直すことも必要であろう。

　子どもたちが同調圧力に負けずに自立して生きていくためにはどうしたらよいだろうか。ヒントは，18世紀ヨーロッパの思想家J.J.ルソーの著作『エミール』にあるように思う。ルソーは『エミール』の中で「小さな大人」としてしか存在することができなかった子どもについて，大人ではない「子どもの時代」があり，それに応じた相応しい教育が必要であることを主張したのである（ルソーが「子どもの発見者」といわれる所以である）。その教育の最終目標は，「自分のために生きるとともに，他者のためにも生きることができる」自立した人間を育成することであった。そのためにまずは，幼児期から児童期に教師は何かを教えることではなく，子ども自身の自然の欲求を大切にして自然の中で徹底的に遊ばせることが最重要であるとした（自然が主席の教師である）。子どもの心身の開放と自由を求めたこの考え方は，現代においても重要な示唆を与えているといえよう。

　そもそも未熟で生まれる人の子どもは生得的によりよく成長しようとする本能をもって生まれる。その成長する力は，子どもが自分の思うように活動する中で育成されるものであって，大人の考え（価値観，都合）を押しつけるものであってはならない。子どものもつ発達する力は，養育者の受容的な関わり（承認と応答）がベースにあって，様々な運動遊びの中で導かれ，心理的素養（パーソナリティ）や社会的素養とともに，集中力や注意を制御する力など非認知能力が育成され結果として人間形成につながっていくものであろう。

第9章
生活習慣の形成と健全な発育発達の理解

1節 はじめに

　幼児期における基本的生活習慣の獲得は大変に重要であり，まさに生涯にわたって生きる力の源となる。しかし近年の子どもの心身の変調にこの基本的生活習慣の乱れが影響していることが指摘されている。なかでも日本の子どもたちの睡眠時間は年々減少し，世界で最も睡眠時間の短い生活習慣となっている（神山，2009）。これまで各章で述べているように，人は生き物であり哺乳動物で，なかでも昼行性の動物であることを忘れてはならない。ヒトは昼間に活動し，太陽が沈むと活動を停止し，入眠する習慣を何百万年と続け進化してきた。人間の生理的機構もそれによって構築されている。本章は子どもの健全な発育発達の土台となる生活習慣について，なぜ一日の生活を整えることが大切なのか，そのためにはどのように対応しながら，子どもの生活習慣の確立を支援するかについて考えていく。その際，子どもの生活習慣確立のエンジンとなる運動習慣については，別項で扱うこととする。

2節 生活習慣の基本的考え方：
乳幼児の生理的リズムが生活習慣の基本である

　生活習慣の確立は大切である。しかしだからといって部分的に基本的生活習慣だけを取り出して実施することではない。例えば「幼児の睡眠は大切だ。だからしっかりと10時間は寝かせよう」と，眠らせることだけに重点を置いて行うことは間違いである。学生の皆さんもそうであろうが，「人は，8時間睡眠が必要だから今日から8時間眠ろう」と考えたとしても，実際は6時間で目が覚める日もあれば，10

時間眠ってしまうこともあるだろう。しかし重要なのは 8 時間睡眠ができるように 1 日の生活を整える，そのために課題を早めに終わらせたり，十分に身体を動かして適度な満足感（身体疲労）を得ることで，ぐっすり熟睡できる 8 時間睡眠をとれるようにすることである。熟睡によって成長ホルモンの分泌は促進され，成長することと，疲労の回復（細胞の修復）が図られ安定した 1 日の生活リズムが獲得される。このことが本当の意味での生活習慣の獲得である。

　このような生活習慣の獲得には，幼児期からの安定した生活リズムの形成が大変重要になってくる。保育の基本は，大人の生活時間に合わせることではなく「子どもの生活のリズムを大切にすること」である。

　そしてこの生活リズムは，生理的なリズムを基礎として形成されていくのであるから乳幼児の生理的な欲求を充足させることからはじまる。よく動くこと，しっかり眠ること，しっかり食べる（飲む）ことが中心であり，これらはすべて連動しており，よく動くことでお腹が減り，しっかり食べることでしっかり眠ることができるのである。さらにこれらがうまく回転していくことで心地よく，満足し，情緒が安定し，相乗的にさらに充実したものとなっていくのである。大人はどうしても時間に縛られてしまう。「7 時に起きて，8 時には園に行き，5 時に迎えに行く」という風に。しかし生活リズムを形成していく子どもたちは，時間で一日を行動しているわけではないことを忘れてはいけない。しっかり眠ることができたら目が覚めるのである。この欲求に満たされた生活リズムが子どもたちにとっては健康な生活を送ることにつながるのである。当然そこには子どもたち一人ひとりの生理的なリズムあり，家庭環境も考慮し，それを受け止めて保育を行うことが重要である。

3 節　日光を浴び活動することから始まるサーカディアンリズム形成

　そもそも，生物には生まれながらに生体リズムをもっている。これは「体内時計」と呼ばれ，人間の場合，24 ± 4 時間周期のものを「サーカディアンリズム」という。この生体リズムを支配しているのは日光の光である。目から入る光が両目の網膜から大脳へ伸びる視神経の交わる場所にある脳の視床下部にある神経核に伝わり，1 日の睡眠−覚醒，活動，体温，ホルモン分泌，血圧等の生命制御を担っている。昼間は交感神経が緊張しやすく活動に適した生理的状態を維持し，休息や睡眠時には副交感神経が優位となり，栄養補給や筋肉の緊張を弛緩させ，疲労の回復やダメージを受けた細胞の修復に適した生理的環境を用意する。体温は午前 8 時頃から上昇

しはじめ，午後2〜3時に最も高くなり，それから徐々に下がっていき，夜間を通して低く，朝方午前3〜4時頃最低体温となる。このように生理的機能は我々の無意識のうちに日中は活動的，夜間は活動を抑え眠りにつくというサーカディアンリズムに基づく生理的リズムを形成している。

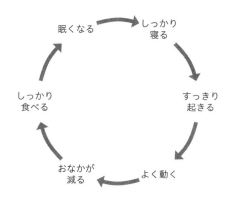

図9-1　子どもの生理的リズムを考慮した一日の生活リズム

　誕生後からはじまる生活リズムを形成には，生理的機能の発達に合わせ，戸外で日光を浴びて活動的に動くことからはじまり，お腹がすいて空腹となり，そして空腹が満たされると自然に眠りにつくというサーカディアンリズムに基づく生活リズムができるのである（図9-1）。このサイクルが健全な発育発達の土台となるもので，子どもの育ちはこの生命の生理的リズムを乱さないように環境を整えることが大切である。

4節　保育者の生活習慣形成に対する基本的姿勢

　生活リズムを形成していく上で，生理的リズムをもとに睡眠，食事，排泄，清潔，衣服の着脱を身に付けていくことが重要である。これら5つが「基本的生活習慣」と呼ばれており，これらは自立し社会に出ていくための第一歩といえる。ではこれらの基本的生活習慣はどのように身に付いていくのであろうか。そこには，保育者の支援が大きく関わってくる。決して指導ではなく支援が中心である（表9-1も参照）。
　基本的生活習慣の基礎を形成していく時期の乳児では，保育者の語りかけが特に大切である。例えば食事のときに「今日は何かなあ」「ご飯おいしいね」「お味噌汁

表 9-1　新保育・教育 3 法における生活習慣のねらいと内容

	乳児	1 歳以上 3 歳未満児	3 歳以上
ね ら い	食事，睡眠等の生活のリズムの感覚が芽生える。	健康，安全な生活に必要な習慣に気付き，自分でしてみようとする気持ちが育つ。	健康，安全な生活に必要な習慣や態度を身に付け，見通しをもって行動する。
内 容	• 保育士等の愛情豊かな受容の下で，生理的・心理的欲求を満たし，心地よく生活をする。 • 個人差に応じて授乳を行い，離乳を進めていく中で，様々な食品に少しずつ慣れ，食べることを楽しむ。 • 一人一人の生活のリズムに応じて，安全な環境の下で十分に午睡をする。 • おむつ交換や衣服の着脱などを通じて，清潔になることの心地よさを感じる。	• 保育士等の愛情豊かな受容の下で，安定感をもって生活をする。 • 食事や午睡，遊びと休息など，保育所における生活のリズムが形成される。 • 様々な食品や調理形態に慣れ，ゆったりとした雰囲気の中で食事や間食を楽しむ。 • 身の回りを清潔に保つ心地よさを感じ，その習慣が少しずつ身に付く。 • 保育士等の助けを借りながら，衣類の着脱を自分でしようとする。 • 便器での排泄に慣れ，自分で排泄ができるようになる。	• 保育士等や友達と触れ合い，安定感をもって行動する。 • 保育士等や友達と食べることを楽しみ，食べ物への興味や関心をもつ。 • 健康な生活のリズムを身に付ける。 • 身の回りを清潔にし，衣服の着脱，食事，排泄などの生活に必要な活動を自分でする。 • 保育所における生活の仕方を知り，自分たちで生活の場を整えながら見通しをもって行動する。 • 自分の健康に関心をもち，病気の予防などに必要な活動を進んで行う。
内 容 の 取 扱 い		• 健康な心と体を育てるためには望ましい食習慣の形成が重要であることを踏まえ，ゆったりとした雰囲気の中で食べる喜びや楽しさを味わい，進んで食べようとする気持ちが育つようにすること。 • 排泄の習慣については，一人一人の排尿間隔等を踏まえ，おむつが汚れていないときに便器に座らせるなどにより，少しずつ慣れさせるようにすること。 • 食事，排泄，睡眠，衣類の着脱，身の回りを清潔にすることなど，生活に必要な基本的な習慣については，一人一人の状態に応じ，落ち着いた雰囲気の中で行うようにし，子どもが自分でしようとする気持ちを尊重すること。また，基本的な生活習慣の形成に当たっては，家庭での生活経験に配慮し，家庭との適切な連携の下で行うようにすること。	• 健康な心と体を育てるためには食育を通じた望ましい食習慣の形成が大切であることを踏まえ，子どもの食生活の実情に配慮し，和やかな雰囲気の中で保育士等や他の子どもと食べる喜びや楽しさを味わったり，様々な食べ物への興味や関心をもったりするなどし，食の大切さに気付き，進んで食べようとする気持ちが育つようにすること。 • 基本的な生活習慣の形成に当たっては，家庭での生活経験に配慮し，子どもの自立心を育て，子どもが他の子どもと関わりながら主体的な活動を展開する中で，生活に必要な習慣を身に付け，次第に見通しをもって行動できるようにすること。

おいしいね」「あったかいご飯はおいしいね」「たくさん食べたね」「残さなかったね
え」など，また衣服の着脱の際「暑いからお着替えしようね」「汗をたくさんかいた
からお着替えしようね」「寒いからお洋服を着ようね」，着替えが終わったら「気持
ちいいね」「すっきりしたね」「あったかくになったね」など，その動作 1 つひとつ
と快不快の感情を言葉として表現していくことが大切である。このとき決して，沈
黙して食べさせることや，乳幼児と向き合わずにお着替えをするだけの「作業」と
して行ってはいけない。

　ダナ・サスキンド（Suskind, 2015 ／掛札，2020）は，その著書の中で「豊かな
言葉環境」の重要性を述べているように，子どもたちの生活における言葉の数が子
どもたちの脳に多大な影響を及ぼしている。考えてみれば，なんの言葉も知らない
子どもたちが，自己表現や感情，また世界を，言葉を通して学んでいくのであって，
言葉・表情・態度による対応的環境を充実させることは，保育者が生活リズムの獲
得を子どもたちに伝える場合でも，子どもたちが学んでいく際にも，まさに共感的
な対応的環境を通しての総体的保育につながるのである。また，この語りかけの繰
り返しが，子どもたちの「一緒に食べる食事は楽しい」「お着替えは気持ちいい」か
ら，「楽しく食事したい」「お洋服が汚れたからお着替えをしたい」という主体的気
持ちにつながるのである。これがベースとなり，「自分でやりたい」という主体性が
芽生えたときに，基本的生活習慣を自ら身に付ける意欲につながるのではないだろ
うか。そしてこれこそが非認知能力（主体性）の萌芽といえるものである。

　自ら主体的に行動したい時期には，基本的生活習慣を身に付けていきたいという
気持ちももちろん入っている。「スプーンで食べる」「一人でおしっこへ行く」「自分
でボタンをはめる」などと自主性「自分で，自分で」を発揮する時期である。

　2 歳頃から身体運動能力が発達し様々な行動ができるようになると，子どもたち
の活動範囲も大きく広がる。そんな中，世界へ興味をもち好奇心が旺盛なこの時期
に，自分で様々なことを行いたいのである。それまでは周りの大人にしてもらって
いたことを自分の力でやりたいのであって，そこには努力や大変さというものはな
く，ただただやりたいのである。この態度が大切で人本来の自然な発達なのである。
「自分で，自分で」を繰り返すのもこの時期である。このときに身の回りのことを自
分自身で行うことにかなりの時間がかかるが，そのときは少し待って応援すること
が大切である。例えば園服のボタンをすることも，大人よりも大きなボタンで，や
りやすくなっているが，子どもたちにとっては挑戦で，特に首に近い方に来るとな
かなか見ることが難しく，自分の見たものと，手の動きが一致できず，苦戦する様

子はよく見られる。そこでさっと手伝ってしまえば，結果として「園服を着る」ことは完了してしまうが，本当の意味で子どもたちが基本的生活習慣を身に付けたことにはならない。時には手を貸さず，見守ることも重要である。できたときに子どもたちが味わう達成感の援助につながるのである。

　この時期の自己抑制や忍耐力は大人になってからの生活に大きく影響を与えることを理解しておこう。まさに非認知能力（自己抑制，忍耐力，興味，意欲）の萌芽である。

5 節　基本的生活習慣を身に付ける

1．睡眠による脳および身体の成長を促す成長ホルモンの分泌

(1) 睡眠が発育発達に不可欠な意味：眠ることで発達する脳とからだ

　現在の子どもの睡眠時間の減少傾向は発育発達しなければならない子どもにとって健全な発育発達が脅かされる事態といえる。世界的な企業であるジョンソン・エンド・ジョンソン（Jonson & Jonson）の 0 ～ 36 か月の子どもの睡眠時間の調査では，日本の子ども平均就眠時刻は 21 時 18 分で，昼寝時間が 2 時間 11 分，合わせた総睡眠時間は 11 時間 37 分と調査 17 か国中最も短かった。最も長かったのはニュージーランドの 13 時間 18 分であった。子どもの睡眠時間だけでなく，OECD の睡眠時間調査でも日本の大人（15 ～ 64 歳）の睡眠時間は平均 7 時間 22 分と加盟国中最も少なく，加盟国の平均は 8 時間 25 分であった。このように日本社会の夜型化が進み，共働き家庭が増え大人の生活リズムが少なからず子どもの生活に影響を与えていることを物語っている。

　未熟で誕生し，脳の発達を優先しなければならない乳幼児の睡眠は人間本来の発育発達を獲得する上で大変重要である。新生児の脳重量は 400g でおよそ 6 ～ 12 か月で倍増し（700 ～ 800g），4 歳には大人の 80％（1100g），6，7 歳で 90％（1300g）の成長をみる。すなわち脳は幼少期に急激に発達し，成人（1400 ｇ）の域にまで達する成長をみる。その乳幼児期の発育発達する成長エネルギー（酸素＆栄養）は眠ることによって獲得されるのである。脳重量は体重の約 1/40 ～ 1/50 の重さしかないが，脳細胞が必要とする酸素量は全酸素量の 20％といわれる。脳細胞は体細胞の 8 ～ 10 倍の酸素を必要とするのである。例えば，急激な脳の発達をみる新生児は一日のほとんどを寝ているという理由はここにある。新生児は脳の成長を一点集中として，授乳，オムツ替え，沐浴以外は寝ているのである。

　これが乳幼児期は人間形成の礎であるとされ，昔から「寝る子は育つ」といわれる根拠である。

　睡眠−覚醒のリズムや時間も個人差はあるが月齢ごとのおよその睡眠時間は以下のようである。

新生児：20 〜 22 時間：ほぼ 3 時間おきに授乳，それ以外は寝ている

2 か月：16 〜 18 時間：起きている時間にあやすと喜びの表情や喃語が出て，周りに反応する社会的微笑が出現する

3 〜 5 か月：14 時間：起きている時間は手足を活発に動かしオモチャでの遊びや絵本読みを喜ぶようになる。徐々に夜間中心の睡眠に移行し，昼・夜 24 時間の生活リズムができる

6 か月：13 〜 14 時間：夜間中心の睡眠リズムができ，午前睡と午後睡で合わせての睡眠確保

1 歳：13 時間：ハイハイや伝い歩きなど活発に動きまわり，日中は戸外での活動を好む

2 〜 3 歳：12 時間：歩行が完成し，走る，跳ぶなど手足を協調させた身体能力が高まっていく。子どもの身体活動に合わせて睡眠時間の調整が必要である。この頃まで，昼寝が必要である。

3 〜 5 歳：11 時間

5 〜 9 歳：10.5 時間

　以上がおよその発育発達に必要な睡眠時間であるが，現在は子どもの睡眠時間が減少している状況である。睡眠不足は子どもの心身の発育発達に重大な影響を与える。子どもの睡眠不足で生じる心身上の変調は以下である。

・発育発達不調（身長，体重の発育不足，運動発達，脳の発達の遅れ）

・活動量少ない

・意欲・気力の消沈

・情緒不安定，機嫌が悪い（ぐずぐずいって，泣いてばかりいる）

・皮膚の状態

・食欲不振

・頭痛，腹痛

・表情に乏しい

・昼間元気なく，すぐ横になる

・イライラ，怒りっぽい

・ケンカが多い

　このような睡眠不足による身体的・心理的症状を理解した上で，疾病につながる
ものか，生活上のトラブルなのかなど子どもの生活状況把握が必要である。

(2) 睡眠同調ホルモンとしての成長ホルモン

　睡眠によって誘発されるホルモンを睡眠同調ホルモンといい，成長ホルモン
（growth hormone）はその代表的なものである。脳下垂体から分泌されるホルモンで，
その名の通り成長を促進する作用をもち，発育発達期の乳幼児期は不可欠なホルモ
ンである。30 歳ぐらいから徐々に減少するものの，大人になっても代謝を調整する
作用があり，一生を通じて人の身体に必要なホルモンである。成長ホルモンは昼間
の活発な身体活動（運動）により熟睡すると分泌が増し，成長を促す作用が強化さ
れる。熟睡の場合寝入りから 30 分ぐらいで分泌がはじまる。（大人の場合，分泌が
高まるのは午後 10 ～深夜 2 時）反対に，成長ホルモンの分泌が少ないと低身長と
なるなど，発育が阻害されることがある。十分な活動と睡眠時間が健全な発育発達
には不可欠である。身体発育検査による身長，体重の発育が低調な場合，日常生活
習慣の調査が必要である。成長ホルモンの分泌が十分であるかどうかの検討が必要
だからである。成長ホルモンは活動（運動）不足，睡眠不足，栄養不足，ストレス
がある場合，低下するからである。

●成長ホルモンの主な作用
　小児期は成長促進作用
　①筋肉量，骨量を増加（肝臓，脂肪，心臓，血管，腎臓，リンパ球などに直接働きか
　　ける）
　②タンパク質の合成
　③糖代謝の促進（エネルギー供給）
　④脳の発達，記憶の促進
　⑤細胞の修復
　⑥免疫力を高める
●成長ホルモン分泌刺激因子
　運動，質の高い睡眠（熟睡してるかどうか），食事（タンパク質，アミノ酸）
●成長ホルモン分泌抑制因子
　運動（活動）不足，睡眠不足，ストレス，タンパク質不足

　睡眠時間と睡眠の質が確保されるだけで，子どもの発育発達の環境は整えられる。

睡眠不足により一生で最も発育発達しなければならない時期に人の心身の基盤（土台）が形成されないということは，将来の社会に向けての自立が危うくなるということである。生活習慣の中で，日光をあびて活発に活動すれば，おのずとお腹がすき，満たされれば，眠くなる。熟睡することで成長ホルモンの分泌が活発になり，脳に酸素と栄養が十分送られ，骨，筋肉，内臓すべて（免疫系）の発育が促進される。子どもは自然に外で遊ぶことを好む，歩けるようになれば，歓喜して歩き回り，2歳になればあっちこっち目もくれず走り回る。ルソーの指摘する通り自然の本性ゆえに，子どもは歩きたくて，走りたくてしょうがないのである。子どもの本来の要求を確保し，満たしてやるだけで，人本来の逞しい心身が形成されることを理解しなければならない。

　子どもの健全な発育発達にとって，必要で十分な睡眠を確保できなければ以上のような心身の不定愁訴，不調を生じることになる。子どもの不定愁訴を周囲が睡眠不足と気づかず，大人の生活リズムを続ける生活環境にいれば，睡眠中の成長ホルモンによる成長が確保されず，発育発達不全が引き起こされ，将来の人間形成に重大な支障をきたすおそれがある。第2章の子どもの育ちの変調の理解であげた，「すぐ疲れたという」「床にすぐ寝転がる」などは睡眠時間が十分確保されていない状態の表れと考えられる。

(3) 園・家庭生活での子どもの活動量への配慮

　生まれてすぐは昼夜がなく，お腹がすいたら目を覚まし，お腹がいっぱいになったら眠るという生活リズムである（およそ3時間で繰り返す）。その後サーカディアンリズムが徐々に形成され，そしておよそ3，4か月頃から日光を浴びる等により，徐々に日中に起きている時間が長くなり昼と夜の区別ができ24時間の生体リズムが形成される。6か月頃になると，夜間中心の睡眠リズムができ，午前睡と午後睡で合わせて13〜14睡眠時間をカバーしていく。個人差が大きいため2歳頃までは午睡が必要である。覚醒−睡眠のリズムには個人差があり，子ども一人ひとりの生理的欲求を考慮した園生活を送らせたい。

　保育園では，午睡の習慣があるが，優先されるべきは個々の睡眠リズムである。家庭との連携の中でしっかりと睡眠をさせ，すっきり起きることができるようにしていくことが重要である。園での遊びや1日，の活動により眠りたい時間や眠っている時間は変わってくる。

　私は娘たちが幼児の頃午後8時には部屋を暗くして寝かせるようにしていた。といっても午後8時ぴったりに娘たちは眠らない。早ければ夕ご飯を食べながら眠っ

てしまうこともあれば，午後9時過ぎてもごそごそしているときもあった。そんなときは，「今日はいっぱい遊んだのかなあ」「夕ご飯前に寝ちゃったから，なかなか眠らなかったなあ」などと考えながら過ごしていた。我々もそうであるが，幼児期はもっと睡眠について個々の子どもの状態を考慮して柔軟に対応したい。

　しっかり眠って，すっきり起きることが本来の早寝・早起きの目的である。幼児期には午後9時に就寝，午前7時に起床を目安といわれているが，9時に寝かしつけるために生活時間を整えることは必要であるが，時間だけに配慮するのではなく，子どもの日中の活動力を配慮し，夜9時には眠たくなるような活動生活環境を準備することが求められる。そのためには家庭との協力が不可欠であり，園では子どもの様子を見てこの点に対応することが求められる。

しっかり寝る（熟睡により成長ホルモンの分泌が促される）

（4）運動（活動）することで質の高い睡眠を誘発する

　日光を浴びての活動することでセロトニンが分泌し，それから14時間後に睡眠を誘発メラトニンが分泌し，日没以降徐々に睡眠が誘発される。「日光－活動（セロトニン★）－日没（メラトニン）－睡眠（成長ホルモン）」のサイクルは太古の昔から繰り返されたヒトの生活リズムであった。

　　【注釈】心の安定をもたらすセロトニンの働き：セロトニンという神経伝達物質は，感情をコントロールし，心の安定をもたらす。不足すれば感情が不安定になり，キレたり，暴れたりうつ状態に陥ることもある。子どもが仲間と活発に遊びきった後に，充実感，満足感，集中力がもたらされるのは十分なセロトニンの分泌にもよる。さらにこのセロトニンは，リズミカルな，リズムのある活動をすることで，分泌が促される。といって特別なことではなく，歩く，走るに始まり，人間の活動はおよそリズムを伴っている。歌や会話もそうであるし。そもそも心臓の鼓動や呼吸もリズムを刻む。我々が活動すること自体リズムを伴うものであるから，活動，運動，遊びを行うことでセロトニンが誘発されるといっても過言ではなさそうである。最も，リズムを刻む音楽は日常に溢れ，気に入った歌手，音楽を聴くことで心が落ち着くのは日常的行為である。
　　朝起きで，太陽光を浴び，活動することでセロトニンの分泌が促され，それから14～16時間たつと睡眠を誘発するメラトニンが分泌し，日没以降徐々に睡眠が誘発される。身体の

　活発な活動は熟睡を促し，睡眠同調ホルモンである成長ホルモン（growth hormone）の分泌が増す。それにより，筋肉・骨を発育させ，エネルギー源としての糖の代謝を活発にし，脳に栄養と酸素を送り，疲労した（傷ついた）細胞の修復をするなど乳幼児にとってまさに成長ホルモンによって発育発達が促進されるのである。
　「日光－活動（セロトニン）－日没（メラトニン）－睡眠（成長ホルモン）」のサイクルは意識的，計画的に実行されるのではなく，生き物としての無意識の生理的作用である。自然の生活の中で獲得された生体リズム，生理的機構によるものである。飲食すれば，尿意や便意が起こり，力の限り活動すればぐったり疲れ，休みたくなり眠くなるのは人間の無意識の（自然）の生理の秩序である。子どもの身体の不調は，子どもの生体リズム，自然の摂理を考慮しない生活から発せられていることが窺われる。
　この子ども生活習慣の確立は，人間の生理的摂理を理解することであり，人間は昼行性の生物であることを自覚することから始まる。そうした意識のもとに大人の生活リズムを考え，子どもの生活習慣を整えれば，健全な発育発達を達成する土台ができる。

(5) 良質な睡眠環境の確保

　昼間活発な活動が良質な睡眠誘導に大切であることは前項で述べたが，子どもにとって良質な睡眠環境を整えることも大切である。空腹を満たし，入浴によって身体の清潔（汗と汚れをながしてさっぱり感）ができたら，次は安眠への環境を整える。昼間の活動で興奮した心身を休めるには，音や光などの刺激的環境を避け，静かで落ち着いた（暗い）環境をつくる。子どもの好む子守り歌や，絵本の読み聞かせで入眠を誘う。その際栄養補給のためではなく，スキンシップのための授乳も安眠を誘う。

2.　食事の習慣形成：食べる「意欲」を育む環境づくり

　大人に食べさせてもらうこと（授乳等）から，自分自身で食べることへ興味関心をもって移行していく。うまくできなくて当然であり，できたことへのみの関心だけではなくやろうとする気持ちもしっかりと組み取っていきたい。スプーンを使って食べたい時期が来ると，子どもはお腹がすいていて食べたい気持ちもあるが，それでも一生懸命よだれを出しながらスプーンで食べ物をすくうことを何度もチャレンジし，うまくすくえたらそれを口に運ぶことを今度は繰り返す，途中でこぼしてしまってもまた手でスプーンにのせもう一回口に運ぶことにチャレンジする。こんなときは，やろうとすることに対して「すごい！」と応援したり，できたときは「食べれたね！」と褒めてあげたい。
　さらに友だちと食事するときおしゃべりに夢中になってしまうこともある。しかしその中でもこぼしてしまったものを拾ったり，口の周りを自分できれいに拭くことができたら，しっかりと認めてあげたい。

海苔を食べて楽しい

1 歳

2 歳の誕生日

(1) 食物アレルギー

　国立成育医療研究センターによると食物アレルギーは「食物によって引き起こされる抗原特異的な免疫学的機序を介して生体にとって不利益な症状が惹起される現象」と定義している。つまり身体に害がある異物だと勘違いして，免疫反応が過敏に反応することである。鶏卵，牛乳，小麦など個人によって原因となる食べ物の種類や数は異なる。かゆみやむくみなどの皮膚症状や，咳，くしゃみ，吐き気，下痢，頻脈，意識障害等を引き起こすことが知られている。保育所保育指針にあるように「体調不良，食物アレルギー，障害のある子どもなど，一人ひとりの子どもの心身の状態等に応じ，嘱託医，かかりつけ医等の指示や協力の下に適切に対応すること。栄養士が配置されている場合は，専門性を生かした対応を図ること」とし，子どもたちの最新情報を全職員で共有し，常に食物アレルギーの正しい知識を収集することが重要である，またアナフィラキシーショックへの対応についても身に付けておくべきである。

3.　排泄：快・不快の皮膚感を伝え，大人の忍耐力を必要とする排泄習慣

　排泄の自立には大きな個人差があり，焦らないことである。生理的成長のプロセスをたどっていくことを理解することが重要である。近年は特に他の子どもと比較して，速いや遅いといった不安を口にする親が多いが，もともと個人差が大きいことを考えれば特に焦る必要はない。

　乳児期は 1 日に 15 〜 20 回の排尿を行う。排便に関しては，反射的に行う。つまり身体的に発達しておらず，コントロールすることが難しいのである。よって排便排尿により気持ちが悪くなると，泣いてサインを送る。また 1 歳くらいになってくると，顔の表情で表すようになる。このとき，この変化をキャッチし，声をかけな

がらオムツを取り替えることで，きれいになった皮膚感を感じ，大人の言葉や表情で快・不快の感覚が育っていく。1〜2歳頃で排泄を前もって知らせることができるようになったり，排泄の最中に知らせるようになる。日本小児泌尿器科学会によると，この頃はまだ尿意を感じたとたんに反射的に膀胱が収縮して尿が出てしまうため，2.5〜3歳頃に，トイレトレーニングを始めるのが平均的であるとしている。この時期は反射による膀胱の収縮を抑えるために我慢する様子が見られる。この様子を感じ取り，トイレに誘導することが大切である。そして徐々に一人で上手に排泄ができるようになり，また排便時におけるトイレットペーパーも使えるようになる。だいたい，4歳頃を目安にひとりで行けるようになる。しかし，多くは自立できるようになるが，全員ができるようになるわけではなく，7〜8歳でも完成しない場合もある。ただ排泄における基本的生活習慣はこれだけではなく，トイレに行ったらスリッパに履き替えることも同時に行い，上手にできたことを認めることが大切である。子どもが行う1つひとつにしっかりと言葉で反応していくことである。またトイレから出るときはスリッパを揃えることを促し，できたら「上手に揃えることができたね」と認め，さらに自分で手を洗うことができればそこでも「上手に手が洗えたね」と言葉で伝える。何気ない一瞬であるがこの一瞬が子どもたちの自立につながることを忘れてはいけない。

4．衛生習慣

(1) 清潔──日本の社会は清潔社会

　谷田貝ら（2016）によると，清潔の習慣におけるいくつかの項目で，一人でできるようになる標準年齢は，「洗った顔を拭ける」は3歳，「顔を洗う」が4歳，「手を洗う」が2歳6か月，「石鹸で手を洗う」が3歳，「就寝前の歯磨き習慣」は1歳6か月，「朝の歯磨き」は5歳などとしている。また近年の清潔の習慣は清潔志向に傾くなど，親の養育態度や社会の影響を受けるとしている。細かな点で考えると，清潔にする方法や使用道具は変化しているようであるが，身の回りを清潔に保つこと，汚れたら清潔にすることは身の回りにたくさんある。まずは子どもたちが，清潔に保つことは気持ちがよいこと，心地よいことを体感することが重要である。自分自身で着

トイレトレーニングすら
子どもにとっては遊び
（楽しいトイレタイム）

替えや手をふくことができない時期でも，「気持ちがいいね」「さっぱりしたね」と声をかけながら行うことである。さらに食事の場合は，食べさせてもらう時期から自分で食べたい時期に移行してくる。この時期はまずは「自分で食べたい」ということを優先させ，清潔にすることは保育者等が手をかけることである。時には手で食べることもあるだろう。手で食べることが終わったら，きれいに手を拭いてあげ，「食べれたね」「手もきれいになって気持ちいね」と声をかけよう。自分自身で移動できるようになり，見える世界が変わり，様々なことへの興味関心が広がりため，いろいろなものを触れたり口に入れようとする。細目に清潔を保つ習慣を取り入れていくことが大事である。

(2) 衣服の着脱──高度な身体技術を要する着替え

　我々が普段当たり前のように行っている衣服の着脱であるが，これが子どもたちにとっては意外と難しい。なぜなら自分の身体と衣服を同時に操作する必要があるからである。例えばシャツの袖に腕を通す動作も，まず着ようとすると服を広げないといけない。広げようとすると動いてしまい，袖口がどこかに行ってしまう。そうすると左手で押さえながら，右腕を通して右の袖に入れるというふうに，見ながら，服と，左右の手を動かして行う高度な技術である。1歳頃までは，すべて行ってあげるが，ただ行うのではなく「お着替えするよ」「汗かいたねえ」「着替えて気持ちいいねえ」と声をかけて行うことが大切である。徐々に靴を履かせるときに脚を上げたり，服を脱ぐときにバンザイしたりするようになる。そして自分で着替えたがるようになるのはおよそ2歳くらいからである。やっとはさみやクレヨンを正しく持てるようになる頃で，器用には使いこなせない。しかし「自分で」いろいろなことに挑戦したい頃である。当然うまくいかない。うまくいかなくていい。「自分でやってみるの？」「すごいねえ」「やってごらん」と励まして，見守っていてほしい。どうしても上手くできるように着替えの方法を伝えようとするが，方法がわからないのではないのである。自分の身体と服を扱うことがうまくできないのである。この頃は方法を教えるよりも方法を見せることで，子どもたちは自分で考え，自分なりに行っていく。時間がかかるが，高度な技術習得をしていると思えば，少し待ってあげることができるであろう。自分でできた達成感が大切である。

6節　まとめ

　人は何百万年の間，昼間活動し（交感神経），日没には心身を休め（副交感神経），

心身の成長・回復（修復）のために眠りについたのである。そして陽が昇れば，自然に目が覚め（覚醒），活動の準備が整えば再び，野に山に海に川に活動（生産・遊び）をはじめたのである。このサイクルが自律神経を整え，身体の心身の発育発達を支え，健康形成の基本となる。子どもの生活習慣形成の中で，睡眠時間の確保は人の子どもの生物的，生理的基盤として必須の項目である。食事，排泄の習慣は生物的基盤の中で社会的，文化的制約を受けるもので，清潔，衣服の着脱等はその時代の社会的，文化的背景に制約（影響）される項目といえる。

　現在社会に潜む，昼夜の区別の希薄になった 24 時間生活により，子どもの生活リズムの確保が難しくなっている。この状況下では人間本来の生物的基盤を意識した環境を整えることがこれまで以上に必要になってきている。子どもの発育発達は生物的，生理的決まりがあり，臨界期がある。将来自立しての社会に生きていく子どもの健全育成を考えれば，子どもの生命のきまりを理解する社会の意識改革が不可欠であり，子どもの育つリズムに沿った環境を整えるという周囲の強い意識が必要であろう。

　日常生活習慣形成において，子どもの本来の育ちの欲求に沿って，発達へ向かう興味や関心，変化に気づき，周囲の大人がそれをじっくり観察し，忍耐力，想像力，共感性をもって支援することが生活習慣形成の支援の中核であった。乳幼児期の生活習慣確立は将来自立し社会に向かう基礎であることを述べてきたが，21 世紀の保育・教育にとって非認知能力の萌芽がこの生活習慣形成の過程にも表れていることに気づくであろう。子どもの興味・関心・意欲・気力・集中力・自主性の芽が表れている。すなわち生活習慣形成も非認知能力の育成につながっているのである。

COLUMN ⑥ ....

自律神経の働き：日常生活活動に合わせて生理的機能を調整する自律神経

　自律神経は神経系の中で末梢神経系に属し，随意的（意識的）に活動する体性神経と違って，不随意的（無意識）に身体の生命活動を支える重要な神経機構である。交感神経は活動（緊張・闘争・逃避）を支える神経であり，副交感神経は休息，睡眠の神経である。人は昼間，生産活動を行い，食事などの休息（エネルギー補給）をはさみ，午後再度生産に従事し，夜間眠ることで疲労の回復に適した環境を準備する。緊張して活動する場合は心臓の働きを活発にし，血液循環をスムースに行い，エネルギー補給も備え，身体のすべてで活動する態勢を準備する。一方，活動を継続すればエネルギーを消耗し，筋肉，骨格，循環呼吸器系は疲弊してくる。疲れを感じ，休息を欲してくる。そのため，今度は交感神経を休ませ，副交感神経が優位になることで，心臓も穏やかになり，エネルギー補給に都合のよい環境を整える。すなわち唾液が分泌しやすく，胃腸の働きを活発にし，骨格筋に集まっていた血液は消化器系の臓器に移行し，消化・吸収の働きが十分行えるよう整える。交感神経と副交感神経はこのように拮抗した働きを行い，無意識のうちに日常生活の身体生理的機能を維持している。例えば緊急の場面では，心臓はドキドキ高鳴り，息はハーハーし，喉はカラカラ，冷や汗もでてくる。これは交感神経が緊張している状態である。一方，眠くなると，筋肉の緊張は緩み，重い頭が支えられなく，コックリコックリ頭部はゆれる，口も開き，よだれが出てくる状況は副交感神経優位の身体状況である。食事のあとすぐ動くと腹痛が生じるのは，消化吸収に働いていた血液が急に骨格筋の方へ移行したことにより生じる現象といわれる。人間は一日 24 時間を活動と休息を繰り返し生活する。活動や緊張が長く続きすぎると，交感神経優位の状態が続き，夜眠れない，食欲がなくなる，頭痛，倦怠感，便秘などの身体変調をきたし，自律神経失調症という状態に陥る。同様に副交感神経優位の状況が長く続くと，交感神経への切り替えが上手くいかず，これも社会生活に支障をきたすこともある。このように人間の生活は生体リズムに合わせ，日中活動し，夜間の休息，睡眠を交互に行う交感神経と副交感神経のバランスがとれていることが健康形成には重要といえる。

　心配事や，不安，怒りなどは交感神経を優位にする。ストレスが強く，長く続くと心身の不調を招くのは自律神経バランスが乱れるためである。活動・休息の場合だけでなく，日常的に表れるのは，温熱にたいする身体防御である。寒くなると，交感神経が働き，血管を収縮させ体熱の放出を防ぎ（鳥肌が立つ），体温維持のため筋

肉の緊張を促し，ブルブル震えるなどの状態であり，気温が高く暑い場合は，今度は副交感神経が働き，血管を拡張させ汗として体熱の放出を促す。このように生命維持のため無意識に働く重要な神経機構である。

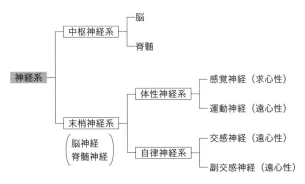

図　神経系の分類

表　拮抗的に働く自立神経

	交感神経	副交感神経
心拍数	増加 / 減少	増加 / 減少
血圧	上昇 / 低下	上昇 / 低下
腸管蠕動	亢進 / 低下	亢進 / 低下
消化液分泌	亢進 / 低下	亢進 / 低下
瞳孔	散大 / 縮小	散大 / 縮小
気管	収縮 / 拡張	収縮 / 拡張
膀胱	収縮 / 弛緩	収縮 / 弛緩

第 *10* 章

発達障害児と運動発達の理解

1節 はじめに

　近年，発達障害に関しての本，テレビ，新聞，インターネットの記事など多くの情報が提供され，発達障害という言葉に簡単にアクセスできるようになった。NHKでも 2018 年から 2019 年にかけて「発達障害って何だろう」をテーマとした様々な番組が放送された。この企画自体が発達障害という言葉は浸透してきた一方で，その正確な理解はまだ足りないということを表しているかもしれない。外からみた発達障害ではなく，当事者の目線での内容が多かったように思う。そもそも最初に「発達障害」が登場したのは米国精神医学会の診断分類マニュアルだったが，今では改訂されてその記述はなくなってしまった。診断は時代によって変化しうるものなのである。発達障害の概念がわかり難いのは，例えば感染症のように原因がウイルスや細菌とはっきりしているものではなく，普段の行動や当事者が社会生活で支障があるか，といったことから診断されており明確な原因があるわけではないということがある。

　曖昧な発達障害ではあるが，ひとつ明確なのは，当事者が困っているということである。どうして困っているのかをよくよく見ていくと，当事者の障害特性というよりは，発達障害児・者を受け入れる社会側が原因ではないかと思われることも少なくない。当事者の体験世界を我々は知ることはできないが，だからこそ丁寧に当事者に寄り添う態度が必要である。

　本章では，多様である発達障害について触れ，その上で，発達障害児の運動機能の特徴，運動や運動遊びをする上でのポイントについて考えてみたい。

2節　発達障害とは

　日本の精神医学領域では，以下の4つを「発達障害」と呼ぶことが多いとされる。すなわち，知的障害，自閉症スペクトラム，学習障害，注意欠如・多動症（ADHD）である。これらの障害は別々に研究されてきたものであり，一緒に考えることができない概念である。一方で，2005年に施行された発達障害者支援法では，「自閉症，アスペルガー症候群その他の広汎性発達障害，学習障害，注意欠陥多動性障害その他これに類する脳機能の障害であってその症状が通常低年齢において発現するもの」となっている。「発達障害」には一致した定義がないが，共通していえるのは，定型発達に比べて，精神発達の遅れがあり，それが生きにくさをもたらしているものと考えられる（滝川，2017）。ここでは，対人交流に困難さがある自閉症スペクトラムを中心に扱う。

　アメリカ精神医学会による精神疾患の診断統計マニュアル（DSM）は，世界的に受け入れられている診断基準となっている。1952年に最初のDSM-Ⅰが作成されてから改訂を重ね，現在は2013年に発表されたDSM-5が用いられている。DSM-5では，広汎性発達障害という用語がなくなり，自閉症スペクトラム（autism spectrum Disorde: ASD）という診断名が採用されることになった。スペクトラムとは「連続体」を意味し，自閉症の特徴が一般の人まで連続的に分布しており明確に分けることができないという考え方である。DSM-5の診断基準は，「社会的コミュニケーション及び対人的相互反応における持続的な欠陥」，「行動，興味，または活動の限定された反復的な様式」「症状は発達早期に存在」「これらの障害は，知的能力障害（知的発達症）または全般的発達遅延ではうまく説明できない」の4つに加えて，「その症状は，社会的，職業的，または他の重要な領域における現在の機能に臨床的に意味のある障害」とあり，実生活で困難さを抱えているのかどうかが診断基準となっている。

3節　観察することの重要さ

　保育・幼児教育の現場においても発達障害という言葉は身近になり，生活面や集団活動で課題をもっている幼児が増えていると感じる保育者が多いといわれている。発達障害児が増えているというのは本当であろうか。診断を受けている発達障害児

は確かに増えているが，それは本当にそのような特性をもつ子どもが何らかの原因で増えているのか，もしくは昔からそういった子どもがいたが社会の変容や発達障害の理解（診断）が進むことによって再発見されただけなのか，それとも両方なのかいまのところ結論はでていない。

　重要なことは目の前に困っている子どもがいたとき，その子どもが自分の能力を思い切り発揮し，自由に生きる日々を送れるようにするためにはどうしたらよいか考えることである。発達障害という診断は，本来困っている子を救うためのものである。同じような症状の子どもを類型化し，その原因を探求し手当てすることで少しでも困っている子の困り感が減ることを目指している。しかし，その子ども自身をしっかりと見ることなく，「発達障害」というレッテルを貼り思考停止してしまうことがあったらそれは本末転倒と言わざるを得ない。個々児の「困っている事象」を緻密に観察することにより見出し，その子の困難さに寄り添い，少しでも困難な点が減るように試行錯誤を行うことが必要なのだと思われる。簡単なことではない。保育者は子どもの発達の可能性を信じ，子どもの困難さや，喜び，悲しみを受け入れ，ともに歩むことが求められている。その姿そのものが，子どもの発達する力を引き出し，子どもの可能性を広げていくことにつながっていく。知識（認知能力）だけでは，子どもの困難な事象に寄り添うことは難しい。児との信頼感を築き，粘り強く，緻密に観察するという非認知能力が力を発揮する。

　「発達障害児」は目が合わない，人の気持ちがわからない，生き難さを感じている，感覚過敏であるなど，ステレオタイプの理解がかえって色眼鏡で困っている子を見てしまうことにつながり，その子の本来の特徴を見逃すことになるかもしれない。それどころか，困っている子どもは，もしかしたら周りの理解不足のために困っているだけかもしれない。子どもの健やかな育ちや発達というイメージがあって，それに子どもたちを合わせようとしていないだろうか。子どもたちの育ちは障害のあるなしに関わらず多様で，個性的であり，だからこそ一人ひとりの子どもの捉え方は，注意深く，緻密に観察を重ねなければならない。

4節　発達障害児のストレス

　「おこだでませんように」という絵本がある（くすのき，2008）。小学1年生の「ぼく」は，家で妹を泣かせ，母親を困らせるような言動をしては怒られる。学校でも給食を上手によそうことができずに注意されたり，他の子どもに乱暴したりして

は怒られる。そんな「ぼく」は，七夕のお願いに「おごだでませんように」と書く，というストーリーである。「ぼく」が怒られるのは，もしかしたら，他人の気持ちを理解することや，自分の気持ちを言葉にするのが少し苦手だからかもしれない。自分が楽しくてやったことや，よかれと思ってやったことがその場面ではやりすぎていたり，ずれていたりする行動だったからかもしれない。本人は褒められたいと思っていても，怒られてばかりいる状況は大きなストレスである。このようなことは恐らく世界中でたくさんあるのではないかと思われる。一方，上述のような対人交流に課題のある発達障害児自身のストレスについての研究は，例えば，障害児の母親や保護者を対象とした研究に比べると圧倒的に少ない。発達障害児は自身のことを表現するのが苦手であることが背景にあると思われるが，当事者こそ辛い思いをしていることを忘れてはならない。発達障害児を苦しめるのはその障害特性だけではなく，そのことによる自己肯定感や自己効力感の喪失にもあるからである。著者の知人に小学校1年生の支援員をしていた人がいる。ある日彼女は図書室で，自分の頭を壁に打ち付けている子どもがいるのを見かけた。その子どもは，「自分が悪いんだ」「自分がダメなんだ」と呟いていたそうだ。彼はADHDの特性があり，何かにつけて注意を受けていた。まさに，「おこだてませんように」の「ぼく」のような状況にあったのだと思われる。

　我々のグループは発達障害児のストレス状態を評価するために，発達障害児と定型発達時の尿中ストレスホルモンを測定した（齋藤ら，2011）。その結果，発達障害児と定型発達児ではストレスホルモンの状況が異なることがわかった。このことは，少なくとも発達障害児の心身のストレス状態は定型発達児と異なることを示唆している。その背景には，上述のように人間関係がうまく築けないということに加えて，発達障害児の特性として様々な生活場面へ適応する力が弱くストレスを受けやすい可能性が考えられた。保育者は，生活に課題がある子どもに対しては特に，当事者のストレスについて考慮しておくことが必要である。

5節　発達障害児と運動機能

　発達障害児の運動機能については，古くから数多くの研究がある。ASD児の姿勢や動きの課題についても報告されている。ASD児の姿勢画像を評価した研究では姿勢の歪みが指摘されている。また，立位姿勢における重心の安定性を評価した研究では，姿勢のコントロールに困難さがあるだけでなく，年齢とともにそのコントロー

ルの向上が見られなかったことが示されている（香野，2010）。また，ASD 児の多くに協調運動（手と手，目と手，手と足などを同時に使う運動のこと）に問題があることも示されている。ASD 児の多くが発達性協調運動障害の水準にあり，さらに，運動機能の問題のあり様が ASD 児によって異なることが示されている（平田, 2018）。

　ASD 児は，感覚についての問題も多く抱えていることが示されている。ASD 児の70％に聴覚過敏，54％に触覚過敏，39％に嗅覚過敏，38％に味覚過敏，25％に痛覚過敏が，一方で，47％に痛覚鈍麻，7％に聴覚鈍麻，3％に味覚鈍麻，1％に嗅覚鈍麻があったとする報告もある(Bromley et al., 2004)。ASD 児における感覚の問題については，当事者による手記等でも数多く発表されている（岩永，2013）。こたつに脚を入れるとなくなる，学校に歩いて向かっているときに自分が学校に向かっているのか，学校が自分に近づいてくるのかわからなくなるなど，身体感覚に関しての問題も指摘されている（ニキ・藤家，2004）。これらの感覚の問題は，協調運動障害につながると考えられている。

　発達障害児に見られる身体感覚の問題は，乳児期における養育者からの働きかけをもとにした身体感覚の分化が，その障害特性のために遅れた結果である可能性がある（滝川，2017）。養育者は，試行錯誤をしながらも赤ちゃんが空腹で泣けばミルクを与えるし，寒くて泣けば毛布をかける。最初は不快の感覚しか感じることができなかった赤ちゃんは，養育者のこのような働きかけが繰り返されることで空腹の不快と寒さの不快の違いがわかるようになってくる。実際に，養育者は赤ちゃんの世話をしているうちに，赤ちゃんの泣き方から空腹なのか寒さなのかなどその理由を識別できるようになる。発達障害児においては，「対人的相互反応における持続的な欠陥」をもっているために，養育者の働きかけを手がかりとした身体感覚の分化が遅れると考えられる。

6 節　発達障害児と運動遊び

1. 発達障害児のためだけの特別な運動遊び，訓練はない

　発達障害児の運動機能，感覚の問題について述べてきた。これまでの記述から，発達障害児はみんな一様に運動が苦手で，不器用さをもち，様々な感覚の問題をもっているというイメージをもたれたかもしれない。しかしながら，発達障害は他人と体験を共有する力が弱いという特徴から，定型発達児と異なるだけでなく，発達障害児同士でも異なる運動，感覚の特性をもつことになる。その表れは多様なもので

あり，すべての発達障害児に対応した運動機能が開発される運動遊びや訓練がある
わけではない。一方で，基本的な身体機能，運動能力を高めるための動きや様々な
工夫を凝らした運動遊びがたくさん提案されている。それらは，あくまでモデルで
あって，対象となる子どもによって適応できる場合もあるし不適応な場合もある。身
体的な不器用さのあり様，運動に対する好き嫌い，対応する人との関係性，場の雰
囲気など様々な要因が影響してくるので，特定の運動や訓練がよいとは一概にいう
ことはできない。そして，これは発達障害児だけに限ったことではないともいえる。
対象となる子どもの運動特性を見極め，特別視せずに関っていくことがまずは重要
だと思われる。

2.　運動嫌いになりやすい発達障害児

　多様な発達障害児であるが，運動機能や感覚に問題をもっている子どもが多いこ
とは事実である。さらに，彼らは，集団になじめない，こだわりが強いためにルー
ルが守れない，感覚過敏があって器具に触れない，特定の音が気になる，模倣が苦
手で運動学習が進まないなど，運動遊びに馴染みにくい場合も考えられる。運動を
する上でのハードルはあるものの，それぞれのペースとやり方で運動に関わってい
けば，運動遊びが苦痛になることもなく，ゆっくりかもしれないが運動機能も発達
していくと考えられる。問題となるのは運動が上手にできないことではなく，でき
ないことで自信を無くすことである。障害特性から不安や緊張が高いこともあって，
失敗の影響は定型発達児よりも大きい。そのため運動遊びに消極的になりやすい。い
ろいろな子どもが一緒に楽しめる運動遊びの環境をつくっていくことが重要である。

3.　発達障害児と運動指導のポイント

　基本的に定型発達児と運動指導のポイントは変わらないが，これまでみてきたよ
うに特別な支援が必要になる場合もある。より注意深く，個別のニーズを把握し，環
境設定を考えていくべきである。何よりも，失敗体験が多くなりがちな発達障害児
には少しでも多くの成功体験，達成感が得られるように工夫していきたい。子ども
の運動特性を捉えるポイントとしては，以下の通りである。すなわち姿勢制御（片
足立ちができるか，上体をひねっても安定しているかなど），移動運動（真っすぐ走
れるか，スキップができるか，移動時の転びやすさなど），操作運動（なげる，捕る，
蹴る，箸の扱い，折り紙がおれる，線に沿ってハサミが使えるかなど）である。ま
たリズムに合わせて運動するのが苦手な子どももいる。これらの観点でどういうと

ころに困難さがあるのかを観察したい。

　実際の運動指導，支援のポイントについて述べたい。まずは，指導者は，表情豊かに，積極的に肯定的な言葉かけをしていくような関りをしていきたい。少しでも上手にできたらオーバーに褒める，できなかったら励ましていく。そのような関わりを基本に，一番は運動の楽しさを体験できるように工夫することが重要だと思われる。運動への苦手意識があって，そもそも自分の身体を動かす感覚が鈍い子どももいるので，自分の身体に気づくために多様な動きを含む体操やストレッチから始めるのもよい。集団で遊ぶ場合は，その子どもの得意なこと，好きなことを他の子とのバランスを考えながら織り交ぜていきたい。また，遊びのルールの理解を深めるために視覚的にわかりやすく表現することも有効である。次に，意欲を引き出す運動遊びのプログラムを考えたい。運動がたとえ苦手でも，成功体験や達成感を味わうことができるように，今の運動能力からみて少し頑張ればクリアできるくらいの運動課題を設定する。また，発達障害の特性上，変化には弱いので，たとえ運動課題をクリアしたとしてもすぐに課題を変えない方がよい。続いて，競争よりも協力して運動遊びをすることを意識することである。発達障害児の中には勝ち負けに大きなこだわりをもっている子どももいるため，競争によって逆効果になることもありえる。それよりも多くの人と関わりを増やす方が有益な場合が多い。最後に，運動の成果をすぐに求めないで気長に付き合っていくことが重要である。発達障害児は定型発達児以上に成長，発達に時間がかかるものである。日々，寄り添いながら，運動のできない部分を注目してできるようにするということではなく，できることをどんどん伸ばしていくスタンスで関わっていきたい。

第III部

デジタル社会（脱身体化）に生きる
子ども本来の育ちの回復
──発育発達課題への対策・支援

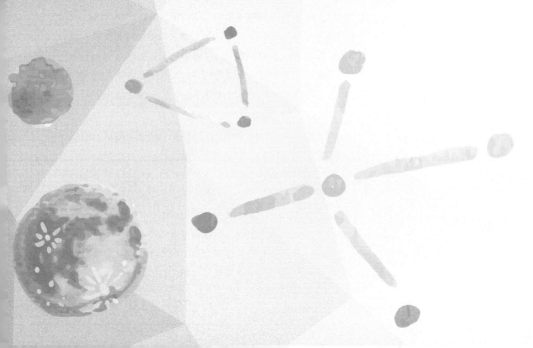

第11章

子どもの健全発達を取り戻す3つの要素
「自然・人・身体活動」

1節　はじめに

　今のデジタル社会の子どもの環境は，人工的空間が増え自然溢れる環境が乏しくなり，さらにモータリゼーションの進展やスイッチ・親指文化という子どもにとって必須な身体活動を確保することが困難な身体不活動社会（脱身体化）となっている。

　ルソーが「自然が主席の教師」といい自然の中での育ちは，教師が何かを教えるより，より多くのものを子どもに与える，と述べたように，人間らしい子どもの育ちを保障するためには自然環境は不可欠である。第2章で子どもの育つ必須の環境として「自然，人，身体活動」の3つの要素を抽出した。第3章のデジタル社会に生きる子どもの発育発達の理解では，進化の歴史からアナログ的な自然空間に適応した人類が，デジタルな人工的環境の中で，育ちに必須の3つの要素を失ってきたこと。さらに子どもの心身に異変が生じていることについて分析し，本来の人の子どもの育ちを取り戻すために，人間が生物的存在であることの自覚と認識が重要であることも述べてきた。

　生活習慣形成と健康形成についてふれた第9章では昼行性の動物である人の生体リズム形成は太陽の光によって調整されていることを記述した。

　人の生体機構は自然の風土・気候に適応的に形成されてきた。例えば紫外線の照射量は，メラニン色素が紫外線を吸収することで皮膚を保護している適応現象（黒人～白人）で，気温の違いによる体温維持は汗腺数の違いによって，緯度の違いによる酸素の確保は血液中のヘモグロビン量を増加させる等々による生理的適応現象である。その結果，人類は地球上どこでも生き延びることが可能な身体を獲得してきた。このように人間は自然環境に適応的な身体をもって今日に至っている。

　本章では，なぜ自然環境の中での身体活動（運動，作業，労働）が子どもの健全発達につながり，子どもの心身の変調の回復を促すことが可能なのかについて，自然環境下での活動が身体的，心理的に与える影響および人の育ちに人の存在が不可欠であることの根拠について考えていく。

2節　自然環境での身体活動が不可欠な理由

1.　生理的機能を高める自然環境

(1) 光を浴びることによる健康形成：前頭葉を活性化するセロトニン分泌

　啼泣していた子どもが外に連れ出したとたん泣き止み，まだ片言しかしゃべれない子どもが外に出ると「気持ちいい〜！」と嬉しそうな顔を見せる。水たまりがあれば必ず飛び込み，草花や蝶，虫や魚，動物に引き寄せられていく子どもたちの姿は，ルソーの言葉によるだけでなく，我々が日々目にしている光景である。我々人は自然環境に接することが好きである。

　生活習慣形成の章で，人間は昼行性の生物であり，日光に当たって活動することにより，覚醒（活動）・睡眠のリズムが形成されることが，子どもの成長には不可欠であることを述べた。無意識のうちの生命を維持する生理的機構や自律神経の機能（呼吸，循環，消化・吸収，ホルモン分泌等）は光によっても調整されていることを，眠らない社会を生きる我々は強く意識しなければならないと述べた。自然環境の中で活動することにより，生理機能および神経系が活性化し，心身の健全な発育発達につながることになるが，詳細は以下の通りである。

　神経伝達物質であるセロトニンは朝の太陽の光を浴びて身体活動することで多量に分泌される。その作用は，心を安定させ，気分が前向きとなり，意欲，集中力，忍耐力が増す。これらの現象は，身体活動が前頭葉の運動野・第一次運動によって指令されていることによる。この運動野は様々な情報を統合して，運動の計画（手順）や運動出力を調整し行動指令を出す人間の活動を司る重要な脳部位である。したがって身体活動は前頭葉の活性化につながり，意欲，気力，集中力といった人間らしい機能が活性化される。すなわち戸外での身体活動は人間力を育てることにも通じる。さらに前向きとなり，気力が充実し積極性・活動力が高まれば，質の高い睡眠（熟睡→成長ホルモンの分泌）も達成できる。セロトニンはリズム性の運動により分泌が増すことも述べた。呼吸や歩行はリズム運動であり，大きな声を出すことや，大声で笑うことも安定物質であるセロトニン分泌を促すことになる。

(2) 戸外での活動により活性化される自律神経：
交感神経の興奮——脳が活性化され全身の細胞にスイッチが入る

　戸外での活動は交感神経（活動・緊張の神経）の興奮を誘う。交感神経は心臓の拍動を増し，血圧を高め全身の血流量を増す。そのため全細胞がスイッチ"on"の状態になる。外気に触れ自然の中での身体活動は筋力を強化し心肺機能を高め，日光を浴びる活動はビタミンDの吸収によるカルシウムを沈着させ，骨の成長や頑丈な骨格形成につながる。また自然の酸素を大量に含むフレッシュな空気を吸収することにより，脳に多量の酸素が送り込まれ，気分の活性化につながる。さらに戸外での活動は，寒暖，雨・風などの気候の変化に対して皮膚（粘膜）を鍛えることにもなる。暑ければ，発汗作用による体温調整（副交感神経），寒冷時には皮膚の鳥肌や，身体の震えにより体温の低下を防ぐ（交感神経）ように，自律神経の調整機能が働く。戸外で鬼ごっこをすれば，ハアーハアと荒い息づかいとなるが，この息づかいが，横隔膜や肋間筋の強化につながり肺活量を増し，心肺臓機能を高めることになる。このように戸外での仲間遊びは，骨や筋力を強くし，心肺機能を高め，防衛体力および行動体力（身体調整力・平衡感覚）を高めることになる。

(3) 免疫機能を高める：病気の抵抗力向上

　戸外での身体活動は筋肉（骨格筋）が活動し，それにより体温が上昇し，免疫細胞（NK細胞）が活発になる。身体が冷えるとその逆で免疫機能が低下する。寒い時期，風邪やインフルエンザが流行するのはこの理由である。筋肉は体温の40%を担っているとされ，外遊びによって風邪をひかない頑丈な身体がつくられる。上述したように，寒さ，暑さなど気温の変化の刺激によって皮膚が鍛えられる。

2. 野外の活動で抗重力筋を鍛え，平衡感覚を育成する

(1) 平行感覚機能とバランスを保つ抗重力筋と各筋力の協調

　戸外での活動は子どもの身体を支える抗重力筋を鍛え，体力・身体操作能力，身体防衛能力の獲得につながる。乳児にとっても戸外での日光浴はサーカディアンリズム形成（覚醒・睡眠リズム）に不可欠であり，歩行が可能となる幼児は，空間認識を高め，高い身体操作能力を獲得するために戸外での活動は不可欠である。二足直立歩行による高い身体能力は，地球の重力に対し，どのくらい巧みに身体を操作できるかの力である。そのためには限定的で，固定的，変化の少ない人工的空間ではなく，多様で，流動的三次元の自然空間で活動することで重力に対抗した高度な身体能力（平衡感覚）を獲得することができる。機能性と活動性の高い身体は将来，

社会に自立して生きぬくための土台となる。

　この平衡感覚は内耳にある前庭と 3 つの互いに直交する半規管（規管には膜性の管があり，内リンパが入った特殊な感覚細胞で構成されており）で，垂直や平行方向や加速度重力の変化に対応し，その位置情報が前庭神経から脳の各部に伝えられ，姿勢変換や運動に対して，身体，頭部，眼が正常な位置を保てるよう大脳前頭葉の運動野や小脳を介して反射的に全身の筋肉を制御している。この前頭葉運動野，感覚野，小脳での筋力出力調整は過去の活動経験の積み重ねである。

（2）高機能な身体能力の土台作り

　子どもの運動発達の歩行において，最初の一歩，足を前に進めることが大変難しいのは，空間における平行感覚機能とバランスを保つ抗重力筋と各筋力の協調が未熟なためである。様々な環境（坂道，起伏のある道，芝生，砂利道，狭いところ，広い場所，高い場所など）で，繰り返し練習することで，適応的な筋力の出力調整情報が蓄積され，適応力の高い身体能力が形成されるのである。ルソーのいう何度でも転んでは起き上がるというこの動作の繰り返しは，早く起き上がる身体技法を学び，怪我の少ない，調整力・操作能力の高い，逞しい身体をつくるということなのである。防衛体力はこうして積み上げられる。

　例えば平衡感覚がどれぐらい重要であるかは，片足立ちができ，飛び降りて着地でき，片足ケンケンができ，つまずいても，押されても倒れない，転んでもすばやく起き上がれる，狭い道，高い場所でも物をもって移動できるといった行動で，抗重力筋の調整力・平衡機能が可能としている。将来の生活・生産活動から，高度な職人ワザ，専門的技術，文化・芸術・スポーツ活動など，いずれも高い身体調整能力が求められる。このような高い身体能力の土台になるのが乳幼児期からの繰り返しの活動・運動遊びである。

　現在子どもの体力・運動能力が下げ止まらず，巧緻性や調整力が育たない状況が続いている。それは，現在の子どもは過去の身体活動（運動，作業，労働）の積み重ねが極めて少ないということができよう。

　筋肉を動かさないでいると心身の発達が遅れるだけでなく，廃用症候群★に陥る危険性がある。身体活動とは運動に限らない，特に多様な筋肉を使うお手伝い（作業）は身体知を高める上で大切である。昔から子どもは幼少期より水汲みや薪運び，子守りなど多くの家業を当たり前のように手伝って暮らしていた。そこでの活動,作業経験が多様で巧みな身体づかいができる逞しい身体をつくってきた。幼少期に日常生活での身体活動が少なくなったために，怪我が多く，転んで手が出ない，手や

腕で上体を支えきれず，頭部，顔面を怪我するなどの身体防衛能力や調整力の低下現象は，まさに多様な環境での活動経験が少ないために生じた現象といえる。

【注釈】廃用症候群：身体不動による身体機能低下
- 寝ていて動かないでいると筋肉は痩せていく。
- 心臓の拍出量は 3 週間で 15%減少→これをもとに戻すには 1 日に 1 時間以上のジョギング
- 酸素摂取量は 20 ～ 30%減少（5$\frac{リ}{分}$→ 3.8$\frac{リ}{分}$，2.5 → 1.9$\frac{リ}{分}$）
- 筋肉のタンパク質が壊れ，骨のカルシウムが減少する。1 週間で 1.5 グラム減少し，全身では 1 日に 10 グラム減少する。
- 健康人であっても，使わないと筋肉の萎縮，関節の拘縮は意外と速く進行する。
- 安静による筋力低下は，1 週目で 20%，2 週目で 40%，3 週目で 60%にも及ぶ。

3.　外遊びで視覚機能を高め近視の予防策

　年々子どもの視力低下が問題になっている。2019 年の学校保健統計では，視力 1.0 未満の児童生徒が過去最高になり，視力 0.3 未満児の低年齢化が進み，文部科学省の調査（2014 年）では，裸眼視力が 0.3 未満の小学生は，1979 年に比べて 3 倍以上も増え，しかも，裸眼視力 0.3 未満の人の割合は年齢が上がるにつれて高くなり，高校生の近視率（裸眼視力 1.0 未満）は 65%にものぼっている。坪田は「強度近視」（目の前 16cm までしかピントを合わせることができない）は，その他の眼の病気（網膜絡膜萎縮，網膜剥離，網膜分離他）に進行する可能性が高くなり，病的近視が進み失明に至る人が増えていると警鐘を鳴らしている。国内外の疫学的研究において唯一確実なのは，「外でよく遊ぶ子どもほど近視が少ない」ことであるという（坪田，2017）。近視進行抑制に明らかに重要といえるのは屋外活動という検証結果を紹介している。外遊びが近視予防に効果があるのは，紫外線と可視光線の中間にあたる波長の「バイオレットライト（紫光）」であることが突き止められた。

　眼の機能は物体に焦点を合わせて可視化する立体視だけでなく，動体視力（動くものを捉える），視野（見渡せる広さ）など三次元世界で活動する人間にとって不可欠な機能である。子どもが戸外に出て活動するとき，空を見上げて雲の動きを追う，空を飛ぶ鳥や野原に動きまわるバッタや蝶々を見つける，地に這うアリを追う，など自然環境での活動は，眼球の動きを誘い，毛様体の筋肉活動を促すことになる。

　子どもたちが室内に座って動かない状況でジーッと一点を見つめゲームに没頭するような環境は，視覚機能のためには避けたい環境といえる。メディア視聴が視覚機能に悪影響を及ぼすのは，ジーッとして身体を動かさず，一点を凝視して眼球を動かさないことによる。

　近年は子どもの電子機器への接触を制限する動きも出てきており，幼少期のメディア接触は近視だけでなく，ネット依存症につながる恐れもあり，近年のデジタル機器（スマートホン，ゲーム，TV，DVD 等）の広がりは，発育発達期の乳幼児にとって深刻であり，社会全体でその管理に取り組むべき喫緊の課題といえる。

3 節　精神を回復させる自然環境

1.　ストレスの解放に効果のある自然の力（マイナスイオン効果）

(1) 五感の刺激から回復する心身

　人は呼吸により，大気中の酸素（O_2）を取り込み，二酸化炭素（CO_2）を排出する。酸素は最も基本的な生命活動である。緑色植物は光合成によって，二酸化炭素を取り入れ，酸素を排出する。この光合成性により，緑の多い空間は酸素が多くなり，マイナスイオンの多い空気といわれる。人間活動では二酸化炭素が排出され，人の集合する場所（会社，学校，スーパー，室内イベント会場等），人込みや混雑した場所，満員電車などは二酸化炭素が多くなり，頭痛や吐き気，めまいが起き，気分が悪くなる。同様に，二酸化炭素を排出する車の排気ガス，工場の稼働により煙突からは二酸化炭素が排出される空気（大気）はプラスイオンが充満し，健康被害やストレスを与える。さらに，騒音や悪臭などから我々は日常的にストレスに晒される状況に生きている。

　このようなとき，市街の喧噪を離れ，酸素の十分な自然環境に浸ることにより，交感神経の興奮が緩和され副交感神経が優位に変わり血管が拡張することで血流が全身にめぐり，脳に十分酸素が供給されることで，頭痛，倦怠感などが解消され，気分の回復，頭すっきりというストレスが解消された生理的リラックス状態に戻ることができる。

(2) 森林浴効果

　森林浴★研究の宮崎（2018）は，人類は本来自然環境に適応して進化してきた，現在の人工的空間では大人だけでなく，子どもに対しても強いストレス負荷がかかっており，そのストレスからの解放は自然環境に接することで回復可能であることを実証実験で明らかにしている。心理的にリラックスでき，免疫機能の改善，ストレスホルモンであるコルチゾール濃度の低下，交感神経の興奮を低下させ，拮抗する副交感神経の働きを高め，それにより血圧の低下，心拍数の低下がみられたことを検証している。すなわち緑多い自然環境での活動は，ストレスが開放され，免疫機

能が高まり，病気の抵抗力がつくのである。子どもが戸外に出て，気持ちいい〜！と言い，水遊び，砂・泥遊びを好むのは酸素に溢れたマイナスイオンの環境に浸ることができるためである。

【注釈】森林浴効果：千葉大学環境健康フィールド科学センター宮崎良文教授
調査：森を散策するグループと 84 人　対照比較として都市の中心部を歩くグループとで調査。
結果：ストレスホルモンであるコルチゾールが 16％，血圧 2％，心拍数 4％低下し，免疫細胞（NK 細胞）の活性度は（2 日で 1.5 倍）上昇した。質問紙による心理的変化については，快適感の高まり，鎮静感の高まり，リフレッシュ感の高まり，感情状態の改善，不安感の低下を上げている。

(3) 自然がもつ「(1/f) ゆらぎ」によるストレスを開放
①α（アルファー）波を導く自然界のゆらぎ

　小鳥のさえずりに耳をかたむけ，木々の葉のゆらぎに目が奪われるのは日常我々が無意識に反応している身体反応である。自然的現象には人工的現象との対極にある，「1/f ゆらぎ」といわれる動きがあり，f は frequency（周波数，頻度）を示す語で「1/f」とは，時間的変化や動きが予測できない，不規則な様子をいい，あるいは期待性（予測性）と意外性が入り交じった状態をいう。人工的動きは規則性（機械的で）があり，予測通りの一定の動きをする。しかし自然の現象は，リズム，強弱ともに刻々と変化し，予測通りとはいかない。このように人間を含めた自然界における「ゆらぎ」は普遍的現象ということもいえる。焚き火や薪で焚く「炎」はいつまでも見つめていることができる。自然界にある「1/f ゆらぎ」の現象は他にも，「犬や猫の動きや鳴き声」「人の話し声」「雲の動き」「水の流れ」「ろうそくの灯」「そよ風」「海辺に寄せる波」「蛍の光」「蝉や鳥のさえずり」「金魚やメダカ（魚）の泳ぎ」「木の年輪」「木目」「心臓の拍動や呼吸」など様々にある。この「1/f ゆらぎ」の中に身を置くと自然と心地がよくなり，人間の脳波がリラックス状態を示す α 波★が優位になることが確かめられている。

　また，子どもが「動物園」や「水族館」に引き付けられるのは，動物や魚のもつ「1/f」の動きに共鳴し，癒しを感じるからであろう。

【注釈】α 波：α 波は脳波の種類の 1 つでドイツの科学者でハンス・ベルガーが命名した。覚醒安静時に表れる 8 〜 13 ヘルツの波をいい，リラックスした状態のとき α 波がでるといわれている。免疫力を高め，自律神経のバランスをとる効果，集中力が高まったときにもでる脳波。イライラやストレス解消，記憶力を高めるといわれる。
　一方で，β 波は 14 〜 23Hz の脳波で脳が活動をしているときに大きくなる。また，θ（シータ）波は 4 〜 6Hz の睡眠時の脳波で，γ（ガンマ）波は深睡眠時の脳波である。

②抱っこ，おんぶなどの子育て行為にある「1/f」のゆらぎ

　子どもを寝かしつけるとき，身体をトントンと叩いたり，子どもが泣けば，抱っこして揺すると泣き止み，眠りにつくことは日常的に行っている子育て行動である。また子どもを抱っこしたり，おんぶすると大人は無意識に子どもを揺すったり，トントンとタッピングすることも自然に発する行為である。だれに教えてもらったわけではないのに不思議である。

　タッピング，揺するというリズム運動は心を安定させるセロトニンを分泌し，抱きしめる，なでる，さするというスキンシップの行為は愛情ホルモンであるオキシトシンを分泌させることは，近年の皮膚科学によって検証されている（傳田，2007;山口，2015）。人工的機械的声や動きではなく，人の動き，優しい，穏やかな声や，子守歌は自然界にある「1/fのゆらぎ」をもつ，それによって子どもの脳にα波が出て，さらにスキンシップという皮膚刺激によってセロトニンや愛情ホルモンが分泌し，子どもの情緒の安定を導くのである。未熟で産まれる人の赤ちゃんは保護なしには生き延びることはできない。子どもが始終母親の身体にしがみつくのは，母乳のためだけではなく，不安を解消するため，母親の優しい声やまなざし，皮膚の柔らかさに癒され，安心を求めるためなのである。

4節　自然環境のもつ多様性とダイナミックな変化に適応する身体能力：自然的環境と人工的環境の最大の違い「変化する」

　自然環境に接することで子どもの身体的，心理的な健全発達が促進されることはこれまで述べてきた。人工的環境は固定的で限定的である，自然環境は多様で変化するという点が決定的に違う。子どもの育ちにおいて大切なのは，多様性と常に変化するという違いに着目することである。なぜなら，人の高い身体能力は，外界の変化に対して適応可能な能力を遺伝的に有して誕生する。その高い身体能力は，二足直立歩行と巨大な脳との双方の連動的発達によって形成され，獲得されるのである。誕生からの発育発達過程，すなわち（乳）幼少期の育ちに重要なことは，この身体能力の土台形成期であり，発育発達期には多様で，変化する流動的自然環境に身を置くことといえる。

　自然的環境と人工的環境との違がどのような点にあるのか表11-1に示した。

　このように人工物と自然物の基本的な違いが存在する。人類はこの変動する自然に対し，安定的な生活環境を得るために苦闘し，文明を築き上げ現在に至っている。

自然を完全に制御することは不可能であるが，戦後の社会環境の変化により進展したデジタル社会は，人工的空間に溢れるようになった。子どもの遊び環境（道具）を比べてみよう，例えば人工的遊具のジャングルジムと自然の大きな樹を比べてみると，固定されたジャングルジムは季節や気候の変化は受けな

表 11-1　自然環境と人工的環境の違い

自然物	人工物
変化 多種・多様 無限の要素	限定的 固定的
大量のデータ	限定的データ
出力（微～巨大） 制御不可能	出力制御可能
複雑	単純
自然の生態系 生物・物理・化学システム	人工的，管理システム

い，形も変わらない，むしろ経年変化で錆が生じて危険な場合がある。しかし樹木はどうであろうか，樹木は季節によって花が咲き緑の葉をつけ，秋になれば紅葉し，冬には葉が落ちる。さらに季節の変化に合わせて多様な虫や鳥，動物が訪れる。なにより枝が伸び，幹が太くなる。子どもに与える影響はこのように一律で固定的であることに比べ自然は変化し，多様であるという点である。自然にある石，木っ端，葉っぱなど色，形，重さは変化し多様性に富む。色彩にいたっては 24 色や 48 色の限定色ではなく，無限に存在する。このような多様で変化に富む自然環境での活動は子どもたちにどれほどの興味と感性を与えうるであろうか。

　誕生後子どもの発育発達に合わせて少しずつ，安定的で変化の少ない環境から多様で変化に富む自然環境に広げていくことで適応力の高い心身を育てることができる。幼少期に多様な環境での活動経験は，情報量の多い身体知を獲得できる。身体知とは多様な環境の中で活動するにより，身体総体で受けるあらゆる情報であり，「情動・情緒，共生感，知恵，知識，身体技術」ということができよう。変化に適応的で高い身体知は，人工的空間で獲得することは難しい。まさに人間の多様で高度な身体機能は行動し，活動し，生産するために備わったもので，他の哺乳動物の中で，特に秀でた能力といえる。これも二足直立歩行と巨大な脳によってもたらされたものである。

　　【注釈】例えば多様で高い身体能力とは：宇宙飛行士，パイロット，F1 レーサー，陸・水・空に展開するスポーツ種目，パラスポーツ，格闘技，登山家，潜水夫，各種音楽演奏家，バレエ他ダンサー，舞踊，料理人，建築家，大工，塗装，各種技術者，工芸家，家具職人，歌人，小説家，書家，デザイナー，美術（絵画・彫刻），消防士，自衛隊員，美容家他

5 節　人の存在が不可欠な理由：真似ることから始まる子どもの育ちと学習

1.　物まね遺伝子（ミラーニューロン）の発見

(1) ミラーニューロン発見の経緯とその神経機序

　1996 年イタリアのパロマ大学のジャコーモ・リッツオラッティー（Rizzolatti, G.）らよって，他者の行為を鏡のように映し出し，あたかも自分自身が行為するのと同じ神経細胞が活性化する現象が発見され，他者の行為を鏡のように映し出すことから，ミラーニューロン（mirror neuron）と名づけられた（Rizzolatti & Sinigaglia, 1996）。これまで学習理論とされる知覚事象，認知過程，運動行為はそれぞれ個別的に捉えられ個別に研究されていた。しかしミラーニューロンの発見によってそれらは同時に統合的に処理されていることが判明したのである。これまでの学習理論研究において重視されていた理論や抽象的観念ではなく，行為（活動）そのもの，すなわち身体性が意味をもつことが明らかにされたのである。このミラーニューロンの発見は生物学上の DNA の発見に匹敵するといわれるほど，子どもの育ちや学習に関する神経学的機序を明らかにする道を開いた。

　この発見はもともと，マカクザルの下前頭葉皮質に電極を設置し，サルがエサを取ろうとする把持の神経部位を特定する実験であった。サルがエサをつかみあげると脳部位の神経細胞が反応し，発火を表示する信号が発信されるという実験であった。ところが実験の休憩中，サルではなく実験者（人）がエサを拾いあげたとき，サルの脳部位からの信号が発信され，マカクザル自身がエサを取るときと同じニューロンの「発火」を捉えたのである。サルは他者の行為を見ただけである。当初はその意味が不明であった。しかし，リッツオラッティーらはその現象を軽視しなかった。さらなる実験によってサルの場合，下前頭葉運動皮質の F5 野の 20％にこのような「鏡」の能力をもつミラーニューロンがあることが証明され，さらにヒトの脳でも追試が行われ，大脳皮質前頭葉運動野，頭頂葉において同様なニューロンが検出された。運動計画を司る前頭葉の運動前野，および計画から実行に移る第 1 次運動野にミラーニューロンの存在が確認された。

(2) 保育・教育におけるミラーリング

①言葉ではなく，行為を示すことの重要性

　他者の行為を見ただけで，あたかもその行為を鏡で映し出したかのように，自分

の同部位の神経細胞が発火するのである。さらに視覚によるミラーリングだけでなく，聴覚によっても同様のミラーニューロンが存在することが実証された。新生児模倣として，舌を出す，口を開ける，口をとがらせるなどの大人の行為をミラーリングし，真似ることが知られている。

実験者の舌出しに模倣するサルの赤ちゃん

母親の舌出しに模倣する2か月児

　このミラーニューロンの発表後，様々な追試が行われ，レイコフ（Lakoff,G.P.）などの言語学者は，人がものを食うとき発火するニューロンが，小説で食事の場面を読んだときにも発火することや，ミラーニューロンの研究者であるイアコボーニ（Iacoboni,M.）はミラーニューロン存在（形成）について，赤ん坊の発達は，親と模倣し合う相互作用によって形成されるという経緯からヒントを得て，赤ん坊が笑えば，親はそれに応えて笑うという行動を繰り返すことで，赤ん坊の脳に親の笑顔を映し出すミラーニューロンが生まれるという仮説を紹介している。その際重要なのは親という最も信頼性高い「共感」をベースとしているということである。つまり模倣行為は「共感」によってより活性化され，模倣の積み重ねによって学習されるというのである。それゆえミラーニューロンが他者の共感に関わる社会能とも関連しているといわれる。さらに実験によりこのミラーニューロンは行為の背後にある「意図」を理解することもわかった。同様の行為であっても，その「意図」によってミラーニューロンの活性度に違いが生じることが実証されている。人は行為の背景にある意図をもミラーニューロンによって判断しながら模倣するのである（テーブルに置かれたコップを持つ場合，飲むためにつかんだのか，片づけるために持ったのかをテーブルの状況や人その振る舞いから判断してミラーニューロンの活性度に違いがでる）。

　ヒトにおいて，ミラーニューロンシステムはブローカ野（言語領域）に近い下前頭皮質で見つかっている（図11-1）。このことからヒトの言語は，ミラーニューロ

ンによる音調，身振りの実行／理解のシステムから生まれたと考えることもできる。

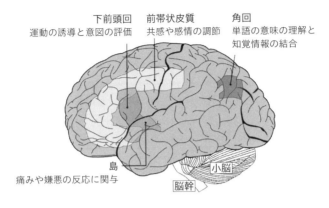

図 11-1　ミラーニューロンの存在部位（Wikipedia，ミラーニューロンより）

②共感によるミラーニューロンシステムの強化

　子育てにおいて，このミラーニューロンは重要な働きをする。「共感」を伴うことでミラーリングは強く働き，親という愛着関係があることによって，模倣は繰り返され，赤ちゃんは親の話す口元や，音声を模倣することで言葉を学習していく。例えば日本中のあらゆる土地に生まれた赤ちゃんは必ず親の話すその土地の方言を話すようになる。

　赤ちゃんは舌出しや，口を開けるなどの模倣行為が見られるが，月齢が進むと，イナイナイバーやバンザーイなどの身体模倣に発展する。周囲の赤ちゃんはこのような大人との模倣による応答的交渉を繰り返すことで，ミラーニューロンの発達が促される。4か月以降は物と人と赤ちゃんの3者間の応答的交渉で，オモチャの操作を模倣していく。叩けば音のでるもの，吹いて音のでるもの，押してオモチャが飛び出すなど模倣行為によって操作方法を学習する。それを明和政子は「身体模倣」といい，他者の身体行為，振る，叩く，投げる，回す，握るなどの行為を見ながら，聞きながら他者の行為をミラーリングすることで学習する。それによって，自分の身体部位を対応させる「身体マッピング」を学習すると述べている。離乳食に進むと親はアーンと自らの口を大きく開け，赤ちゃんの模倣行為を促すと赤ちゃんも同様に口を開ける。「もぐもぐ」する口の動作や，「ごっくん」という飲み込み動作を赤ちゃんに大げさに示すことで，赤ちゃんのミラーリングを誘い，食べるという行

為の学習ができる。このようにみていくと普段の生活の中で，周囲の大人たちの模倣行為を繰り返すことで子どもは身体技術を身に付けていることに気がつくであろう。子どものおままごとの様子は実生活での周囲の大人たちの言動そのものである。寝返り，ハイハイ，歩行などの運動発達も実は同年齢の子どもの運動を模倣することにより促される★ことも明らかにされている（NHK, 2012）。

【注釈】ミラーニューロンによる共感性
- 赤ちゃんは他の赤ちゃんが泣くと，泣き始める
- あくびもうつる
- 実際の場面だけでなく，映画や TV などの映像でも悲しいシーンにはもらい泣きし，笑いのシーンには笑ってしまう
- 好きなタレントの服装やお化粧，振る舞いなどを真似る，好きな歌手の歌は聞きながらすぐ覚える

　大人の日常行為を観察すると，我々は常に他者の行為を無意識にミラーリングしながら暮らしていることに気づく。それは生活すべてに見られる。それぞれの生産技術，身体技法，コミュニケーション方法，料理や食事の作法，衛生習慣，洋服や化粧，ファッションに至るまで模倣行為が存在する。身体技法や社会技法の多くは他者の行為をミラーリングすることで身に付けていく。文化や伝統は模倣行為の継続から成立しているといっても過言ではなかろう。どんな赤ちゃんも生きていくその土地の言葉を学習する。同じ日本語であっても周囲の大人の話す音素やイントネーションを真似て習得する。それが方言である。歌や音楽もそうである。周囲の者が口ずさむ，音を真似ることで覚えていく。音符を示して覚えるのではない。

　子どもは赤ちゃんのときから，周囲の人々の振る舞いを模倣することで，人生での生活技法を身に付けてきたのである。生活の中に模倣となる人間モデルが多くあり，その人々の振る舞い生きざまに接することで，多様な人が理解でき，異年齢の人が周りに多く存在することで，それぞれの年代の一人ひとり違った人間の存在を学び，生活技法（人生）が理解できるのである。

2.　都市化・核家族の子育てのハンディー：模倣すべき大人たちがいなくなる

　都市化，核家族化が子どもの育ちにとってのハンディーといえるのは，子どもに関わる人々が少なくなり，模倣すべき「人」が少なくなってきたということである。さらに産業構造の変化により，第一次産業は縮小し，子どもの前で展開されていた生産活動は子どもに見えなくなってしまった。大人の生きる姿が見えなくなってき

たということは，生きて働く人のモデルが見当たらないということなのである。す
なわち子どもは生き方を模倣し，学習することが難しくなり，どうして生きていけ
ばいいのか不安となり，わからなくなっているのである。「生きる力」の育成は教科
書で教えれば，言葉で伝えれば可能なのであろうか。そうではなかった，学習の基
本は日々に生きて働いている周囲の大人たちの生きざま（振る舞い）を自己の脳に
一瞬に映し出し（ミラーリング），感情も意図（意味）もそこから理解し判断してい
くというミラーニューロンの存在が明らかになったことは，子どもの健全な育ちを
取り戻すためには重要である。これまでの，言葉による学習だけで生き方を身に付
けることは困難で，行為する身体性こそ重要であることを明らかにしたのがミラー
ニューロンの発見の重要な意義である。繰り返し，子どもに行為（活動）を示すこ
とこそ大切であったのである。「親の背中をみて育つ」とか「孟母三遷★」「技はぬ
すむもの」という言葉はそのことを指しているのである。

> 【注釈】孟子三遷：孟子は幼いときに父親を失い，母親一人の手で育てられた。最初墓の近
> くに住んでいたが，息子が葬式の真似ばかりするので教育上好ましくないと母親は思い，市
> 場の近くに引っ越した。息子は今度は商人の真似ばかりして遊んでいる。やはりここも好ま
> しくないと思った母親は，今度は学校の近くに引っ越した。すると息子は祭礼の道具を並べ
> て，儀式の真似をして遊ぶようになった。母親はここここそ息子の教育に相応しい場所だと
> いって，初めて安心して住まいを構え住みついたという。

3. デジタル社会の子育ての困難な課題： 子どもを孤立させない，不安にさせない

　子どもの育ちに「模倣」が重要なことは従来からいわれていた。このミラーニュー
ロンの発見★はそれが，具体的にその神経細胞が脳の前頭葉や頭頂葉に存在するこ
とが突き止められたのである。それも運動野や第１次運動野という，計画，実行，行
為に関する領域に多く存在することが判明している。子どもの育ちに古来からいわ
れている，「まねる」ことの重要性を再確認する必要があるのはこのためである。ミ
ラーニューロンの発見★は，子どもは見て，まねて育つという育ちの基本を示して
くれた。

> 【注釈】ミラーニューロンの発見：「ミラーニューロンシステムと自閉症スペクトラム」との
> 関係，ミラーニューロンの発見以来，自閉症児には共感性が乏しいことや，周囲の状況の判
> 断が難しい，他者の意図の不理解などの特徴からミラーニューロンとの関連が指摘されている。

　子どもの育ちに大切なのは，周囲の人々の話し言葉，感情表現，立ち振る舞い，身体技法（労働，作業），そのこと1つひとつが育ちに影響するということである。子どもの周りに様々な人がいることがなにより重要なのである。第2章の子どもの暮らしの写真を確認した際，いずれの写真も子どもの傍に多くの人たちがいた。子どもは常に大人や仲間に囲まれていた。そして笑顔があり，溌剌と仲間といっしょにからだいっぱい遊んでいた。子どもの健全な姿に溢れていた。子どもは貧しくても，さびしくはなく，仲間と大人に囲まれていることから孤立という不安はなく，怖さもなかった。生産作業が家内制手工業の時代は働き方を，身体技術を模倣できる大人の存在が十分にあった。工業化，情報化，IT化は子どもがモデルとする大人の存在が少なくなり，今では日中母親と子どもだけの環境に生活する子どもが多く存在する。子どもはだれを模倣として成長すればいいのであろうか。本や電子メディアは模倣の対象にならない。共に活動しないし，反応がなく，何より温かくて柔らかい身体がないからである。第3章でデジタル社会は孤独に陥りやすく，個で生活可能でもあることを述べた。親子が孤立的環境にいると，他者との関わりが減少し，子どもの育ちに影響を与えることは，ヘックマン教授が示したところである。デジタル時代に生きる子どもたちは，模倣すべき人間が少ないため不安である。直接関わってくれる大人が少ないため淋しい想いが募る。保育・教育者はこの現在の社会不安の状況を理解し，子どもを孤独に，一人にさせない環境づくりを目指すことが大切である。

6節　まとめ：半世紀続く子どもの育ちへの対策・支援

　どうすれば子どもの育ちの健全性を取り戻すことができるかについて考えたい。子どもの育ちの回復のためには3つの要素「自然・人・身体活動」の必要について記してきた。デジタル社会の高度情報社会ではリアルな人間関係を築くことが難しくなり，バーチャルな関係は不確実性が潜み，知らぬ間に孤立化をまねき，さらに個人で解決可能であると勘違いする。

　このような環境が子どもの暮らしにあれば，子どもに不安を与え，過剰なストレスを強いる。それが子どもたちの情緒を不安定にする。子どもを優しいまなざしで見守る大人たちや，優しく声かけ，あるときは叱ってくれる大人たちの存在は，過去何万年と大人や仲間に守られて育ってきた人間の子どもの在り様であった。現在のデジタル環境は子どもにとっては過酷な環境であるといわざるをえない。

　人間にとって自然環境に浸ることは，身体的にも精神的にも健康形成に寄与する科学的な根拠が存在した。多様な変化に富む自然環境での身体活動はそれだけで多様で高度な身体能力を身に付けることを可能とする。

　そして人の存在は，周囲の人々の愛情とともに，ミラーニューロンの発見によって，周囲の大人たちの行為を模倣しながら学習するという育ちの原点を再確認するものであった。学びは人々の振る舞いを模倣することで蓄積され，育ちの中に多くの「人」の存在があることが，人間を理解し，心身の健全な発達には不可欠な要素であった。そしてミラーニューロンの発見はこれまでの理性第 1 主義に陥っていた子どもの育ちに，見習うべきは人の生きる姿そのものであり，行為（活動）であるという育ちの原則を新たにしてくれた。ヘックマン教授が主張した非認知能力，社会的情緒能力とは，まさに人類が歩んできた，いかなる環境においても共同し，協調し協働することで形成された心情，態度を示している。勇気，希望，喜び，粘り強さ，積極性，意欲，気力，集中力，感性や想像力，創造力，共感性・協働性などは優れて生活世界で共に活動（行為）することで，共に何かを成しうる過程で培われる能力といえるであろう。行為することが人間力を培い，子どもたちにその行為を示すことこそが重要であることを，ヘックマン教授の 40 年以上の追跡研究が示している。

　この 3 要素「自然・人・身体活動」はいずれも現代社会が失いがちになる環境である。40 年前，NHK「子どもの身体は蝕まれている」放送後，当時の識者たちは子どもの育ちの異変を「高度経済成長による」「大脳機能の低下」「筋力低下，老化現象」「人類の危機」のように評し，その回復のために戸外で思いっきり遊ぶことを提唱していた。しかし子どもの育ちの変調はそれ以降も続いている。さらに 21 世紀の高度情報化社会の進展は，大人も子どもネット社会という不確実で見えない力に怯え，ストレス過剰の社会となっている。今こそ 40 年前の識者の言葉に耳を傾け，子どもが仲間とともに，山野を駆けめぐり，大声を出し，大笑いしながら暗くなるまで遊びきることが，健康的な子どもの育つ姿であり，人間の子どもが育つ健全な環境であることを認識する必要がある。

　そして重要なことは，半世紀も続く子どもの育ちの異変は何ひとつ「子どもの責任」ではない，ということである。社会が，周囲の大人たちが，子どもが健やかに，子どもらしくあることを願う心情を再確認しなければならない。次代の子どもを育てることのできない社会が消滅の道をたどることは，絶滅危惧種という生き物の世界をみれば明らかである。ルソーの警鐘から既に 250 年以上が経っている。我々大

人は今こそ，本来あるべき子どもの姿を取り戻すために，人の育ちには3要素「自然・人・身体活動」が不可欠であるとの共通認識をもつべきである。それが子どもの健全育成の第一歩になるといえよう。

COLUMN⑦ ....

ミラーニューロン：物まね遺伝子の発見

◇意図を理解し，相手の動きに同調するミラーニューロンの実験

イアコボーニら（Iacoboni et al., 2005）実験被験者 3 人

　①お茶やお菓子の準備が整ったテーブル
　②お茶を飲み終わった後のテーブルの状況

　どちらもコップを手にしている。①と②の状況を見たときに神経細胞はどのように活性化されるか？右運動前野のミラーニューロンに違いが見られた。イアコボーニらはこの違いは，背景の違いによって，これからお茶を飲む行為なのか，手にしたコップが片づけの行為なのか判断していると。これらのニューロンは行為の意図を背景（場面の状況）によって判断いる。つまり意図をも理解するニューロンであると。
　ミラーニューロンは共同行為を素早く正確に協調させる一助になっている。

　オーケストラと指揮者，社交ダンス，ホッケー，バスケット，運動会の協議，徒手体操，競技場の設営，映画の撮影，引っ越し業者の仕事，稲刈り，田植え，農作業，漁業などいかなる共同作業にも，ボディーマップとミラーニューロンを駆使して相手の行為を予測し，無意識に相手の動きを真似（模倣）はじめ，自分の行為や動作，態度を同調させる。

　人間社会の共同体は「空間の多様体の共有」といわれる根拠はミラーニューロンとボディーマップによって可能なのである。

COLUMN⑧..........

愛情ホルモン「オキシトシン」

　ヒトは二足直立歩行をとり，脳を巨大化させたことによって，生殖にハンディーを負うことになった。それは「生理的早産」による未熟な赤ちゃんの誕生であり，陣痛といわれる，分娩時の妊婦の負担である。その分娩開始のメカニズムの1つが解明されつつある。分娩の開始は胎児の方から母親に信号が送られるという。そして，その信号に応じて母親の脳からオキシトシンという陣痛を促進するホルモン（視床下部）が分泌される。オキシトシンを分泌するオキシトシン細胞は神経細胞が妊娠という事態に対してオキシトシン細胞へ変化したものだそうである（Grinevich, 2013）。

　子宮壁の細胞はオキシトシン受容体を多くもっており，オキシトシンが働くと，収縮する。子宮壁の収縮，これが陣痛である。分娩に際して大量に放出されるキシトシンは，出産（分娩）後も消えることはなかった。その細胞の神経突起（軸索）は脳のあらゆるところへ伸びていた。つまり，オキシトシンは出産（子宮の収縮）だけでなく，出産後もただちに子育て行動に向かい，子どもを甲斐甲斐しく世話する愛情ホルモンの役割も備えていたのである。

　ハンディーを背負ったヒトが確実に子孫を残すための生殖戦略であるオキシトシン細胞は，乳汁の分泌など，母乳行動や赤ちゃんを抱きしめ，赤ちゃんが気になり，可愛がる（愛しい）という子育て行動を促すのである。人は子育てに長期間かかり，その間継続して存在するのである。

　このオキシトシンは授乳時，赤ちゃんがお乳を吸い込む強いリズムでも分泌され，赤ちゃんを抱きしめる皮膚接触によっても分泌される。赤ちゃんの柔らかい体，赤ちゃんのお乳の匂い，赤ちゃんの笑い顔にも周囲は赤ちゃんが愛おしいと感じるオキシトシンを分泌するのである。だからオキシトシンは女性だけでなく，父親の子育て行動に際しても分泌されることもわかった。父親は分娩や授乳のためではなく，赤ちゃんを抱き，頬づりし，あやし，可愛いと思い，赤ちゃんを世話する子育て行動をすることで父親にもオキシトシンが分泌していたのである。

　　　　　　　（日経サイエンス4月号「育児で賢くなる母親」2006年より）

自閉症スペクトラムの治療薬としての「オキシトシン」

　近年の研究で，このオキシトシンを自閉症スペクトラム患者に6週間連続，経鼻スプレー投与した結果，内側前頭前野の連動性が増し，人との相互的な交流に効果

が表れ，喜怒哀楽などの表情の豊かさが顕著になるなど，社会性や共感性が高まるという研究が発表され，自閉症スペクトラムの治療効果にオキシトシンの期待がもたれている。

（平成 30 年 6 月　浜松医科大学山末英典「わかりあう難しさの脳基盤とオキシトシンによるその治療の試み」高次脳機能研究，第 38 巻第 2 号，2018）静岡新聞平成 30 年 10 月 26 日付より）

第*12*章

「自然」がヒト本来の発達を促す
——自然が与える人間発達への恩恵

1節 なぜ「自然」か？ 「自然の教育」の基盤は「身体」

　自然環境は，子どもが喜ぶ遊びの世界を与える。触覚や皮膚感覚，興奮と安らぎ，筋運動，他者の身体との共振など，豊かな感性と身体性を伴う楽しい体験を豊かに含む遊びを自然は無限に提供してくれる。運動を全力で行うと心身が活性化され，心身の基本的欲求が満たされる。乳幼児期の知性を飛躍的に発達させる基盤は，身体である。ルソーは，身体の感覚や運動能力の十分な発達が土台となって知性が伸びていくと考え，それを「自然の教育」と呼んだ。乳幼児期には，動きの様子から身体運動発達を捉え，身体を動かす遊びを通して全身発達を促していくのが相応しいといえよう。

　前章では自然環境に接することは，子どもの心身を健康にし，本来の発育発達を促進させることを新知見に基づき生理的・心理的面から述べた。

　本章では園内・園外活動で可能な自然遊びの効果についての実際を具体的にみてみたい。

2節 日常空間，園庭での自然のダイナミズム

　園庭は，子どもにとって最も身近な自然環境である。日常的に自然を体感できる自然環境は，子どもの発育発達上必要な，基本的な環境である。

　園内の自然環境での活動といえば，草花を植えること，野菜を育て収穫すること，あるいは小動物を飼育すること，ビオトープを造成して水辺に棲む生物を観察することなどがある。いずれも園内のオープンスペースでの活動である。乳児から幼児

まで，自然の広々とした空間に浸ることで，心身ともに開放される。また，土や水を運ぶ，エサや収穫物を運ぶなどの自然の事物との多様な身体活動は，子どもの健全な発育発達を促す活動である。

　ここでは，特に園庭での樹木や水や土に触れる戸外遊びの事例から，子どもの心身にどのような影響を与え，どのような発達を促すのか，子どの活動経験から具体的にみてみる。

1.　樹木のある環境：挑戦心，冒険心を育む

　大きな樹木があるだけで子どもの心身に及ぼす影響は多大である。都市部の園では難しいかもしれないが，同様な機能をもつジャングルジムと比べると，数段高い適応的心身の育成が期待できることがわかるであろう。大きな樹木はその存在だけで，子どもたちはダイナミックでスケールの大きい空間に浸ることができ，自然の醍醐味を味わうことができる。大きな樹木を前にして，子どもたちはその圧倒的なダイナミックさに畏れさえ感じるであろう。しかし保育者や年長児の巧みで躍動する身体づかいに次第に惹かれていき，樹木に挑戦的に向かっていく。枝をつかみ，次第に手や足を伸ばし，足場を確保し，登りはじめる。

　このように自然は子どもの冒険心・挑戦心を沸き起こす。しかし，挑戦心・好奇心・探求心から発する行動は必ずリスクを伴い，危なくて，怖くて，ハラハラ・ドキドキする。しかし子どもたちはあきらめない。挑戦するのである。このときの心象経験が，次の発達に大きな意味をもつ。困難なことに挑戦し，身体的苦痛を伴いながらも少しずつ克服していく。1つひとつの目標を乗り越えた自信と身体制御能力は逞しい心身を造る源となる。多少のリスクを乗り越え培った知恵と技は身体知として全身の発育発達に寄与する。

　自然に触れ，関わることで以下のような心身の身体諸機能が培われ育成される。

(1) 体幹（筋）の強化と平衡機能発達，危険回避能力：身体を支える・持ち上げる・バランス感覚

　園庭の樹木は，その大きさがもたらすスケール感や，登ったりぶら下がったり隠れたりできる空間的多様性が，子どもたちの好奇心を引きつけるとともに，抗重力筋を育て，平衡機能を発達させる絶好の機会である。

　木登りやターザンロープ遊びは，筋力の発揮と全身の協応性が試される場である。樹木がつくる「高さ」のある空間や，ロープによって生み出される「宙づり」の空間は，高度感やスピード感を味わいながらも，落下しないように空間の中で自身の

姿勢を保ちつつ動きをコントロールする身体制御が要求される。高さのある場所での遊びは，転落等のリスクがある。自分にできるかできないか（そのリスクに対して自分の力で対処できるかどうか），子ども自身が自分の能力を判断し挑戦する機会でもある。子どもはそのようなとき，必死で全身の力を込めて落下しないようしがみつき，通常の生活活動ではありえない見事な身体づかいを発揮する。その体験を通して上手な身体の使い方が育まれ，子ども自身の認知的判断の発達に伴い，危険回避能力が高まっていく。子どもはこのような経験を通じて，自分の身体の力を感知する。身体知として脳・筋肉に収集された情報から，子どもは自分の能力がわかるのである。どれぐらいの重さのものは持ち上げることができ，どれくらいいの幅なら飛び越えられる，どれくらいの高さなら飛び降りることができ，どのくらいのスピードなら出せる。身体活動経験からしかこの能力を獲得することはできない。ジーッとして動かない生活では，生きていく上で重要な自分の身体の力を，感じることも，作り出すことも，磨くこともできない。

(2) 心身の開放と，他者との信頼・共感：からだを委ねる 他者と関わる

　木登りでは，根元から次第に分枝し広がっていくという樹木の空間構造が，子どもの動きを生じさせる。つまり，物体と身体との関係性，つまり「身体×自然（身体と自然の関わり）」という関係性によって，動きがアフォード★される。木登りでは，樹木が自分自身の身体を支えてくれるということに対する信頼感を，子ども自身が自然との相互作用の中で得ている。

　　　【注釈】アフォード：ものや環境がもつ物理的特徴が，ある行動を促したり制限したりすること。

　一方で，見守る保育者のまなざしや，樹上ですれ違うときに独特の身体の使い方が発生することや，他者の登り方を見てよい動きを学習すること等，「身体×身体（身体と身体の関わり）」という関係性もまた，子どもの動きを生じさせる。他者の動きを感じ取る共感性がその基礎にあり，それを豊かに育む土壌は，安心感のある人間関係である。これらの関係性に支えられ，子どもは自分の能力を自分で判断し，自己決定して挑戦する経験を重ねることができる。

(3) 活動欲の充足，達成感・充実感を得る：繰り返し試す・挑戦する

　園庭の樹木には，年間を通していつでも触れることができる。「毎日そこにあること」は，子どもに安心感を与える。運動能力が伸びる時期には個人差がある。つま

り，必要なタイミングが子どもによって異なる。したがって，「いつでも挑戦でき
る」環境が年間を通して保障されていることは，子どもの運動能力の発達上重要な
環境要件である。

　子どもは自然物との関わりの中で，身体を通して思考力・想像力・創造性を育ん
でいる。幼児教育では「思考力の芽生え」を支えるものとしての直接体験を重視す
る。十分な経験による運動の熟達は，子ども自身が自己の身体知を出発点として物
事を判断し，考える力を育む。

(4) 想像力・創造力を生む：環境への適応力，自然を内面化し，世界を感知する

　枝や幹，花，葉，実など，樹木がもたらす「形のあるもの」「変化するもの」は子
どもの想像力を刺激して遊びの中での動きを引き出し，創造性を生み出す。一方で，
木もれ陽や風の音など樹木がもたらす「形のないもの」は五感を賦活し，環境に対
する身体の適応力を高める（図 12-1）。自然は変化する世界である。これが発育発
達で重要なことである。季節の変化の中で，木々も変化する。芽を付け，葉を広げ，
色彩豊かな花を咲かせ，そして秋になれば葉っぱを落とす。そのような自然世界の
変化に驚く感性と，その変化に対応する多様性な身体技法が獲得される。

かたちがあるもの
- 遊びの素材をもたらす（葉，花，実）
- 動きを引き出す（樹幹，枝ぶり）

かたちがないもの
- 変化するもの（五感を賦活）
　光（木もれ陽，木陰）
　音（風の音，落ち葉の音）
　手触り（あたたかみ，湿り）
　香り（葉，樹皮，土）
　味（果実，花の蜜）
　温度（木陰は涼しい，茂みは暖かい）
- 生態系への気づき（さまざまな生き物）
- 時間性（季節性）への気づき（季節はめぐる）

図 12-1　樹木が子どもに与えるもの（遠藤，2018）

　花，葉，実などを用いたごっこ遊び（例えば，ままごと遊び）では，自然の中か
ら子どもが素材を自ら手に入れ，食べ物に見立て加工するという体験の中に，生活
技術の基礎がある。こうした体験は，食材等が元来自然の中にあり，自然の恵みで
あるということの基本的理解につながる。また，木陰の涼しさ，木もれ陽の穏やか

な明るさ，樹木の葉や幹の生きている感じがする手触り（枯枝や枯れ葉の生命感が失われた手触りとの対比），ツツジの花の蜜の甘みなど，五感での自然体験は子どもの身体の感受性を豊かにし，人間は自然の一部であるという感覚を内面に育てる。

2．築山のある環境

(1) 抗重力筋の強化：築山の斜面が両手両足を使う・姿勢を保持する（平衡感覚）

　斜面は，子どもに多様な運動経験をもたらす。園庭に築山を作っている園も多い。もし，園庭につながる裏山があったら，その空間的多様性によって子どもの遊びは無限に広がるに違いない。

　造成された坂道と異なり，自然の中に存在する斜面や築山の斜面では傾斜が均一ではなく，どこを通るかで上り下りの難しさが違う。例えば，歩くことが上手になり，行動範囲が広がってくる１歳児では，小さな斜面であっても両手両足を使ったり，滑らないように上半身をまるめたり腰を低くしたりするなど，自分なりの身体の使い方を試す姿が見られる。また，斜面を「駆け下りる」，「段差を見つけて飛び降りる」などの動きは，水平の環境では得られない「加速」の感覚がおもしろく，子どもたちは繰り返し楽しむ。遊びの定義をしたカイヨワ（R. Caillois）は，遊びをアゴーン（競争），アレア（機会，運，偶然），ミミクリー（模擬），イリンクス（眩暈）の４種に大別したが，この加速の感覚は「イリンクス」の要素をもつもので，滑り台，ブランコ，ジェットコースターでの身体が浮くフワッとした感覚を得られる遊びである。

(2) 自然の理を知る（科学的認識）

　斜面があると，子どもたちは何かを転がしたり，水を流したりする。子どもたちは高いところから低いところへ物体が動いていく様子を見つめ，様々に方法を変えながら，繰り返し試す。その経験によって得た理解と，自分自身の身体を動かすことで得た理解が統合されて，子どもたちの経験に基づいた力学的理解が生じる（これを素朴理論★という）。その個別の経験的理解を基礎として，さらに新たな知識を得ることで，科学的に正しい力学的理解が導かれる。

　　【注釈】素朴理論：事象理解における，自分が経験したことをもとにした素朴な考えのこと。幼児期の特徴的な思考枠組みの１つである。

3. 水と土のある環境：皮膚感覚が情緒の安定と感性を呼び起こす

(1) 心身の開放と情緒の安定へ：心地よい皮膚感覚が心身を解放する

　子どもたちにとって，水と土は最も身近な自然物である。泥の柔らかく心地よい感触は，子どもの心身を解放する（泥遊び・水遊び：ドロドロ感，ヌルヌル感，ザラザラ感，ガザガザ感）。また，集中して同じものをたくさん作り続けたり，作ったものを壊したり，様々な表出が生じる場でもある。

水遊び，毎日毎日子どもは川を水で満たしていた（常葉大学附属たちばな幼稚園）

　土は水を含ませることで，ドロドロになったり，型抜きや団子作りにちょうどよい固さになったり，遊びの素材として抜群の可塑性を発揮する。泥だんご作りでは，子どもたちは自分で土の固さのイメージをもちつつ，試行錯誤しながら自分が欲しい状態の土を作る。これは，自分に必要なものを自分で作り出し，それを発展させていくという自発的な生産的の原体験の1つである。

(2) 身体操作能力と協働経験：運搬作業の繰り返しは筋出力情報の蓄積，共通目標をイメージできる

　土砂を積み上げ山にすることや穴を深く掘ることは，都市での日常生活ではなかなか体験できない動きである。道具の使い方は，泥遊びや砂遊びでスコップやシャベル等を使うことを繰り返し経験することで，技術として身に付いていく。また，土を集めて台車で運んだり，水をバケツに入れてこぼさないように運んだりすることは，重量があるものを移動させる運動の反復であり，相応の運動量がある。一方で，大きな山を作ったり，池を水で満たしたりすることは達成感がある。これらの遊びが協同的に発展すると，他者と共に共通の目的をもって物事を進め，結果に満足することは，協同性を育む貴重な経験となる。

　また，水や土を運ぶ活動は，物と身体各筋力の調整が必要となる。物事を遂行するためには，この筋力の出力を繰り返し調整することで可能となる。身体操作能力は身体と事物との関わりを頻繁に繰り返しもつことで育成可能なのである。筋力の出力調整を行うのは前頭葉の運動野で，物をもって移動することの繰り返しによって，重さに合わせた身体各筋力の出力調整が行われ，その結果重い物を移動させることができるのである。軽い物しか持たなければ，運動野には軽い物の出力情報しか蓄積されないということなのである。

　　【注釈】乳児からの運動発達と前頭葉運動野：子どもの運動発達は段階的に進んでいくもので，いきなり歩くことはできない。前頭葉運動野に過去の筋肉出力情報が蓄積されてそれによって，次の発達段階が準備される。このことは第Ⅱ部第1章，および第3章で記述している。本章は自然との関りによって運動発達が促されることを事例によってわかりやすく示したものである。身体の筋力発達は事物を操作することで出力情報が蓄積され，これにより身体操作能力が育成される。ドアの開閉，ペットボトルに開け閉め，オモチャの出し入れ，洋服や着脱，靴のヒモ結び，日常生活活動を可能としているのは，この前頭葉運動野の筋肉への出力微調整による。

3節　非日常的空間，野外活動のダイナミズムが育む逞しい身体と心

1.　野外活動で得られる身体知（情動・情緒，共生感，知恵・知識，身体技術）

　日常的に園庭での樹木や草花，土や水，小動物等の自然環境との直接関わりは，知恵と知識と技術の身体知として蓄積される。しかし日常的な園庭での活動は限定的で固定的にならざるを得ない。

　子どもは常に新しい物，新奇な事象に興味を示し，挑戦するという強い探索欲求をもつ。その探索欲求を満たすことができる活動が，園外での野外活動である。非日常的自然空間は新たな知的好奇心（興味・関心，冒険心・挑戦心）を生み，ダイナミックで適応度の高い身体を作り上げる絶好の機会といえる。園内の日常的空間から離れ，森，里山，川や海に出かけ，広大な自然の息吹やダイナミズムに接することは，子どもの好奇心や冒険心，挑戦心をくすぐり，ワクワク，ドキドキの高揚感を生む。園庭での自然活動の経験から，さらに広がったダイナミックな空間，そして事物への興味は発展的に広がり，子どもは広い世界を感知できるのである。段階的に発展的な環境を準備することは，環境を通しての保育・教育の真の意味であろう。

　園庭では味わうことのできない，変化に富む多様な自然のダイナミズムに接する

ことで得られる驚きや，興味・興奮，共生感や協働感は子どもたちの心身を大きく躍動させる。例えば，地形の変化に富む里山や，広々とした野原など開放的な環境での遊びでは，園庭では得ることのできない豊富な運動量と，挑戦心や達成感を満たす快感情が得られる。この快感情が，「自分はできる」という気持ちにつながり，自己効力感★を高める。

【注釈】自己効力感：「自分はできる」という気持ち，すなわち，ある結果を生み出すために必要な行動をやり遂げることができるという確信のこと。

2. 海・川の自然

　例えば，通常の園のプールでの泳ぎの経験と海での経験を比べてみよう。まず広大な海を見たときのダイナミック感，波の音や押し寄せる波の力，貝や魚を見つけたときの興奮と感動，砂のさらさら，ざらざら感，岩のごつごつ感，海水の苦味，潮の香などいずれをとっても子どもの感性や身体に与える影響は計り知れない。波の抵抗の中，身体を適応させていく能力は教えてできるものではない。波の大きさ強さ，潮の引き，寄せ，浮力のなど身体があらゆる海水の変化に対応しようと全身で調整していくのである。その経験はどれほどの情報を身体に与えうるであろうか。海の経験は「海（自然）の驚異を感じるとともに，海（自然）の怖さ」を体感することにもある。ルソーが主張する「自然が主席の教師」の意味がここにある。教師が教える以上のものを子どもに与えるというのはことなのである。

荷物を背負っての運動はバランス感覚を育成し体幹筋肉を鍛える（静岡県立朝霧野外活動センター）

　野外での心象経験は大きな感動とともに身体知として蓄積される。園庭の自然経

験しかもたない子どもたちが，山や森，広大な野原を経験することで積み上げられる経験知は，身体知となり園内での経験とは比べものならものを子どもに与えるであろう。それを仲間とともに経験すれば，共生感を育むことは間違いない。同じ目的をもち，共に発見し驚き，共に喜び，共に恐怖を感じ，共に乗り越えるその体験を通して真の絆が形成されるのである。

3.　注目される「森のようちえん」

　「森のようちえん」という取り組みが，全国に広がっている。もともとは，1950年代にデンマークで始まった実践である。園舎を持たず，晴雨問わず野外で保育を行うもので，現在でも北欧諸国やドイツで盛んに取り組まれている。

　わが国でも，自然体験は保育の中で重視されてきた。驚くべきことに，1920年代（大正時代）には既に，子どもが戸外で自然に十分に触れて生活することを重視した保育実践の記録がある（大阪市の「露天保育」，橋詰良一による「家なき幼稚園」等）。橋詰良一は「幼児が大自然の中を縦横自在に歩き回」ることを「回遊」と呼び，野外での保育がフレーベルの考えを最も簡明に具体化する方法であると考えた。倉橋惣三は「家なき幼稚園」を実際に訪れ，その原理を徹底すれば都市部でも実践できるはずと述べている。保育者はこの時代から，園庭や周辺の自然を活用することの積極的な意義に目を向けていたのである。

　現在，「森のようちえん」として自然保育を実践する団体は増加し，認可外保育事業のみならず認可園でも自然保育を保育計画の中に位置づける取り組みが広がっている。自治体によっては，独自の制度を設けている。例えば長野県は「信州型自然保育認定制度（信州やまほいく）」を，鳥取県は「とっとり森・里山等自然保育認証制度」を設け，自然保育の普及を図っている。

　「森のようちえん」として有名な広島大学附属幼稚園の研究では，卒園児の運動能力の発達の縦断的検討から，里山での活動が複合的な要素を含む運動能力を高める可能性を指摘し（落合ら，2012），森の幼稚園卒園児の身体活動量の多さが児童期中盤以降の運動能力全般に間接的に影響を及ぼしているという仮説を提示している（久原ら，2015）。

4.　地域の自然資源を利用した野外活動の実際

　園生活の中での自然体験について，静岡市内の園を対象とした調査（遠藤ら，2019b）では，多くの園で外遊び，土や砂での遊び，水遊び等，基本的な体験の機会は

十分に確保されているが，危険な生き物に出会う，雨の中の外遊び，木登り等の体験が少ない園が多いことが示された。また，川や海に出かけたり，自然豊かな場所に出かけて宿泊保育をしたりするなどの機会がない園が多いことも示された。

　子どもたちは，身近な自然との間で様々な体験を重ねる中で，自然と人間との関係についての理解の基盤を形成する。園外活動は，園内では得難い体験をしたり，より大きな自然とのつながりを実感したりする，絶好の機会である。園庭を持たない小規模保育所や，複数施設の統合により園児数に対して園庭が手狭になっている園が増えている。そのような現状の中，広い空間で伸び伸びと身体を動かし，豊かな自然体験を得られる場として，地域の自然資源の活用が，より一層求められていくだろう。

（1）野外での遊びと安全管理

　野外においても，子どもたちが遊びを見つけて十分に体験できるように，子どもの主体性を信頼して保育内容を計画したい。一方で，自然の中での活動における安全管理のあり方としては，園外活動のガイドラインやマニュアルを整備し，実行することが大切である。以下，「保育所等における園外活動時の安全管理に関する留意事項」（厚生労働省，2019）を参考に，その一例を示す（表12-1）。

　最も重要なのは，子どもにとって無理のない計画・保育者にとって安心感のある計画を立てることである。そのためには，保育者が年間を通して現地を訪れ，その場所の自然環境によく親しむことが大切である。そこにある自然物の魅力はもちろんのこと，危険箇所，休憩できる場所，天候急変時に逃げ込める場所などが，保育者間で共有できていることが大切である。また，保育者は，そこで遊ぶ子どもの姿が明確にイメージできることが大切である。これらのことは，保育者にとって安心・安全の源泉である。

（2）宿泊を伴う野外活動

　園の近隣にある公園等のほか，少年自然の家等の青少年教育施設等も，幼児の自然体験活動の場としての活用が期待されている。これらの施設は一般的に，小学校高学年児童の宿泊利用が想定されている。そのため，設備は幼児向けに作られたものではないが，よく管理された敷地内の自然環境は，安心して自然遊びを経験できる場として貴重である。

　筆者らは，日帰り，1泊2日，2泊3日，3泊4日の幼児の野外活動（キャンプ）を実践している。以下1泊2日のプログラムを紹介したい（図12-2）。

　このプログラムは，テント泊と薪での食事作りが体験の主な内容である。年長児・

表 12-1　園外活動時の安全管理について

事前準備
- ●目的地までの経路，目的地における危険箇所の確認
  - ・事前の下見が望ましい
- ●危険箇所等に関する情報の共有
- ●園外活動計画の作成
  - ・園外活動の目的地，ねらい，行程（時刻，経路，所要時間），子どもの人数，引率者等を記載した活動計画を作成
  - ・職員の配置，役割分担の確認

出発前
- ●天気，職員体制，携行品等の確認
  - ※携行品の例：救急用品，携帯電話，緊急連絡先リスト，子どもの名簿，防犯ブザー，ホイッスル，筆記用具等
- ●子どもの状況等の確認
  - ・子どもの健康状態を確認し参加の可否を判断
  - ・実際に園外に出掛ける子どもの人数を確認
  - ・個別に配慮が必要な子どもの情報を共有
  - ・出発時の子ども全員の服装を記録（緊急時に備えるため，カメラ撮影等）
- ●保育所等に残る職員等に対する情報共有
  - ・実際の出発時刻等の記録

目的地
- ●現地の状況確認
- ●子どもの行動把握
- ●子どもの人数や健康状態の確認

帰園後
- ●子どもの人数，健康状態等の確認
- ●帰園の報告
- ●経路や目的地で新たに発見した危険箇所や配慮事項の共有

その他
- ●園外活動マニュアル・チェックリスト等の作成と定期的な見直し

年中児計 36 名に対し，教員 2 名と子ども 1 グループ 6 人に対し 2 名の保育補助者（学生ボランティア）が付いて実施している。

　日常の保育とは異なり，宿泊型のプログラムでは「夕方」「夜」「早朝」の時間帯の自然体験，火を使う体験，未知の環境を自由に探索する体験，を，保育計画に含めることが容易にできる。このようなプログラムは多くの人員が必要となるため，保護者や地域の人々の協力を得て実施されることが多い。

図12-2　幼児を対象とした1泊2日のキャンプの計画（とことこキャンプ　秋のなかよしキャンプ）

キャンプは探索や探究の機会に満ちている（とことこキャンプ　秋のなかよしキャンプ）

4節　まとめ

1.　自然環境の中での活動，それは非認知能力の育成に直結する

　第Ⅰ部　第4章において非認知能力の発育発達に及ぼす影響について述べた。人は本来生得的に非認知能力を宿して誕生し，その非認知能力を高めることで文明を築いてきた。しかし文明の発展に伴い，人類を進化させたアナログ空間である自然空間（環境）での活動は制限された。現代社会では，固定的・限定的な人工的空間が広がり，デジタル空間ではさらに身体活動が制限されている。このような生活環境でしか生き延びることはできない子どもにとって，人としての育ちが可能であろうか。

　人の子どもの目標は，本来の高い機能的身体能力を獲得すること，それに連動して構築される高い脳機能獲得である。保育・教育はそのために準備されなくてはならない。

　高い身体や脳機能は，必ず連動して形成される。人も動物であり，最終的に脳機能は活動する，動くために構築されているのである。この原則が過少評価されているのが，保育・教育の現状である。デカルトの心身二元論で進められた近代社会は，人間のこの原理を見失っていたのである。知識や知恵は活動するためのものである。人が動けないという現象は，病気や怪我の状態であり，活動低下の現象は老化といえるであろう。人の子どもは活発に活動することで，身体と脳機能を育てる，ジーッと座って動かない環境は子どもの健全な発達を阻害するという認識を強くもたなければならない。

　その意味でのヘックマン教授が，学力・IQに基づいた認知的能力ではなく，幼少期の非認知能力育成を保育・教育に求めたことは，人間性回復に大きな意味をもつ。

　人は活発に活動することで，健全性，健康を維持することができる。人類のもつ，高機能な身体と脳を幼少期までに準備することが，その後，デジタル社会の中で幸福で安定した人生を過ごすことの可能性をもつのである。

　自然環境に適応的に進化した人類にとって，デジタル社会は強いストレスを与える。しかし幼少期に適応度の高い身体機能を獲得していれば，その後の人生の困難に対して解決可能な道を見つけ出す可能性が高くなる。しかし，幼少期までに本来人がもつ「身体と脳」が獲得されず，解決に向かう身体知「知恵と知識と身体技術」が育っていなければ，人生をどう切り開き，困難を乗り越えることができるであろ

うか。

　すなわちルソーが指摘した「万物をつくる物の手をはなれるときはすべてよいものであるが，人間の手に移るとすべてが悪くなる」（p.23）のように大人・社会の環境が子どもの育ちに影響するのである。

　豊かな自然環境は，子どもにとって魅力的な戸外遊びの体験過程を与え，子ども自身が対処可能な多くの「偶然」や「不確実性」をもたらす。戸外遊びで出会う未知の状況への対処経験が，子どもに自信を与え，意欲を伸ばす。自然を活用した保育の効果として，集中力，挑戦意欲，自信といった，非認知能力を高める側面が注目されている。

2．なぜ「生きる力」なのか？　乳幼児期に得た身体知が問題解決力を高める

　「生きる力」とは，「いかに社会が変化しようと，自分で課題を見つけ，自ら学び，自ら考え，主体的に判断し，行動し，よりよく問題を解決する資質や能力など自己教育力であり，また，自らを律しつつ，他人とともに協調し，他人を思いやる心や感動する心など，豊かな人間性（1996年中央教育審議会答申）」である。「生きる力」の基礎を幼児期に培うことが，問題解決力の根幹となる。

　幼児期の自然体験は「生きる力」の基礎となる「心情・意欲・態度」を育て，その結果として運動能力や心理社会的な能力の発達が促されるものと理解することができる。

　幼児期の保育環境は，芽生え期の「生きる力」を涵養する土壌である。自ら課題を見つけ自ら学び，問題解決へ向かうという「生きる力」は幼少期の上記のような，ダイナミックな自然を前にし，その広大で大きな力にひるむことなく，対峙し，冒険と挑戦を繰り返し，全身で自然に向かっていく中で培われていくものである。忘れてはならないのは，それは身体知の蓄積だと言うことである。教科書で教えてくれることは，保育者・教師が与えることはわずかであることを認識しなければならない。子ども自らが挑戦し，試行錯誤を繰り返すことを保育者・教師は励まし，見守ることしかできない。ヒトは経験して積み上げた身体知「知恵，知識，身体技術」を用いて進化の道をたどってきた。教科書をもって人生を切り開いてきたわけではない。知識は必要であり，有用であるがあくまで生きていくためのものである。身体性を伴った知識であってはじめて，「身に付く」という言葉がその意味を語っている。

第13章

幼児の全面発達と運動支援
——幼児の運動能力の現状とその課題

1節 はじめに

　運動遊びにおける保育者の重要性は，運動指導の方法，技術はあくまでも参考であり，その目的は子どもたちの内面から湧き上がるものへの援助であることである。
　幼児の健康づくりの基本は，「健康づくりに向かうことができる幼児」を育てることである。当然，「幼児期の終わりまでに育ってほしい姿」の「健康な心と身体」に，自ら身体を動かすことを楽しむなどが含まれる。しかし，私が知っている幼児でも，まっすぐ走れない子，鬼ごっこをすると，鬼になると持久走のように一人だけを追いかけてしまう子，ジャングルジムで横に移動するのに手と足がスムーズに出せない子，鉄棒で落ちそうになって両手を離してしまう子，ダーツのように肘から先でボールを投げてしまう5歳児さんが多いクラス，立ち幅跳びで片足着地になってしまう子などがいた。このような子どもたちは明らかに運動遊び経験が不足しており，進んで運動遊びをしない子たちが多いのである。このような問題に対して，走り方，ジャングルジムでの遊び方などを教える対処法だけを保育者が指導しても何にも解決にはならない。
　幼児を対象とした運動能力テストの記録を見てみると，保育所で行う頻度が多い縄跳びや反復横跳び等の能力は向上する一方，懸垂や体支持持続時間といった筋力や筋持久力を測定するものについては低下しているのである（穐丸・花井，2010）。ボールの投げ方や走動作改善のためのかけっこ教室などの介入実験の結果，記録は向上すると報告する研究は多々あるであろう。しかし一時的な記録の向上であり，児童の体力がピークであった1980年代以降，体力低下がいわれるようになってからさらに低下し続けており（低下の時点で止まっているとの指摘），様々な対処法として

夢中で遊んでいる

の技術論，遊ばせ方が論じられているが，一向に児童の体力向上の兆しは見えない。

　これは児童になった子どもたちが「自ら体を動かすこと」の喜び，充実感を味わっていないことの表れであり，意欲的にボールを遠くに飛ばしたい，早く走りたいという子どものもつ，内面から湧き揚がる活動・挑戦欲求とそこから得られる達成感や充実感，自己効力感が育てられていないことから起きている事態（現象）と考えられる。

　ドッヂボールの場面を思い浮かべてほしい。一見みんなでドッヂボールをしている。しかしよく見ると夢中になって参加している子，普通に参加している子，参加しているが友だちとくっついている子，不満そうに参加している子，しゃがんで参加していない子など様々な子が見えてくる。どうだろう，「自ら体を動かす」に該当する子はどの子だろうか？夢中になっている子だけかもしれない。この子は全力でやっているし，そこには挑戦があり，この子の中に独自の楽しさを見出している。では普通に参加している子はどうだろうか？もしかしたら，保育者に言われたからやっているかもしれない。または保育者に褒めてほしいから，みんなもやっているからという気持ちかもしれない。褒められたい，仲良くしたい，勝ちたい，目立ちたいなど，ここでは「自ら体を動かす」楽しさから離れてしまっている。これではいくら保育者がドッヂボールを実施しても「自ら体を動かす」楽しさを味わうという目的には達すことができないことがよくわかる。しかし一方で，子どもは自ら環境を準備し，環境を整えることはできない。そこには大人・社会が，子どもの内部から湧き出る活動欲求を満たすことのできる環境を意識して，自覚的に準備しなければこの状況を打開することは難しいであろう。

　この状況を打開するためには，あらゆる機会に子どもの中に自然とある活動欲求

を満たすことのできる場所等の環境を設ける必要がある。そして保育所・幼稚園こそが活動欲求を満たす環境であり，その援助者が保育者であることが，最初の打開策になるのではなかろうか。

本章はそのことに重きをおき，保育者が日常園生活の中で，どのような環境を準備し，子どもの何に着目し，何を支援することが，子どもの自然にある活動欲求を満たし，人間としての健全発達につながるかを中心に展開していきたい。

2節　運動遊びの意義

幼児にとっての「遊び」とは，様々な研究者によって表現がされているが，柴田（1973）は，幼児期の特徴である「自由に思いをはせることができる幻想力，精神的生産性の現れ」であるとし，「幼児に遊びを満喫させてやることが重要だ」としている。また運動を通した遊びが人間の基本的な活動であるといわれるように，幼少期時代の運動を通した様々な経験を高く評価する人は多い。これらは，昔からいわれるように乳幼児は身体を使って動くことを学び，動くことではじめて生活世界を獲得するからなのである。

そもそも「運動遊び」とは，「活発な身体活動運動を含む遊び」（林，2007）をさす。では，身体を活発に使った運動遊びを幼児が満喫すると，どのような影響があるのであろうか。

まずよく知られているように神経系の発達に寄与しており，運動能力を獲得することができる。したがって身体活動が少ない園児は，浮き趾が多く，足趾力不足による転倒の危険性が高いことが知られている。また全身的な動きを身に付けることを目指した幼児期運動指針にあげられている「様々な動き」は，遊びを通して得られるものである。これは指導頻度が多い保育園と比較して，自由遊び中心の保育園の園児は運動パターンが多いことからも明確である。すなわち子どもの遊びにはそれ自体自由にからだを使い，挑戦的，冒険的遊びの中に高い身体能力が身に付くようになっているのである。

遊び自体が，自発的な活動であり，内発的動機に基づいているため，運動遊びにチャレンジすることにより，運動欲求が満たされる。これらの経験は自己効力感,情緒的体験を積むことになり，情緒の安定を促すとされている。

さらに，同年代や異年齢の子どもたちと遊ぶことは，社会性の発達にもつながる。遊びに適した場所や道具を探し，あるいは工夫し，使用する道具の使い方や遊びの

仕方を覚える。さらに自分や友だちへの危険を配慮し，危険があれば警告し，打撲や少々の擦り傷は年長者が手当てをすることもある。年少者は年長者のこういった行動を見聞きし，年長者から年少者に伝わっていく。他者に配慮する，他者を思いやる，これが社会性の芽生えであり，社会性の発達につながっているのである。

　乳幼児の内発的活動欲求が満たされなければ，情緒の安定を欠き，不機嫌になったり，乱暴になったり，食欲が落ちたりするのは日常生活にみられる子どもの様子である。

　好奇心や不思議さの溢れる自然の中で，仲間とともにからだを思いっきり使って遊びきる様子は，子どもの眼がキラキラと輝き，大きな声と大きな笑い声と，はち切れんばかりのエネルギーが溢れた空間に包まれる。

　遊びの中には，怖かったり，危なかったり（転んだり，落ちたり），怒鳴り声や，悔しい思いや，ぶつかり合いでケンカになったり，涙がこぼれることもあるかもしれない。しかしすべてを出し切って遊んだ後には，静かで，穏やかで思いやりや優しさに溢れ，人として満ち足りた時間・空間がやってくるのである。この充実感を子どもたちは全身で受け止め，生きる力の糧としたのである（人の絆といってもよい）。

　からだをぶつけて遊びに興じる姿は有史以来子ども期の大切な姿であった。このからだを使って思い切り遊ぶ中に，人間としての成長の「種」がまかれているのである。

　このことにより子ども期に運動遊びが人間発達における重要な意義をもつといえるのである。

　すなわち乳幼児の身体活動は内発的動機に基づく基本的要求であることを中核に据え，乳幼児の内発的身体活動を支援し，環境を準備することが保育者としての基本といえる。

3節　運動発達の原則

　大人は，体力低下といわれるとすぐに散歩やジョギング，スポーツをやらなければと考える。しかし，幼児の場合はこれと同じように考えることは大変危険である。なぜなら幼児は発育発達過程であり，大人のように体力要因は細分化されていない。運動の発達段階は幼児期までには直立二足歩行の獲得，それに伴う基本的身体諸能力の獲得が基本であり，多彩で多様な身体能力を獲得する，人間発達にとって貴重な時期である。

　乳幼児期の運動発達には方向性がある。1つ目は頭部から脚部への方向性である。「頭を上げる」「首が座る」などから、次に「寝返る」「ガラガラを振る」などの体幹や上肢が発達し、「つたい歩き」「歩く」といった足の運動発達である。2つ目は中心から末梢への方向性である。「腕を伸ばす」から「熊手型で物をつかむ」「親指と人差し指で物をつかむ」といったものである。3つ目は大きな筋肉から小さな筋肉の制御の方向性である。これらの方向性により自分自身の体を移動させる移動運動や、意図して行う随意運動が発達することで2～7歳頃の基本的な運動となっていく。体育科学センター体育カリキュラム作成小委員会（1980）は84種類の「基本的な動作」を選定しているが、乳幼児はそれまでできなかった運動をできるようになり運動のレパートリーが増えていくのである。

　そして体力としてイメージされやすい筋力、筋持久力、瞬発力、全身持久力、敏捷性、平衡性、巧緻性、柔軟性があるが、特に神経系に関係が深い体力要素の敏捷性、平衡性、巧緻性、柔軟性を含めた「行動を調整する力」は、乳幼児にとってはその効果が早い時期に見られ、体得すると低下率が低いのが特徴である。この時期に様々な動きを取り入れる保育は重要であることがわかる。一方で大人にとって体力としてイメージされやすい握力などの筋力や、20mシャトルランなどの全身持久力といった体力要素は、乳幼児期の年間発達速度はそれほど速くなく、また効果は早い段階で低下することが実証されている。つまり、幼児期には行動を調整する力として様々な運動遊びを行い、その延長に筋力を使う運動、さらに全身持久力を培う運動遊びと展開されることが重要である。

4節　保育者としての支援の原則

　幼児の健康づくりは、きめ細かい働きかけが重要である。幼児の健康は、大人が見守り手を差し伸べることで確保される。これは、幼児が身体や心の発育発達の時期であり、人間形成においても重要な時期でもあるため、成人のような、病気の予防や健康維持の考えでは、幼児の健康づくりには不足している。そこで幼児自身の能動的で自発的な活動を伴うことが大変に重要になってくる。つまり保育者は、幼児が「健康な心と身体を育て、自ら健康で安全な生活をつくり出す力を養う」ことができるように、環境を整え、個々の子どもの内発的活動を支援（言葉がけ）することが必要とされる。これがきめ細かい働きかけにつながるのである。

　では「人的環境」としての保育者は、幼児に対してどのような支援としての言葉

がけが良いのであろうか。

　乳幼児は，本来「能動的」である。大辞林によれば，「能動的」とは「自分から他に積極的に働きかけるさま。自分の方から他に作用を及ぼすさま」とある。つまり，幼児は自分から相手に何らか働きかけることで，その反応を受け，自らを成長させる能力を備えもっているのである。例えば，幼児は自分から保育者に積極的に話しかけたり，おままごとなどで友だちの世話を焼くなどの行動によって，相手と積極的に関わり，その相手の反応から自らを成長させているのである。よって乳幼児への支援である「言葉がけ」とは，幼児に何か指示を出すという，一方通行であってはならない。例えば幼児に対してご褒美を約束して絵を描かせた場合，そのときはたくさんの絵を描くが，その後は絵を描くことが少なくなってしまうのは有名な話である。幼児にとって自発的ではなく，またそれ自体が自分自身の目的ではなく，何か別の目的で行ったことについては，その場では幼児は一生懸命行うが，その後は自発的に行うことは減少してしまうのである。保育者が「言葉がけ」を間違えてしまうと，幼児の好奇心を損なってしまうのである。言葉がけで重要なのは，幼児とのお話の中で，それを受けた保育者が自分自身の気持ちや考えなど，何らかを受けた反応を言葉として表現することである。しかし保育者は得てして幼児に影響を与えるような言葉をかけなければと考えてしまいがちである。特に「褒める」ことが重要視されているが，確かに褒めることは，保育者の反応として重要であり，現に多くの場面で見られる。しかし本来子どもたちにとっては「褒められたい」ためだけに積極的に話しかけてくるのではなく，能動的行動である。保育者が受け止めたこととして褒めることも1つの作用を受けた反応であるが，感動する，驚く，喜ぶ，傷つく，気持ちが昂る，怖がる，など様々な反応をしていくべきである。

　これらのことを念頭に，「運動遊び」場面に注目してみる。運動遊びの場面では，幼児の気持ちや感じることはめまぐるしく変わる。鬼ごっこ1つとっても「鬼が来た！やばいぞ」「早く逃げなきゃ」「逃げ切るぞ！」「つかまって悔しい」「お友だちが捕まっちゃう」「絶対捕まえるぞ」「どうしたらうまく捕まえることができるかな」など様々である。まずはこれらの幼児の心の変化をしっかりと観察することである。これらの情報をもって幼児への言葉がけの中に保育者自身が受けた影響を表現していくことである。

　さらに，運動遊び場面では心の変化に加えて，運動のレパートリーの変化がある。以前よりも上手に逃げることができるようになっている子の中には，走るのが早くなっている子，方向転換を素早くできるようになっている子，ぎりぎりでかわせる

　ようになっている子など，心の変化だけではなく考えたことや行動の変化においても見逃さないことである。そしてこの幼児の変化に対して言葉がけをすることで，幼児は「もっと頑張ってみよう」「こんなふうに変えてみよう」「うれしいなあ」など心を変化させ，自分自身を成長させていく。まさしくこの流れが幼児の運動能力向上へつながるのである。

　また運動遊びは共同・協力する活動が多い，多様な動きやルールがあると，運動能力が高くなり，行動型の幼児が増えるとされている。しかし近年，運動遊びの質が変化してきた。例えば遊びに集中できない，遊びが継続しない，一人遊びが多い，集団で遊ぶことが少なく，仲良し二人組で非活動に遊ぶなど質が変化している。だからといって保育者が遊びの内容を指導しすぎると，指示待ちをし，自分から行動できないなどの自発性が損なわれてしまう。「次は何をやるの？」と聞いてくる子どもたちがそうである。これが間違った言葉がけである。「目はかけても手や口は控える」といわれるように，仲間に入れない幼児には声をかけ，集団で遊べるように促し，連れて行きき，なじんでみんなと遊べるようになってきたら，段階を踏んで保育者は徐々に離れていくことも重要である。一人ひとりが違い「一斉にみんなで」では本当の意味での健康づくり支援とはならない。

　近年は幼児の体力・運動能力低下がクローズアップされている。しかし，本来は上記のような幼児と保育者との言葉のやり取りの積み重ねの上に，さらに幼児がのめり込んだ遊びの効果として体力向上があると考えることが妥当であるのではないだろうか。

COLUMN ⑨ ....

齋藤公子の今に蘇る（生きる）保育実践

　斎藤公子（1920-2009）は島根県隠岐島に生まれ，1939 年東京女子高等師範学校（現お茶の水女子大学）保育実習科を卒業。1967 年埼玉県深谷の農村部に保育所を開設して以来一貫して自然豊かな環境での保育を実践した。進化の過程をたどった身体運動を実践し，園庭での野外保育を基本方針としていた。子どもの逞しい身体づくりを第一とし，脳科学の知見を取り入れ子どもの全発達を目指した保育実践で知られる。その保育実践の特徴を以下に示す。

①進化の過程を考慮した運動実践（0 ～ 6 歳各年齢別）
　・0 歳─金魚運動（金魚のように体を揺する）とマッサージ
　・両生類の「ハイハイ」運動その際，足親指を床に立て，足指で床を蹴る方法を 6 歳まで実践
②リズム運動
　・ピアノの演奏に合わせた様々なリズム体操
③野外での仲間との遊び
　・土，水，樹木，草花など自然物や生活道具を玩具とした遊びの重視
④作業，労働を重視
　・動物を仲間で飼育：小屋づくり，餌やり，小屋の掃除など仲間で行う。
　・園舎の床拭き掃除
⑤集団での遊び（仲間遊び），自主性・主体性，協調性を重んじた保育

　斎藤公子の保育実践は園舎の選定に自然環境のいい場所を第一条件とするほど，自然環境（物）を重視した保育を展開した。進化の過程を考慮した保育も，人間は生物であり，二足直立歩行を行う動物であるとことを基本とし，重力に抗し，高い身体能力を獲得するために，足指の強化や足腰強化のために，労働としての身体活動を導入していた。外遊び，リズム遊びはセロトニンの分泌を促し，日光を浴びての活動は生体リズムを整え，病気への抵抗力を高め，視力低下予防に寄与する。築山での泥んこ遊びや大きな樹木に登る経験は身体知を高め，体幹筋肉を強化し多様で高い身体能力を育成するだけでなく，感性や創造力を高める。常に仲間と一緒に，協働して活動・作業・労働に励む経験は，協働する達成感や，重いものを運ぶ，抱えるなど筋力の増強と，器用な身体づかいを可能とし，本書で展開した非認知能力

を育成するものであった。仲間と体いっぱい遊んだあとは，絵本の読み聞かせなど，目を輝かせ，食い入るように集中して聴き入る様子や，一心に描画に取り組み様子などが見られている。なにより子ども自身が快活である。すなわち斎藤公子の保育実践には本書で展開した心身の健全育成を目指す３つの要素「自然・人・身体活動」が整えられた保育環境があり，勇気，冒険，粘り強さ，共感，協働などまさに非認知能力を育成する保育実践であったことが理解できる。

斎藤公子は乳児０歳からの保育を重視し実践していたことや，言葉や数を教えるという認知能力育成には消極的であったことも今回の保育・教育改革と意を同じくする。斎藤自身が高い非認知能力の持ち主であっただけでなく，保育者にも子どもに寄り添い，きめ細やかな観察力をもつなど，非認知能力を身に付ける教育を行っていた。21世紀の「予測困難な社会」に向けて人間らしく，生きる力に溢れた健全な子どもを育成するという本書の意図からも，今後さらに注目しなければならない保育実践であるといえる。

第14章

二足直立歩行の原点, 土踏まずの形成

　第1章で人類進化の観点から, ヒトの子ども本来の育ち原点をみてきた。哺乳動物は四足で地球の重力を均等に配分して移動するが, ヒトは重力を二足でしかも重い頭部・上体を支え, 荷物を背負いながら長時間歩き, 走って移動することが特徴である。それを可能としているのがヒトの抗重力筋という粗大筋で, 特に大殿筋, 大腿筋と各関節そして足の構造にある。本章では, 長く歩くことを可能とした足の構造, 土踏まずの形成について, 近年続いている身体能力低下の観点からその形成の重要性と対策について記述していく。

1節　ヒトの子どもの発育発達の特徴と子どもの育ちの異変

　身長50cm, 体重3000g前後で出生し, その後, 適切な栄養や生活環境が保証されることで, 出生後5年で身長は2倍の100cm, 体重は5倍の15kgほどになる。これは体格だけでなく機能や身体能力の面においても, 生後1年前後で一人歩きができるまでに発達することをはじめ, 数多くの発達がからだの中で起きているが, これら形の変化と働きの変化は決して無関係ではないことに留意が必要である。

　現代社会ではすべての乳幼児が健やかに成長しているとは限らない。新聞やテレビなどのニュースで報道されているように, 乳幼児を取り巻く環境は乳幼児にとって好ましいことばかりではなく, 散歩途中の交通事故や本来保護するべき者からの虐待, 親の経済困窮による生活苦など, 全国各地で繰り返し発生している。何らかの大きな被害が発生するとその対策に目が向けられるが, 必ずしも十分とはいえない。正木は1979年に「かつて, 子どもたちは汗と土にまみれて大自然にぶつかり, 仲間たちと遊びながら, 人間として逞しく生きていくためのからだと心を培ってき

表 14-1　こどものからだのおかしさ

- アレルギー性疾患の子
- 椅子に座っている時，背もたれによりかかったり，ほおづえをついたりして，ぐにゃぐにゃになる子
- すぐに疲れたという子
- つまづいてよく転ぶ子
- 転んで手が出ない子
- 指吸いの子
- 朝からあくびをする子

ました。しかし，現代の子どもたちは，一見便利で快適な生活とひきかえに，そういう時間も場所も奪われてしまったようです」および「今，各地から報告される子どものからだの様々な異常は，いわば現代文明の副作用が，生物としての人間に現れた兆しともいえます」と書き記している（正木・野口，1979）。正木は 40 年前から子どものからだのおかしさについて調査研究を重ね，早期から警鐘を鳴らしている。最初は小・中・高の児童・生徒が対象であったが，その 10 年後，保育園・幼稚園の幼児を対象に加え，再び子どものからだについての調査を行い，やはり幼児期からのからだのおかしさ（表 14-1）が増えていることを報告している。つまり「子どものからだのおかしさが進んでいるのです」とし，1960 年頃から「子どものからだの変化」が起こり始め，それが次第に顕著になり，1980 年頃にはその変化が明らかなものと捉えられるようになったとしている。

　また同時に，テレビの普及だけでなく屋外での遊び場の減少による運動経験が少なく，体力・運動能力の低下が社会問題化し，肥満児だけでなく，身長が高く痩せて運動が不得意な子どもは「もやしっ子」と揶揄され，対応策が考えられ始めるきっかけとなった。小学校では学習時間を減らさないために「業間体育」が考え出され，体力づくりに取り組むようになった。幼児に関しては，保育現場だけでなく保育者養成校においても，このことについて取り上げ，次世代の保育者に改善を委ねてきたが，身体活動の時間を増やすといった量的な対応にとどまり，実質的には功を奏していない。

　1980 年の正木の調査では幼児を対象に取り上げているが，これは児童生徒の前段階である幼児にもすでに変調が見受けられることからであり，その結果，幅広い分野の研究者・実践者からも警鐘が鳴らされている。

2 節　身体能力低下に対して土踏まず調査の取り組み

　幼児の健康づくりについて長く取り組んできた原田（1983）は「土踏まずの形成遅れが問題になっており，この形成のためにいろんな取り組みがされている」とし

て，いくつかのデータから土踏まずの形成状況と身体能力との関係を調査している。結論としては「土踏まずの未形成は子どもたちの毎日の生活を見直せという警告ではあるが，運動能力や寿命などと直接大きな関係はない」としている。したがって，「土踏まずの形成が遅れているということから，急激に運動を課したとしても，それほどの効果は期待できない。毎日の生活が大きな意味を持っている」とし，「1歩ごとに指が働かないと歩けないぞうり，下駄などで通園させ園庭で遊ばせる。室内ははだし，そして散歩保育，遊び保育に徹することが土踏まずの形成に限らず，幼児の発育・発達のためには大きな意味をもっている」と述べている。

　足の骨格は図14-1のように，足根骨は数多くの骨から構成されており，手根骨と同じように誕生後には次第に骨として骨化していき，本来の機能を発揮するようになる。図14-2は成人の足の断面図であるが，ここに示されているように，いくつかのアーチ（足底弓）がその存在する。足のアーチは足の形態と機能を考える上で重要とされており，中足部を頂点とする縦と横のアーチがあり，それぞれは独立したものではなく，相互に関連し，中足が頂点となって足底部に土踏まずをつくっている。これらのアーチは骨格により形作られるが，さらに足底部の靭帯が強度に作用し，アーチ構造の維持に関わっている。これらのアーチによって形成されるものが土踏まずであり，古くは足の裏に墨汁を塗り，紙の上に足形を写すフットプリントにより判断する平沢の方法が一般的であった。土踏まずは，平沢による土踏まず形

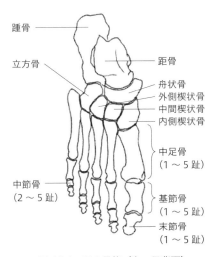

図14-1　足の骨格（右・足背面）

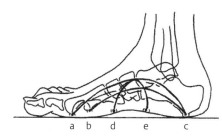

a　第1中足骨
b　第5中足骨
c　踵骨結節
d　「土踏まず」の左右端
e　「土踏まず」の左右端
a-c　内側縦アーチ
b-c　外側縦アーチ
a-b（前）横アーチ
d-e（主）横アーチ

図 14-2　足のアーチ（足底弓）

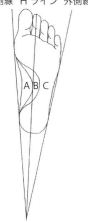

内側線：足の内側を結んだ線
外側線：足の外側を結んだ線
Hライン：外側線と内側線の交点と第2指の中央点を通り、
　　　　踵から第2指の指尖までの部分

判定基準
くびれの部分がHラインを外側線がわに超える→「形成」
Hラインを越えず内側線がわにある→「未形成」
Hライン付近にある場合→「移行」

本来の平沢の判定はくびれの部分がHラインにかかって
いれば土踏まずが形成 されていると判定する。

図 14-3　平沢の土踏まず判定法

図 14-4　土踏みと土踏まず

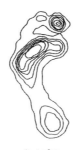

タイプA　　　　　　　　タイプB　　　　　　　　タイプC
第1中足骨骨頭に集中　　第2中足骨骨頭に集中　　第1から第3中足骨骨頭
　　　　　　　　　　　　　　　　　　　　　　　までまんべんなく分布

図14-5　接地面の圧力分布図（宮原，1993）

成の判定方法は図14-3の通りである。なお，接地面に接触していない部分が土踏ま
ず，接触している部分は土踏みと呼ばれる（図14-4）。近年では，デジタル記録に
よる方法や，接地面に働いている圧力分布から調べる方法など各種考案されている
（図14-5）。

　出生後の子どもの身体は，連続する発育発達の賜物であることはもちろんであり，
見かけ上だけでなく内部での変化も極めて大きいことは言うまでもない。生まれて
からしばらくすると，首が座り，寝返り，座り，四つ這い，つかまり立ち，つたい
歩きとできることが変化し，とりあえずの最終目標である二足歩行へと連続的に発
達していく。この過程はおおむね出生後からの月齢で捉えられることが一般的であ
るが，あくまでも目安であり，生活環境の違いを含めた子どもの個人差に影響され
るため，「遅い」や「早い」と他児と比較されやすい。正木（1990）も「二十年来，
日本の子どものからだを調べてきましたが，最近の子どものからだには，急激に異
常が起こっています。例えば，自分のからだを自分で守るという基本的な防衛反応
の能力や，あるいは，自分の足でキチンと立つというような，人間にとってごく基
礎的な能力に異常めだってきています」と幼児期の基本的な身体発達について危惧
している。

　さて，『日本語大辞典』（講談社，1989年）によれば，扁平足とは「足底の土踏ま
ずがなく，足の裏全体が平らな足。長時間の歩行ができない。疼痛などの扁平足障
害がみられる」，また土踏まずについては「足の裏のくぼみ。地面からアーチ形に離
れている部分。歩くときの推進力や体重を支える役目を果たしている」としており，
土踏まずのないことのデメリットを強調している。

　足のアーチである土踏まずの役割は，パリのエッフェル塔の基底部のような働きがあるとされており，日本古来のタンスの基底面にも同様なアーチが施されているものもある。これらのアーチ構造によって床面に対する加重バランスを保ち，安定した姿勢を保つことに役立つとされている。このようなことからも，ヒトの土踏まずには，立位姿勢の保持や，跳躍動作などにおける足底部への荷重を分散させるといった作用が考えられる。このことから，土踏まず未形成によるデメリットを取り上げ，土踏まず形成を目的に活動を行う理由にされる場合がある。

　例えば，原田（1986）の研究では，土踏まず形成児と未形成児を比較し，形成児は通園歩数が片道一回あたりで500歩多いこと（表14-2），徒歩による通園距離が長いことを報告し，歩くことの多い保育（歩育）の重要性を提唱している（表14-3）。

表14-2　土踏まずの形成の有無と通園歩数の比較

| | 土踏まず | | 差 |
	形成児	形成遅れ児	
通園歩数の平均	2,200	1,700	500

表14-3　徒歩通園距離と土踏まず形成率の比較

| | 徒歩通園距離 | | 差 |
	2,000 歩以下	2,500 歩以上	
土踏まずの形成率	35%	63%	28%

　扁平足は，足のアーチ，特に縦方向のアーチの低下により足底部が扁平になることであるが，この扁平化に伴い，外反足が加わることが多いとされている（図14-6）。このような足のアーチの低下をはじめとする扁平足の特徴は，痛みや機能的な障害がみられないことも多く，見過ごされやすいに留意しなければならない。

図14-6　外反母趾

　幼児では，足底部の骨格だけでなく筋や靭帯の発達も十分ではないため，土踏まずの形成には当然個人差も生じる。図14-7の①〜③は幼稚園児の足底部を撮影したものであるが，同一年齢であっても，土踏まず形成の有無は明らかに異なっている場合もあるし，足の左右でも形成に差がみられる場合もある。

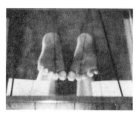

写真1　両足とも土踏まず形成　　写真2　両足とも土踏まず未形　　写真3　土踏まず左足形成，右
　　　　（年中男児）　　　　　　　　　　成（年中女児）　　　　　　　　　足未形成（年少女児）

図14-7　幼稚園児の足底部撮影図

　土踏まず形成には，肥満との関係も否定できない。例えば，大相撲の力士は並外れた力を発揮し，体重を活用し相手を倒すが，土踏まずの形成とは関係ないことも知られている。言い換えれば，土踏まずが形成されたのちに未形成へと変化する場合もありうることになる。一般的には，土踏まずが形成されている人が，長時間歩行などの身体運動をすることで，アーチが下がり，それとともに疲労を訴えたり，運動成績が低下することは一般的に知られており，シューズの中には，アーチが下が

$\overline{YO}$を基準とした場合のL，N，C，R，Tの高さの割合

測定点	横倉（1928）成人女性50名	水野（1940）成人女性180名
$\overline{YO}$	128.8mm	131.93 ± 0.50mm
L	22.7%	21.39 ± 0.16%
N	29.6%	27.80 ± 0.20%
C	33.8%	31.93 ± 0.22%
R	55.1%	52.11 ± 0.23%
T	36.4%	34.47 ± 0.16%

図14-8　足部縦アーチの測定点と測定結果

らないようにしてあるものも見られる。その一方，子ども用のシューズには，そのような加工がされていないことが多く，幼児においてアーチが下がることがないのであろうか。成人女子のデータであるが，足のアーチの高さは意外なほど高さがある（図14-8）。

3節 日常性での活発な身体活動が土踏まずの形成につながる

ヒトの足の研究を続けてきた水野（1984）は，その著書の中で次のように述べている。

「ヒトの足のアーチ構造は，地面に固定されているのではなく，いわば浮いており，単に立つばかりではなく，歩いたり，走ったり，跳んだりするのに，テコとして剛体の働きもしなければならず，凹凸不整の地面に対しても，三次元的にうまくなずませながら，重心の位置や，あらゆる運動にも妨害をあたえないための調整機能をはたしていくという重要な役割を仕遂げていくのである」と土踏まずの役割を認めている。

また，「……進化や発育の道筋を通って足アーチなどのヒトの足独特の構造ができてきたと言えば，すぐにも，それには出来損ないもあり，不十分なものとか，途中で失敗の道をとるものもありそうだ，と気がつくことであろう。また，新しく進化の進行してきている場所には，特に個体差の多く見られることも思い起こされるであろう。さきにあげた扁平足のうちで，構造的に不十分なものは，むしろ進化の道筋の低く止まったかたちと言えないことはないが，成人になっても，まだ幼児形ののこるような型のものがこれに属する。一方から見ると，こういう形のものは，発育の途中もずっとこういう形で発達してきているので，そのままで足の機能には，なんら劣るところがないものも多い。逆に，発育の道筋は全く正常そのままのようであるのに，思春期頃から，過酷な負担を受けることになって，痛みが出たり，第九章のような変形を繰り返すことになって，足に故障を起こしてしまうと，これは形の上でも完全な型崩れとなってしまう」とも述べており，必ず土踏まずは形成されなければならないものではないとしている。

このようなことから，特に幼児期に土踏まずが未形成，すなわち扁平足はよくないとするのではなく，日常生活の中で身体を積極的に動かして過ごし，基本動作を中心とした動きの経験によって，土踏まずが形成される場合があるという程度に理解することがよいのであろう。

　土踏まずは未形成より形成していることがよいとされる理由であろう。しかし，多くの研究結果からは，幼児期に土踏まずの形成を図ることを目的にするのではなく，日常的に積極的に凸凹した地面や斜面を登ったりすることで身体のバランスを保つような活動を継続することで，結果として土踏まずが形成されることになるのであろう。普段から様々な動き方を経験しながら，身体を動かすことが大切なのである。

第15章

子どもの健全な発育発達をめざし，
非認知能力を育てる
——多様な動きを経験するコオーディネーション運動

1 節　コオーディネーション運動の意義

　コオーディネーション運動は，感覚神経から入力された情報を瞬時に行動に反映させ，運動を早く学習できるための「学ぶ力」を得ることを最大の目的とし，1960年代後半から旧東欧諸国において，競技者を育成し競技力を向上させる運動を体系化したものである（椿ら，2014）。

　保育現場では，フラフープやボール，マットなど，身近な用具を用いた運動遊びを通じて，感覚神経からの情報や刺激を把握・分析しながら，脳の知覚・認知機能を効果的に発達させていくことで注目されている。

　コオーディネーション運動を導入した保育現場からは，体力・運動能力の向上や姿勢の改善，転倒や対人対物などへの衝突等の怪我減少などに加え，落ち着きや集中力，先生の声掛けに対する理解，対人との協調性・協応性の変容が報告されている（小林ら，2021）。

　幼児期は，第1章で述べたように，二足直立歩行の確立や，多様で高度な身体運動能力の獲得に加え，協調性やコミュニケーション能力などの「こころと体のモーター（基）」となる神経機能の発達が著しく，5歳頃までに大人の8割程度まで発達する（文部科学省，2013）。多様な身体運動（活動）を経験することが，子どもの心身を育てる保育の原点であるため，その効果的な手段として，コオーディネーション運動が「新たな運動遊び」として注目されている。

2節　前頭葉の発達とコオーディネーション運動

　前頭葉は，「話を集中して聞き取り記憶する」「欲望を我慢するなど感情をコントロールする」「何が，或いは，どちらが正しいか判断する」など人が生活をしていく上で重要な働きを担っている（星野，2012）。乳幼児期では，前頭葉の機能が発達途中であるため，前頭葉を育成することに注視しなければならない。

　前頭葉を発達させるには，視覚など認知機能に刺激を加えながら身体を動かし，脳への血液量を増加させることが効果的である。コオーディネーション運動時はマット・鉄棒などの単純運動をおこなっている時と比較すると，運動野・補足運動野・視覚野・前頭連合野などの脳への血流量が増加し，運動後には前頭葉の前頭前野の活動が活性し，より高次の脳機能が関与する可能性が示唆されたことも報告されている（桐野ら，2008）。

3節　コオーディネーション運動の構成内容

　多様な用具を使用しながら，全身をダイナミックに動かすコオーディネーション運動に取り組むことで，生涯の生活に必要な多様な動きの土台（基礎）となる5つの運動能力を習得することができる。

①スプーンや箸，鉛筆などを上手に操作するため，各種筋肉を協同・協応させ，用具を上手く操作する分化能力（運動筋肉感覚分化能力）
②机や壁，人との衝突を回避するため，障害物や相手に対しての位置関係や距離感覚，また，それらの動きに対して，状況や空間を把握・認知する空間定位能力
③仲間との協調性やコミュニケーションを図るため，目や耳から得た情報から，動きを模倣（マネ）したり，イメージを表現するリズム化能力
④注意力や集中力に必要な，合図や相手の動きに素早く正確に対応できる反応能力
⑤姿勢保持や転倒予防など，静的・動的のどちらも体幹が不安定な状態においても，全身のバランスを保ち，動を継続できる平衡能力（バランス能力）

　この5つの能力は，基礎コオーディネーション能力（Co-ordination Motor Ability : Hirtz, 1979）と呼ばれている（綿引，1990）。これら能力は，1985年ごろから指摘された，子どもの運動能力低下要因との関連性が指摘されている。幼児期は神経系の

発達が著しく，各種動作，いわゆる「身のこなし」といわれる身体防衛能力の基本技能を獲得していくうえで重要な時期である（文部科学省，2013）。この重要な時期において，5つのコオーディネーション能力を高めることで，子どもの運動能力に加え，社会生活能力が向上することが報告されている（小林ら，2014）。これが人間性の育成の萌芽といえよう。

4節　幼児期に重視するコオーディネーション能力

　コオーディネーション能力は「7つの能力」との標記が，最も一般的で標準的である。この「7つの能力」は1978年に競技スポーツを対象としブルーム（Blume, 1978）によって定義された。その後，1979年にヒルツ（Hirtz, 1979）によって，幼少期の発達過程において，育成するべきコオーディネーション能力として本書記載の5つの能力に分類された。幼児期には，5つの能力をバランスよく高めていくことが重要であるが，特に空間定位能力，運動筋肉感覚分化能力の獲得が重視されている。また，ブルームの7つの能力分類中に記載がある，関節や筋肉の動きをタイミング良く同調させる連結能力，状況に応じ，素早く動作を切替える変換能力は，習得するには「長い時間を要す」との考えから，分類から外された（上田，2008）。

5節　コオーディネーションで大切なことは失敗する動きの経験

　近年，幼少期において「運動遊びをする子どもと，しない子ども」による運動能力の格差の二極化が新たな問題として指摘されている（小林ら，2021）。

　運動をしない子どもの原因は，安心して遊べる公園がない，ボールなど用具の使用を禁止する公園が増えているなどの理由が考えられるが，失敗をして恥ずかしい思いを経験したり，出来ないことを無理やりさせられて嫌になるなど，失敗や強制が原因で運動が嫌いになり，運動遊びをしなくなることが考えられる。

　コオーディネーション運動に取り組ませる際，保育者が最も気を付けなければならないのは，「できる・できない」といった動作の評価や獲得，完成などの「結果管理」を目的とせず，予想外の動きや，極端に早く動くといった変化に富む動きを経験させながら，その行為の過程の進歩や変化，取り組む姿勢といった「経過管理」を重視し，評価することである。つまり，コオーディネーション運動は「失敗をさせる運動に取り組ませること」が目的であり，その多様な動きの経験から，身体を

微調整する適応力が育成され，また，その失敗する姿を褒めながら助言を与え，考えさせながら取り組ませる運動である。

　実際，現場の保育者からは「子どもたちが楽しみながら夢中になって取り組む姿が多く見受けられた」「失敗を肯定に捉え，自発的に繰り返し取り組む意欲が育まれた」などの報告（小林ら，2021）があげられていることから，運動意欲を高める効果的な手段としても注目されている。「意欲を育てる」，これは非認知能力育成の主要課題である。

6 節　非認知能力を育む手段としても注目されている：様々な動きを仲間とともに経験する，共に喜び・楽しむ・充実感を味わう

　筆者は初めてコオーディネーション運動を指導する際，子どもたちに「コオーディネーション運動は，一生懸命に頑張って『失敗』をたくさんした人が1番！！」と声を掛ける。すると一瞬子どもたちの顔は「え？」と疑いの表情を見せるが，直ぐに「本当に？　失敗しても怒られないの？」との笑顔の反応が戻ってくる。子どもたちは「失敗＝否定や注意される環境」で育まれていることが多い。「失敗」が肯定される環境を与えることで，「失敗」を気にせず，予想外の動きや，極端に早く動くといった変化をむしろ楽しみながら，子どもたちは「活き活き」と運動に取り組み，その取り組みの過程の中で，一生懸命成功させようと頑張る姿，友達の失敗を応援し励ます姿など，IQ・学力のように数字で測れない内面の力である「非認知能力」が獲得される姿が，コオーディネーション運動を通じて多く見られている。

　実際に，クラス担任からも「失敗をしても，もっとやりたい！」という諦めない姿や，「自由時間において，上手くできなかった運動プログラムに，自ら取り組んで練習する！」など「目標（課題克服）に向かって頑張る姿がよく見られるようになっている」と報告も受けている（小林ら，2021）。

7 節　保育者の運動に対する自信獲得とコオーディネーション運動

　幼児期において，多様な動きを含んだ運動遊びに取り組むことは，各種動作の基本技能の獲得のみならず，心身共に健康で，充実した生活を送るための土台作りとなるため必要不可欠である。そのため，生活習慣の中で，1日の多くを過ごす保育施設において，楽しく興味を持って取り組む運動プログラムを提供することが重要

である。しかしながら，保育者を志す学生は全国平均に比べ，体力・運動能力が低い傾向にあり，それが，運動遊びの展開（運動指導）に対し，自信がなく不安を感じていることを示している。また，保育現場で働く保育士においても「運動に対する自信」の差によって，運動あそびの展開（運動指導）時の不安感や子どもとの直接的な関わり方にも影響を及ぼしていることが報告されている（中曽根，2018）。

　保育者を目指す学生に対して，コーディネーション運動を取り組ませた結果，「難しすぎず，簡単すぎない動きであったので，運動に対し苦手意識を持っていた私でも，楽しく取り組むことができ，自信が芽生えた」など，運動に対しての苦手意識が強く，体育が嫌いであった多く学生から，運動に対する自信が向上する報告があげられた（小林，2019）。

　保育者自身が運動に対して自信を持つことは，子どもと一緒に立ち遊びの時間を共有する時間が多く確保され，非認知能力を育ませる運動遊びの提供時間の増加にも繋がっていく。保育者の運動遊びの展開（運動指導）に対する自信獲得においても，コーディネーション運動の効果が期待されている。

8節 保育者の変化：子どもとの信頼感の育成と保育者自身の非認知能力の向上

　筆者は，実践研究の一環として，東京都内にある公立保育園において，1年間指導を行った。その際，担任の保育士も指導助手として，指導に関わった。担任保育士はそれまでは運動に対して苦手意識を持っていたが，指導終了後の所感文において，「運動が苦手で，できないと自分に決めつけていたにも関わらず，ついつい夢中になって取り組んでいる自分がいて，終わってみればもの凄く運動したように感じた。また，「遊びの要素を含んだ様々なエクササイズ内容は，園内にある身近な用具を使用していたので，子どもたちに楽しく身体を動かすことを伝えていく自信が持てた」と運動に対しての苦手意識や，指導に対しての自信が芽生えた内容の感想が報告された（小林ら，2021）。

　このことは，子どもたちと保育者との信頼感や共生感が育まれ，保育者自身の非認知能力育成につながっていく。

●実践例：運動能力・非認知能力を高めるコオーディネーション運動

(1) フープ交互ステップ（リズム・平衡・反応・定位能力）：
2人1組になり，フラフープを地面に置く。1人がフープ
を素早くステップで走り抜けたら，もう一人が同様に行
う。これを10回繰り返し，クラス内で競い合う。また，
次のように難易度を高めていく。

　①両足を揃え，フラフープをジャンプして超える。
　②ステップやジャンプの時，「動物の名前」や「好きな食
　　べ物」など，保育中に学習をした課題を，声を出しな
　　がら行う。

(2) フープラダーステップ（リズム・平衡・反応・定位・分化能力）：1列に並べたフラフー
プを引っ掛けないように全力で走り抜ける。また，次のように難易度を高めていく。
　①途中両足を揃えて止まる動作を入れたりして，ステップに変化を加えていく。
　②ステップ動作に合わせ「1,2,3…」「あ，い，う，え，お」と声を出しながら行う。
　③一部，フラフープの間にスペースを作り，スペース部分はスラローム（S字）で走
　　る動きを加える。

(3) フープグーパーストップ（リズム・平衡・反応・定位・
分化能力）：1列に並べた最後の位置のフラフープのみ横
並びに2つ置く。フープを引っ掛けないように走り，最
後は横並びのフープに併せて両足を広げて止まる。ス
テップに合わせ「1,2,3……グー，パー」と声を出しなが
ら行う。また，両足を広げる動作に合わせ，肘をしっか
り伸ばし，手を高く上げことで，跳び箱の踏み切りから
素早く手を付く動きの習得に繋がっていく。

(4) ボールリアクションダッシュ（平衡・反応・定位能力）：前から転がってきたボール
にタイミングを合わせ，ボールにぶつからないようジャンプして避ける。着地すると
同時に素早く身体を反転させ，後方に転がるボールを追いかけキャッチする。また，
次のように難易度を高めていく。
　①ボールを転がす速度にも変化を加える。
　②追いかけたボールをお尻からしゃがんで止める。

(5) ボールグーパーステップダッシュ（リズム・平衡・反応・定位能
力）：スタートラインに立ち，グーパーステップを行ってるところ
に，後方から先生が，子どもの頭上を超えて前方にボールを投げ
る。頭上のボールが見えた瞬間に素早くダッシュし，転がるボー
ルをキャッチする。
　また，次のように難易度を高めていく。

①先生と向かい合った姿勢から，素早く身体を反転せてボールを追いかける。
②追いかけたボールをお尻からしゃがんで止める。

　（1）〜（3）のように，言葉を発しながらコオーディネーション運動行うことで，記憶力の向上が期待される。また，（1）〜（5）の運動を，グループや列で競争をしながら行うことで，素早く，足を引っかけることなく身体を動かす動作が習得されていく。この行為の過程で，自然と地面を蹴り，踏ん張りながら素早く身体を前進させる動きの習得に繋がることで，徒競走などのスタートダッシュに応用され，記録が向上していくことも期待される。さらに，正確および連続的な動きを含むような下肢の運動は，脳内処理のスピードを早め，注意時の活動を増加させる可能性を示唆することが報告されている（藤原，2008）。

(6) 風船リアクションスタンドキャッチ（反応・定位・分化能力）：先生と向かい合い，体育座りで構える。前に立つ先生が，手に持った風船を高く放り上げた瞬間に，素早く立ち上がりキャッチする。構えて待つ姿勢を，うつ伏せ・仰向け・後ろ向き体育座りと難易度を高めていく。

(7) 風船リアクション回転キャッチ（反応・定位・分化能力）：先生と向かい合い，立ち姿勢で構える。風船を持った先生が風船を高く放り上げた瞬間に，先生の回りをぶつからないように1周して落ちてくる風船をキャッチする。

　（6）・（7）は，すばやい方向転換などの敏捷な身のこなしや，状況判断などの思考判断」を要する全身運動である。これらは，脳の運動制御機能や知的機能の発達促進に有効である（文部科学省，2013）。

(8) パワーバウンドジャンプ（平衡・反応・分化能力）：両手でボールを胸に構える。次に両足で前方に踏み切りながら，垂直にジャンプをすると同時に，両手をボールごと素早く頭上にあげ，ボールを床に力強くたたきつける。ボールの跳ね返りの高さを仲間と競い合う。

(9) ボールバウンド開脚ジャンプ（平衡・反応・分化能力）：両手でボールを持ち，力強く地面にボールを叩き付けると同時に，跳ね返ってくるボールをまたぎ越すように高く地面にボールを叩

付けると同時に，跳ね返ってくるボールをまたぎ越すように高く脚を開脚させながらジャンプする。この動きは，跳び箱を跨ぎ越す動きの習得に繋がっていく。

　(8)・(9) は，下肢・体幹と上肢との協調運動性や操作技能を向上させる効果が得られる運動である。これらは投動作や跳躍に必要な，協調運動性や操作技能といった動きの調整力の習得に繋がっていく。

(10) ネコ走り（リズム・平衡・分化能力）：マットの上を，両手・両膝をついた姿勢で走る。
(11) ペンギン走り（リズム・平衡・分化能力）：マットの上を，両膝をついた姿勢で転ばないようバランスを取りながら走る。
(12) ペンギンジャンプ（リズム・平衡・反応・分化能力）：マットの上を，両膝をついた姿勢で，両足を揃え，全身を使ってジャンプしながら進む。

　(10)・(11)・(12) は後ろ方向へ進む動作を加えることで，よりコオーディネーション能力が高められていく。また，股関節の可動域を広げ，下肢と体幹の連動性をより高められるため，姿勢保持に加え，正しく椅子に座る姿勢づくりに繋がっていく。

(13) レッグオーバースロー（分化・定位・反応能力）：マットの上に体育座りで座り，足先にボール（風船）を挟む。あごを引き，背中を丸めながら後方に倒れるタイミングに合わせ，足先で挟んだボール（風船）を後方に立つ先生に届くようパスをする。鉄棒の逆上がりの「足の振りあげ動作」の習得に繋がっていく。
(14) お布団前転（リズム・平衡・反応能力・分化能力）：布団の上で四つ足の姿勢で構え，後方から布団を持上げながら，徐々に角度を付けていく。角度が付くと時に，おへそを見ながら頭を入れて前転をアシストする。
(15) お布団スライダー（リズム・平衡・反応能力）：マットの上に布団を敷き，布団の端に仰向け横向きで，手を上に伸ばした姿勢で構える。先生が布団の端を持ち上げ，角度をつくると同時に，坂道を転がるように腰から全身を回転させながら転がる。

　(14)・(15) は，前回りの動きづくりや，背筋をしっかと伸ばす姿勢の改善に繋がる他，布団を持ち上げる時に，フェイント動作を加えることで，様々な状況に瞬時に対応できる適応性も高められていく。

(16) バウンドスルーダッシュ（リズム・反応・分化能力）：先生がバウンドさせるスイスボールの下を，身体が当たらないよう，バウンドのタイミングを合わせてダッシュで駆け抜ける。大縄跳びの回る縄を追って，縄の中に入るタイミングの習得に繋がっていく。

(17) フットバスケット（平衡・反応・定位・分化能力）：前方に置かれたフラフープ内に，両足先で挟んでいるボールをジャンプしながら放り入れる。少し空気の抜けた挟みやすいボールからはじめていく。

(18) バウンドイン（定位・分化能力）：2回目，または，3回目のバウンドが5m先に置かれたフラフープ内にボールがバウンドするよう，力強く両手で，床にボールを叩き付ける。対象年齢や能力によってフラフープの置く位置を前後させる。力強くボールを叩き付けることで，体幹の発達や，体幹と上肢の連動性に繋がっていく。

(19) オーバースローイン（定位・分化能力）：5m先に置かれたフラフープに後ろ向きに立つ。両手でボールを持ち，置かれたフラフープ内にノーバウンドでボールがバウンドするよう，頭の上から，後方にボールを投げる。対象年齢や能力によってフラフープの置く位置を前後させる。両手でボールを持ち，後方に投げることで，肩甲骨周辺の柔軟性を高め，背筋を伸ばしていく。

(20) ゴロゴロイン（定位・分化能力）：5m先に置かれたフラフープ内にボールが止まるように，両手でボールを転がす。止まらないと判断したら直ぐにボールを取りに行く。ボールがフラフープ内を通過したら1点，止まったら100点とし，グループで競い合う。

（16）～（20）のようなゲーム形式での運動は，「勝った・負けた」といった結果だけの評価ではなく，「どのようにしたら勝つこと（上手くなる）ができるか？　どのようにしたら，もっと点数を取ることができるか？」など，互いに話し合う環境を与えることで，実践の過程について筋道を立てて考えたり，改善の方法など思考力を育むことが期待される。そして，この環境が，非認知能力の獲得へと繋がっていく。

9節 まとめ：保育園・小学校現場での子どもたちの姿

　筆者は長年，保育園・小学校にてコオーディネーション運動の実践指導に取り組んでいる。指導した子どもたちからは「もっとやりたい」「このようにすればもっと

難しくなっておもしろくなる」と伝えにくる。また，「お手本の先生をやってくれる人？」と声を掛けると，積極的に手を上げる姿も回を重ねるごとに増えてくる。「できそう・できた」という達成感から，自信が育まれている。

　小学校の特別支援学級に在籍する子どもたちへの指導では，1年生から取り組むことで，コミュニケーションや集団参加，自己統制など「人とうまく関わる力や，感情をコントロールする力」に関する非認知能力の改善（育っている，育成）が示された。さらに，高学年になると，ほぼ通常級で1日を過ごすことができている。

　発育発達経過である幼少期は，偏った動きに集中させ突き詰めていくことより，比較的多くの多様な動きを短時間で，バリエーション豊かに経験することが，人間の持つ高い身体能力育成に通じていく。その過程において，「できる・できない」といった動作の結果評価や獲得，完成などの「結果管理」を目的とせず，過程の進歩や変化，取り組む姿勢といった「経過管理」を重視し，さまざまな動き（運動）を仲間と楽しむ環境を設定することで，子どもの生き生き，伸び伸びした「生命躍動」の姿が見られてくる。これがすなわち「生きる力」に通じる姿であり，幼少期に育てるべき非認知能力そのものである。人間のもつ，身体が喜ぶ子どもの真の姿が非認知能力であり，コオーディネーション運動は，その能力を育むことに適した運動方法の1つである。

　　［付記］
　　　今回，撮影に協力してくれた石﨑晴菜・磯野由美・大川綺菜・島田涼香・土屋琴音・平澤菜月に謝意を表したい。

引用・参考文献

▼ 第1章

エドガー，B. (2014).　一夫一妻になったわけ　日経サイエンス, 44 (12), 79-81.

ドゥ・ヴァール，F. (2014).　助け合いのパワー　日経サイエンス, 44 (12), 84-87.

奈良貴史 (2012).　ヒトはなぜ難産なのか──お産からみる人類進化（岩波科学ライブラリー）　岩波書店

Portmann, A. (1951). *Biologische Fragmente zu einer Lehre vom Menschen.* Schwabe. 高木正孝 (訳) (1961).　人間はどこまで動物か──新しい人間像のために　岩波書店

ローゼンバーグ，K. R., & トリーバスン，W. R. (2005).　出産の進化　別冊日経サイエンス, 151, 44-48.

島　泰三 (2003).　親指はなぜ太いのか──直立二足歩行の起原に迫る　中央公論新社

スティックス，G. (2014).　生まれながらの協力上手　日経サイエンス, 44 (12), 88-96.

タッターソル，I. (2014).　進化を加速したハンマー　日経サイエンス, 44 (12), 70-75.

Wrangham, R. (2009). *Catching fire: How cooking made us human.* Basic Books. 依田卓巳 (訳) (2010).　火の賜物──ヒトは料理で進化した　NTT出版

▼ 第2章

明石要一 (2019).　子どもの生活リズムが子どもの力を育てる　子どもと発育発達, 7 (1), 5-8.

藤本浩之輔 (1979).　遊びの中で育つ体力・運動能力　体育科教育, 27 (6), 6-9.

藤本浩之輔 (1991).　聞き書き　明治の子ども　遊びと暮らし　SBB出版会

深谷昌志 (1983).　孤立化する子どもたち　日本放送出版協会

伊藤正直・新田太郎 (監修) (2005).　昭和の時代──高度成長期から現代まで50年間の記録　小学館

川合　章 (1980).　教育の課題としてのからだ　体育科教育, 28 (8), 2-5.

三家英治 (編) (1996).　年表でみる日本経済　子どもの世界　晃洋書房

日本写真家協会 (編) (2005).　日本の子ども60年　新潮社

小川博久・岩田道子 (2009).　子どもの「居場所」を求めて──子ども集団の連帯性と規範形成　ななみ書房

小野　幹 (2010).　わらしこの昭和──昭和30年代，みちのくの子どもたち　河出書房新社

井上裕務 (編) (2018).　激動の平成史　洋泉社

ルソー，J. J. (著)／今野一雄 (訳) (1996).　エミール（上）　岩波書店

▼ 第3章

新井紀子 (2018).　AI vs. 教科書が読めない子どもたち　東洋経済新報社

清川輝基 (編著) (2014).　ネットに奪われる子どもたち──スマホ社会とメディア依存への対応　少年写真新聞社

子安増生・山田冨美雄 (編) (1994).　ニューメディア時代の子どもたち　有斐閣

松崎拓也・横野　光・宮尾祐介・川添　愛・狩野芳宣・加納隼人…新井紀子 (2016).　「ロボットは東大に入れるか」プロジェクト──代ゼミセンター模試タスクにおけるエラーの分析　自然言語処理, 23 (1), 119-159.

西垣　通 (2018).　AI原論──神の支配と人間の自由　講談社

▼ 第4章

Damasio, A. R. (1994). *Descartes' error: Emotion, reason and the human brain.* G.P. Putnam. 田中三彦 (訳) (2010).　デカルトの誤り──情動, 理性, 人間の脳　筑摩書房

遠藤利彦 (研究代表) (2017).　非認知的 (社会情緒的) 能力の発達と科学的検討手法についての研究に関する報告書　国立教育政策研究所

Heckman, J. J. (2013). Giving kids a fair chance. MIT Press. 古草秀子 (訳) (2015).　幼児教育の経済学　東洋経済新報社

Heckman, J. J., & Karapakula, G. (2019). The Perry Preschoolers at late midlife: A study in design-specific inference. *National Bureau of Economic Research*, Working Papers, No. 25888.

Heckman, J. J., & Karapakula, G. (2019). Intergenerational and Intragenerational Extemalities of the Perry Preschool Project. *National Bureau of Economic Research*, Working Papers, No. 25889.

Heckman, J. J., & Rubinstein, Y. (2001). The importance of noncognitive skills: Lessons from the GED testing program. *American Economic Review*, 91 (2), 145-149.

Tomasello, M. (2009). Why we cooperate: Based on the 2008 Tanner lectures on human values at Stanford. MIT Press. 橋彌和秀 (訳) (2013).　ヒトはなぜ協力するのか　勁草書房

三木　清『人生論ノート』岩波書店, 97p, 1981年。

OECD (2015). *Skills for social progress: The power of social and emotional skills.*

田中ему男 (1975).　健康科学の構造──保健科教育の基盤としての認識　学校保健研究, 17 (8), 373-376.

コラム②

Goleman, D. (2006). *Social intelligence: The new science of human relationship*s. Random House. 土屋京子 (訳) (2007).　SQ生きかたの知能指数──ほんとうの「頭の良さ」とは何か　日本経済新聞出版社

コラム③

Costa, P. T., & McCrae, R. R. (1992). Normal personality assessment in clinical practice: The NEO personality inventory. *Psychological Assessment*, 4 (1), 5-13.

OECD (2015). *Skills for social progress: The power of social and emotional skills.*

OECD (編) ベネッセ教育総合研究所 (企画・制作) 無藤　隆・秋田喜代美 (監訳) (2018).　社会情動的スキル──学びに向かう力　明石書店

▼ 第 5 章

Bremner, J. G. (1988). *Infancy*. Blackwell. 渡部雅之 (訳) (1999). 乳児の発達 ミネルヴァ書房

福田恵美子 (編) (2019). 人間発達学 (改訂第5版) 中外医学社

林 万リ (2011). やさしく学ぶからだの発達 全国障害者問題研究会出版部

五十嵐隆・久保田雅也 (編) (2010). ここまでわかった小児の発達 中山書店

小泉英明 (編) (2001). 育つ・学ぶ・癒す脳図鑑21 工作舍

小西行郎・加藤正晴・鍋倉淳一 (2013). 今なぜ発達行動学なのか——胎児期からのアドバイス 治療と診断社

厚生労働省 (2011). 平成22年度乳幼児身体発育調査

松本博雄・川田 学・赤木和重・常田美穂 (2012). 0123発達と保育——年齢から読み解く子どもの世界 ミネルヴァ書房

佐藤益子 (編著) (2011). 子どもの保健1 ななみ書房

Thelen, E., kelso, J. A. S., & Fogel, A. (1987). Self-organizing infant motor development. *Developmental Reviw*, 7, 39-65.

▼ 第 6 章

青柳 領 (2017). 子どもの発育発達と健康 (pp.74-80) ナカニシヤ出版

Bridges, K. M. B. (1932). Emotional development in early infancy. *Child Development*, 3, 324–341.

福田恵美子 (編集) (2019). 人間発達学 (改訂5版) (pp.55-67) 中外医学社

Gallahue,D.L. (1993). *Developmental physical education for today's Children*. 杉原隆 (監訳) (1999). 幼少期の体育：発達的視点からのアプローチ 大修館書店

池谷裕二 (監修) (2015). 脳と心のしくみ (pp.108-109) 新星出版社

岩崎洋子 (編) (2002). 園生活から生まれる乳幼児の運動①0〜3歳児編 チャイルド本社

岩崎洋子 (編) (2002). 園生活から生まれる乳幼児の運動②4〜5歳児編 チャイルド本社

岩田 誠 (監修) (2018). 脳のすべてがわかる本 (pp.164-165) ナツメ社

春日晃章 (編集代表) (2015). 保育内容健康 (pp.26-36) みらい

河邉貴子・柴崎正行・杉原 隆 (編) (2019). 最新保育講座 保育内容「健康」 (p.112) ミネルヴァ書房

田中沙織 (2009). 幼児の運動能力と基本的運動動作に関する研究：自由遊びに見る運動能力別の基本的運動動作比較の試み 幼年教育研究年報 第31巻. 83-88.

上杉雅之 (監修) (2015). イラストでわかる人間発達学 (pp.10-11) 医歯薬出版

幼児期運動指針文部科学省HP https://www.mext.go.jp/a_menu/sports/undousisin/1319771.htm

▼ 第 7 章

安藤邦彦 (監) 佐藤拓矢 (2006). 筋肉バランストレーニング 新星出版社

浅野伍朗 (監) (2002). からだのしくみ事典 成美堂出版

Cotman, C. W., & Engesser-Cesar, C. (2002). Exercise enhances and protects brain function. *Exercise and Sport Science Reviews*, 30 (2), 75-79.

藤原勝夫 (編) (2008). 運動・認知機能改善へのアプローチ——子どもと高齢者の健康・体力・脳科学 市村出版

Hillman, C. H., Erickson, K. I., & Kramer, A. F. (2008). Be smart, exercise your heart: Exercise effects on brain and cognition. *Nature Reviews Neuroscience,*. 9, 58-65.

池谷裕二 (監) (2015).　脳と心のしくみ　新星出版社

岩田　誠 (監) (2011).　史上最強カラー図解　プロが教える脳のすべてがわかる本　ナツメ社

桑水隆多・泰　俊陽・小泉　光・征矢英昭 (2020).　たくましい脳を育む身体活動　子どもと発育発達, 18 (1), 5-15.

McGraw, M. B. (1945). *The neuromuscular maturation of the human infant.* New York: Hafner Press.

森岡　周 (2015).　発達を学ぶ──人間発達学レクチャー　協同医書出版社

村岡　功 (監) (2014).　筋肉・関節・骨の動きとしくみ　マイナビ

日本発育発達学会 (編) (2014).　幼児期運動指針実践ガイド　杏林書院

日経サイエンス編集部 (編) (2019).　認知科学で探る　心の成長と発達（別冊日経サイエンス232）日本経済新聞出版

野井真吾 (2020).　子どもの元気と身体活動　子どもと発育発達, 18 (1), 2-4.

野井真吾・鹿野晶子 (2020).　子どもの"からだと心"を育む身体活動の可能性　子どもと発育発達, 18 (1), 16-21.

Okamoto, M., Hojo, Y., Inoue, K., Matsui, T., Kawato, S., McEwen, B. S., & Soya, H. (2012). Mild exercise increases dihydrotestosterone in hippocampus providing evidence for androgenic mediation of neurogenesis. *Proceedings of the National Academy of Sciences of the USA*, 109 (32), 13100-13105.

坂井建雄・久光　正 (監修) (2011).　ぜんぶわかる脳の事典　成美堂出版

篠浦伸禎 (監修) 木村泰子 (2015).　美しい脳図鑑　笠倉出版社

相馬範子 (2009).　生活リズムでいきいき脳を育てる──子育ての科学98のポイント　合同出版

征矢英昭 (2020).　運動は脳で感じて認知機能を高める　体育の科学, 70 (4), 234-237.

諏訪部和也・征矢英昭 (2020).　超低強度運動の認知機能増進効果　体育の科学, 70 (4), 238-243.

山城雄一郎 (2018).　DOHADの概念　小児科診療, 81 (10), 1255-1259.

山元大輔 (監修) (2010).　面白いほどよくわかる脳と心　日本文芸社

コラム④

春日晃章・中野貴博 (2013).　幼児期における体力・運動能力における個人差──加齢に伴う分布の変化に着目して　体育の科学, 63 (2), 161-173.

田口喜久恵・遠藤知里・栗田泰成・田村元延 (2017).　乳幼児（0～2歳）の（把）握力調査とその発達経過の検討　発育発達研究, 74, 34-44.

▼ 第 8 章

傳田健三 (2013).　子どものうつ病──発達障害の視点から　心身医学, 53 (1), 58-64.

遠藤利彦 (2017).　赤ちゃんの発達とアタッチメント──乳児保育で大切にしたいこと（pp.51-52）ひとなる書房

遠藤利彦 (2019a).　アタッチメントが拓く子どもの未来（1）そもそもアタッチメントとは何なのか？　児童養護, 50 (1), 34-37.

遠藤利彦 (2019b).　アタッチメントが拓く子どもの未来（2）「愛の理論」の起源とそれが導くもの　児童養護, 50 (2), 30-33.

遠藤利彦 (2019c).　アタッチメントが拓く子どもの未来（3）アタッチメントの個人差とそれを分け

るもの――無秩序・無方向型も含めて　児童養護, 50 (3), 30-33.

初塚眞喜子 (2010)．　アタッチメント（愛着）理論から考える保育所保育のあり方　相愛大学人間発達学研究, 1, 1-16.

林　洋一 (2010)．　図解よくわかる発達心理学　ナツメ社

警察庁生活安全局少年課 (2020)．　令和元年における少年非行，児童虐待及び子供の性被害の状況（訂正版）

Lewis, M. (2008). The emergence of human emotions. In M. Lewis, J. M. Haviland-Jones, & L. F. Barrett (eds.) *Handbook of emotions : The 3rd ed.* N.Y. : Guilford, pp. 304–319.

森口佑介 (2014)．　おさなごころを科学する――進化する幼児観　新曜社

小野寺敦子 (2009)．　手にとるように発達心理学がわかる本　かんき出版

下山晴彦 (2020)．　子どものうつがわかる本――早く気づいてしっかり治す　主婦の友社

滝川一廣 (2017)．　子どものための精神医学（pp.117-119, 151-152）　医学書院

▼ 第9章

河邉貴子・吉田伊津美 (編著) (2019)．　演習　保育内容「健康」――基礎的事項の理解と指導法　建帛社

厚生労働省　体内時計　e－ヘルスネット［情報提供］https://www.e-healthnet.mhlw.go.jp/information/dictionary/heart/yk-039.html（2020年7月10日閲覧）

厚生労働省 (2018)．　保育所保育指針解説

国立成育医療研究センター　食物アレルギーとは　https://www.ncchd.go.jp/hospital/sickness/allergy/food_allergy.html（2020年7月15日閲覧）

神山　潤 (2009)．　日本の乳幼児の睡眠状況――国際比較調査の結果から　小児保健研究, 68 (2), 219-223.

日本小児泌尿器学会　小児の排尿機能発達・尿失禁症　https://jspu.jp/ippan_013.html（2020年7月20日閲覧）

松本淳治 (1993)．　「寝る子は育つ」を科学する　大月書店

Suskind, D. (2015). *Thirty million words: Building a child's brain.* Dutton．　掛札逸美 (訳) (2018)．　3000万語の格差――赤ちゃんの脳をつくる，親と保育者の話しかけ　明石書店

玉井美知子 (2007)．　育ちあい――基本的生活習慣の自立をめざして（特集　乳幼児期の探求II）　日本教材文化研究財団研究紀要, 37, 4-15.

民秋　言・穐丸武臣 (編) (2014)．　保育内容 健康［新版］（新保育ライブラリ 保育の内容・方法を知る）　北大路書房

谷田貝公昭・高橋弥生 (2016)．　データでみる幼児の基本的生活習慣（第3版）――基本的生活習慣の発達基準に関する研究　一藝社

▼ 第10章

Bromley, J., Hare, D. J., Davison, K., & Emerson, E. (2004). Mothers supporting children with autistic spectrum disorders: Social support, mental health status and satisfaction with services. *Autism,* 8, 409-423.

平田正吾 (2018)．　知的障害児と自閉スペクトラム症児における運動機能についての研究動向――発達性協調運動障害との関連とMABC-2による評価　特殊教育学研究, 56, 241-249.

岩永竜一郎 (2013)．　発達障害児への支援――感覚・運動アプローチを中心に　小児保健研究, 72 (4),

473-479.

香野　毅 (2010)．　発達障害児の姿勢や身体の動きに関する研究動向　特殊教育学研究, 48 (1), 43-53.

くすのきしげのり (作) 石井聖岳 (絵) (2008)．　おこだでませんように　小学館

松原　豊 (編) (2014)．　発達が気になる子の運動遊び88　学研教育みらい

ニキリンコ・藤家寛子 (2004)．　自閉っ子，こういう風にできてます！　花風社

齋藤　剛・齋藤朝子・阿部典子・川崎信之・中野純誉・藤本昌樹 (2011)．　発達障害児の生理的ストレス状態について　体力科学, 60 (6), 673.

滝川一廣 (2017)．　子どものための精神医学 (pp.117-119, 151-152)　医学書院

▼ 第11章

有田秀穂・中川一郎 (2009)．　「セロトニン脳」健康法──呼吸，日光，タッピング・タッチの驚くべき効果　講談社

有田秀穂 (2018)．　自律神経をリセットする太陽の浴び方──幸せホルモン，セロトニンと日光浴で健康に　山と渓谷社

傳田光洋 (2007)．　第三の脳──皮膚から考える命，こころ，世界　朝日出版社

Rizzolatti, G., & Sinigaglia, C. (1996). *Mirror neuron.* 茂木健一郎 (監) 柴田裕之 (訳) (2009)．　ミラーニューロン　紀伊国屋書店

NHK (2012)．　アインシュタインの眼 赤ちゃん──運動発達の神秘（DVD）　NHKエンタープライズ

日経ナショナルジオグラフィック社 (編) (2016)．　National geographic（2016年5月号自然と人間──理想のバランスを探して）

Iacoboni, M. (2009). *Mirroring people: The new science of how we connect with others. Picador.* 塩原通緒 (訳) (2011)．　ミラーニューロンの発見──「物まね細胞」が明かす驚きの脳科学　早川書房

宮崎良文 (2018)．　Shinrin-Yoku（森林浴）──心と体を癒す自然セラピー　創元社

村田　哲 (2015)．　ミラーニューロンシステムの中の身体性　認知リハビリテーション, 20 (1), 3-16.

明和政子 (2012)．　まねが育むヒトの心　岩波書店

坪田一男 (2017)．　あなたのこども，そのままだと近視になります。　ディスカヴァー・トゥエンティワン

山口　創 (2004)．　子供の「脳」は肌にある　光文社

山口　創 (2010)．　皮膚という「脳」──心をあやつる神秘の機能　東京書籍

コラム⑦

Iacoboni, M., Molnar-Szakacs, I., Gallese, V., Buccino, G., Mazziotta, J. C., & Rizzolatti, G. (2005).　Grasping the intentions of others with one's own mirror neuron system. *PLoS Biology*, 3 (3), e79.

コラム⑧

Knobloch, H. S. & Grinevich, V. (2014).　Evolution of oxytocin pathways in the brain of vertebrates. *Frontiers in behavioral neuroscience*, 8, 31.

▼ 第12章

ロジェ・カイヨワ (1990)．　遊びと人間　講談社学術文庫

遠藤知里 (2018)．　幼児教育における子どもと森──安心と挑戦をもたらす環境としての樹木　日本

森林学会大会発表データベース, 129, 41.

遠藤知里・認定NPO法人しずおか環境教育研究会 (2019). 乳幼児期の自然体験の実態調査 https://www.ecoedu.or.jp/2020/06/03/survey-3/（2020年10月31日閲覧）

久原有貴・関口道彦・小鴨治鈴・松本信吾・七木田敦・杉村伸一郎…松尾千秋 (2015). 森の幼稚園の園児および卒園児の身体活動量と体力・運動能力との関係 広島大学学部・附属学校共同研究紀要, 43, 25-33.

厚生労働省 (2019). 保育所等における園外活動時の安全管理に関する留意事項

落合さゆり・関口道彦・杉村伸一郎・上田 毅・松尾千秋・久原有貴…藤橋智子 (2012). 森の保育環境と幼児の身のこなしとの関連 広島大学学部・附属学校共同研究紀要, 40, 141-146.

▼ 第13章

穐丸武臣・花井忠征 (編) (2010). 幼児の楽しい運動遊びと身体表現——めざせガキ大将圭文社

石田一宏 (1982). 子どもの精神力 大月書店

河邉貴子・吉田伊津美(編) (2019). 演習 保育内容「健康」——基礎的事項の理解と指導法 建帛社

厚生労働省 (2017). 保育所保育指針

松浦義行 (2005). 身体的発育発達論序説 不昧堂出版

松浦義行 (2002). 統計的発育発達学 不昧堂出版

柴田久雄 (1973). 遊びによる人間形成——保育の哲学 黎明書房

杉原 隆・河邉貴子 (編) (2014). 幼児期における運動発達と運動遊びの指導——遊びのなかで子どもは育つ ミネルヴァ書房

体育科学センター体育カリキュラム作成小委員会 (1980). 幼稚園における体育カリキュラムの作成に関する研究I カリキュラムの基本的な考え方と予備的調査の結果について 体育科学, 8, 150-155.

高石昌弘・樋口 満・小島武次 (1993). からだの発達（改訂版） 大修館書店

民秋 言・穐丸武臣 (編) (2014). 保育内容 健康［新版］（新保育ライブラリ 保育の内容・方法を知る） 北大路書房

谷田貝公昭 (監) 林 邦雄 (責任編集) (2007). 保育用語辞典（第2版） 一藝社

コラム⑨

井尻正二・斎藤公子 (序・跋) (1989). ひとの先祖と子どものおいたち 築地書館

斎藤公子 (2006). 子育て・織りなした錦 乳幼児の発達は果てしない かもがわ出版

斎藤公子 (2007). 生物進化に学ぶ乳幼児期の子育て かもがわ出版

宍戸建夫・秋葉英明・小泉英明他 (2011). 子育て錦を紡いだ保育実践——ヒトの子を人間に育てる エイデル研究所

▼ 第14章

原田碩三 (1983). 土ふまずの形成と幼児の発達課題（p.215） 黎明書房

原田碩三 (1986). 図説 幼児健康学（p.270） 黎明書房

平沢弥一郎 (1970). 足のうらをはかる（p.126） ポプラ社

正木健雄・野口三千三 (編) (1979). 子どものからだは蝕まれている（p.287） 柏樹社

正木健雄 (編) (1981). からだをみつめる（p.382） 大修館書店

正木健雄 (編) (1990).　新版　子どものからだは蝕まれている（p.262）　柏樹社

水野祥太郎 (1984).　ヒトの足　この謎にみちたもの（pp.271）　創元社

鈴木雅裕 (1990).　幼児における土ふまずと平衡性能力の関係について（1）宇部短期大学学術報告，27, 119-125.

鈴木雅裕 (1994).　身体構造・運動機能の変化　平山　論・鈴木隆男（編）発達心理学の基礎Ⅱ（pp.16-29）　ミネルヴァ書房

山崎信寿 (編) (1999).　足の事典（p.207）　朝倉書店

梅棹忠夫・金田一晴彦・阪倉篤義・日野原重明 (監) (1989).　日本語大辞典（p.2302）　講談社

マスク触っていいのは耳ヒモだけ　医師が教える「効果を最大限に高める使い方」, https://dot.asahi.com/aera/2020021900013.html?page=1（2020年2月27日閲覧）

▼ 第15章

Blume, D-D. (1978). *Zu einigen wesentlichen Grundpositionen für die Untersuchung der koordinativen Fähigkeiten*. Theorie und Praxis der Körperkultur : 29-36

藤原勝男 (2008).　運動・認知機能改善へのアプローチ　第1章 子どもの脳を活性化させる運動（pp.6-8）　市村出版

Hirtz, P. (1979). *Untersuchungen zur koordinativ-motorischen Vervollkommnung von Kindern und Jugendlichen*. Habilitationsschrift, Greifswald: Ernst-Moritz-Arndt- Universität Greifswald

星野仁彦 (2012).　子どものADHDの発見と支援（特集 発達障害の見極めと対応・支援：乳児期から学童期を中心に）　教育と医学, 60 (11), 966-976

小林宜義・松本高明・竹内京子・卯木昌史・永田史子・吉田隆・田中康子 (2014).　特別支援学級に在籍する児童の社会生活能力向上のためのコーディネーション運動プログラム開発に関する実践的研究　帝京平成大学紀要, 26, 133-144.

小林宜義 (2019).　スクーリング講義の動機付け向上に関する予備調査：身体表現科目にコーディネーション運動を導入して　小田原短期大学紀要, 49, 386-390

小林宜義・佐々木恵美子・酒井俊郎・三島隆章・竹内京子・吉田隆 (2021).　4歳児に対する下肢の素早い動きを多用したコーディネーション運動の効果　北関東体育学会研究, 第6巻

桐野衛二・東根明人 (2008).　コーディネーショントレーニングのこころと脳に対する効果　順天堂医学, 54 (4). 528-529

中曽根裕 (2018).　保育士の身体的有能さの認知と運動あそびとの関連性, 仙台大学大学院スポーツ科学研究科修士論文集, 19. 155-164.

文部科学省 (編) (2013).　幼児期運動指針実践ガイドブックー毎日, 楽しく体を動かすために（pp.17-27）　サンライフ企画

椿　武・長坂昌恵 (2018).　コーディネーショントレーニングがワーキングメモリに及ぼす影響, 神戸親和女子大学研究論叢, 51. 1-7.

上田憲嗣 (2008).　コーディネーショントレーニングと「身体能力」　体育科教育学研究, 24 (1), 25-30.

綿引勝美 (1990).　コーディネーションのトレーニング：東ドイツスポーツの強さと秘密（pp.113-117）　新体育社

索　引

【執筆者一覧（執筆順）】

田口喜久恵	編者	第Ⅰ部1〜4章,
		第Ⅱ部第5・6章,
		第Ⅱ部第11章,
		コラム①〜③, ⑤〜⑦
今村　貴幸	常葉大学保育学部	第Ⅱ部第6・7章
遠藤　知里	常葉大学短期大学部保育科	第Ⅱ部第6章,
		第Ⅲ部第12章
酒井　俊郎	中部大学生命健康科学部	第Ⅱ部第6章
齋藤　剛	静岡福祉大学子ども学部	第Ⅱ部第8章,
		第Ⅲ部第10章,
		コラム④
早川健太郎	名古屋経営短期大学子ども学科	第Ⅱ部第9章,
		第Ⅲ部第13章
鈴木　雅裕	常葉大学短期大学部保育科	第Ⅲ部第14章
小林　宜義	小田原短期大学千葉サポートセンター	第Ⅲ部第15章

【編著者紹介】

田口喜久恵（たぐち・きくえ）

1972年　東京教育大学卒業

1984年　静岡大学大学院教育学研究科修了，筑波大学大学院体育学研究科研究員

1986年　国立教育研究所共同研究員

2009年　日本女子大学大学院人間社会研究科博士課程後期退学

　　　　元常葉大学保育学部教授，博士（教育学）

現　在　常葉大学保育学部，順天堂大学保健看護学部，静岡福祉大学子ども学部
　　　　非常勤講師

〈主著・論文〉

近代教育黎明期における健康教育の研究——教育と医学の融合による健康教育の始ま
　　り　風間書房　2010年

教師のための教育保健学（共著）　東山書房　2016年

乳幼児（0〜2歳）の（把）握力調査とその発達経過の研究　発育発達研究　第74号
　　34-44.　2017年

　　　　　　　　　　　　　　　　　　　　　　　　　　　　　他多数

デジタル社会の子どもの育ちを支える
保育内容 健康

2021 年 3 月 15 日　初版第 1 刷印刷　　　　定価はカバーに表示
2021 年 3 月 31 日　初版第 1 刷発行　　　　してあります。

編著者　田　口　喜　久　恵
発行所　㈱ 北 大 路 書 房
〒603-8303 京都市北区紫野十二坊町12-8
電　話　（075）431-0361代
FAX　（075）431-9393
振　替　01050-4-2083

印刷・製本　モリモト印刷㈱

ISBN978-4-7628-3156-0　Printed in Japan ©2021
検印省略　落丁・乱丁本はお取り替えいたします。